I0355166

www.ingramcontent.com/pod-product-compliance
Lightning Source LLC
Chambersburg PA
CBHW070148080526
44586CB00015B/1896
9781617045936

סֵפֶר הַמִּידּוֹת

לְרַבֵּנוּ הַגָּדוֹל

נַחַל נֹבֵעַ מְקוֹר חָכְמָה

רַבִּי נַחְמָן מִבְּרֶסְלָב

נִין לְרַבֵּנוּ הַבַּעַל שֵׁם טוֹב
הַקָּדוֹשׁ

סֵפֶר מְנֻקָּד

ידוע כי אין בר בלי תבן, כך אין ספר בלי טעויות, ועוד יודע אני כי דל ועני אני, **ואין עני אלא בדעה**. לכן מבקש אני בכל לשון של בקשה אם יש לכל אחד שאלות, הערות, הארות, תיקונים, נא לשלוח ל - simchatchaim@yahoo.com והשתדל לענות, ולתקן את הצריך תיקון.

אין לעשות שימוש כל שהוא בחומר שבחלק זה לצורך מסחרי, אלא רק ללמוד וללמד.
להשיג ספר זה או ספרים אחרים לאינפורמציה
simchatchaim@yahoo.com

Copyright © All Rights reserved to Itzhak Hoki Aboudi

כל הזכויות שמורות למהדיר © יצחק חוגי עבודי

מהדורה ראשונה תשפ"ד 2023

ספר המידות תוכן עניינים

בס"ד

ירפא המאציל ויושיע הבורא את כל חולי בני ישראל, וישלח להם רפואה שלימה, רפואת הנפש ורפואת הגוף, בכל אבריהם ובכל גידיהם לעבודתו יתברך.

בי"ב במנחם אב תשס"ה, הובהלתי לבית החולים, הרופאים לא נתנו לי סיכוי לחיות יותר מכמה שעות בגלל מספר תסבוכות. עם כל זאת בזכות התפילות של בני ישראל הקדושים, ברחמיו הרבים, ריחם עלי הקדוש ברוך הוא, ונשארתי בחיים.

עם כל זאת, הובחנה אצלי מחלה קשה בכליות, ונאמר לי שהצטרך למכונת דיאליזה. בשבילי זה היה שוק!!! אף פעם לא הייתי אצל רופא, או בבית חולים. כך בעל כרחי התחברתי למכונת דיאליזה, ומכונה זאת הייתה קשורה בי ככלב במשך שמונים חודשים בדיוק, כמניין יסוד, במשך 10-12 שעות ביום.

בשבת פרשת ויחי יעקב י"ב טבת תשע"ב, בזכות בני ישראל, שכולם אהובים כולם ברורים כולם גיבורים כולם קדושים... וכולם פותחים את פיהם באהבה שלוש פעמים ביום, ואומרים - ברוך אתה... רופא חולי עמו ישראל, וכללותם כל האברכים, תלמידי הישיבות, רבנים וחכמים, חסידים, מקובלים עם תינוקות של בית רבן, זקנים עם נערים, בחורים וגם בתולות, בארץ הקודש ובעולם.

ומצד שני בנות ישראל היקרות מפז, שהתפללו וקבלו עליהם כל מיני קבלות, מהפרשת חלה עד צניעות וכיסוי הראש, עם הרבנים, המנהלים, המורים, המורות והתלמידות של בית יעקב דטורונטו שכל יום התפללו, וכללו בתפילתם שבקעה את כל הרקיעים אותי, ונושעתי אני הקטן. הושתלה בי כליה. והתנתקתי ממכונת הדיאליזה.

אמר המלך דוד - לולי תורתך שעשעי אז אבדתי בעניי. מה שנתן לי חיות היא התורה הקדושה, בשעות הרבות שהיתי מחובר למכונת הדיאליזה (כ12 שעות ביום), ערכתי סדרתי, וכתבתי, פצחתי את ראשי התיבות וניקדתי [חלק מהספרים] במחשב את קונטרסים שלמדתי במשך שנים. וקונטרסים אלו הפכו לחיבורים, ואחרי התלבטויות ובקשות מבני גילי, החלטתי בעזרתו יתברך להדפיס קונטרסים אלו.

בברכה והצלחה בלימוד התורה הקדושה.
ובעיקר בפנימיות התורה, ותורת רבינו נחמן מברסלב

ורפואה שלימה לכל חולי ישראל.

היב"ש

תוכן העניינים

5. רבי נחמן מברסלב
8. הקדמה ראשונה לרבי נתן
11. הקדמה שנייה לרבי נתן
15. אבידה
15. אהבה
16. אכילה
17. אלמן
17. אמונה
21. אמת
23. ארץ ישראל
23. בגדים
24. בושה
26. ביטחון
27. בית
28. בכיה
28. בנים
33. ברכה
33. בשורה
33. גאווה
35. גנבה וגזלה
36. דין
36. דעת
39. דרך
40. הוראה
40. הכנסת אורחים
41. המתקת דין
45. הצלחה
46. הרהורים
49. הרחקת רשעים
50. הריון
51. התבודדות
51. התנשאות
53. וידוי דברים
53. ותרן
53. זיפן
54. זכות אבות
54. זכירה
54. זקנים
54. זריזות
55. חדושין דאוריתא
56. חיתון

2

ספר הבידות — תוכן עניינים

חלום	56.
חן	56.
חנפה	57.
חקירה	57.
טבע	58.
טהרה	58.
טלטול	58.
יחוס	58.
יראה	58.
ישועה	60.
כבוד	61.
כישוף	62.
כעס	62.
לימוד	63.
ליצנות	68.
לשון הרע	68.
מוהל	69.
ממון	69.
מסור	74.
מפורסם	75.
מפלת	75.
מריבה	75.
משיח	81.
משקה	81.
נגינה	81.
נדה	82.
נהנה מאחרים	82.
ניאוף	83.
ניבול פה	85.
ניסיון	86.
נפילה	86.
נר תמיד	87.
סגולה	87.
סוד	87.
ספירת העומר	87.
ספר	88.
פדיון	88.
פוסק	89.
פחד	89.
פרישות	91.
עבירה	91.
עונש	91.
עזות	91.
ענוה	92.
עצבות	93.

3

94.	עצה
95.	עצירות
95.	עצלות
95.	צדיק
104.	צדקה
107.	קליפה
108.	קללה
108.	קנאה
109.	קרי
109.	קשוי לילד
110.	ראיה
110.	רחמנות
111.	רפואה
111.	שבועה
112.	שבת
112.	שוחד
112.	שוחט
112.	שינה
113.	שכרות
113.	שלום
114.	שמחה
115.	שרים
115.	תוכחה
116.	תפילה
120.	תשובה

רבי נחמן מברסלב

רבי נחמן סלל דרכים חדשות בחסידות. הוא הדגיש את הערך של התפילה, ההתבודדות, האמונה התמימה והפשוטה וההימנעות מחקירה פילוסופית, על אף שבסוף ימיו התיידד עם היהודים המשכילים שחיו באומן. הוא הדגיש גם את הצורך להשתוקק לאלהי"ם, ואמר שלפי גדולתו אין מי שיכול לומר שהוא עובד את הא"ל, אלא העיקר הוא כיסופים וגעגועים. להשתוקקות זו אפשר לזכות בעיקר בעזרת אמונה פשוטה.

לצד הדרשות שנשא בפני חסידיו, כמנהג האדמו"רים בדורו, סיפר גם מעשיות, המתפרשות כאלגוריות ומשלים לתורותיו.

הוא הדגיש לא מעט את חשיבותה של השמחה, וההתנגדות לייאוש ולעצב אפיינה את תורתו לאורך כל הדרך. דוגמאות לאמרות מפורסמות משלו בעניין זה:

> ודע, שהאדם צריך לעבר על גשר צר מאוד מאד, והכלל והעקר שלא יתפחד כלל.
>
> מצוה גדולה להיות בשמחה תמיד.
>
> אין ייאוש בעולם כלל

רבי נחמן מברסלב נולד א' בניסן ה'תקל"ב, והסתלק בי"ח בתשרי ה'תקע"א, היה מייסד חסידות ברסלב, והאדמו"ר היחיד שלה. רבי נחמן היה מורה רוחני מקורי שהדגיש את המכשולים הרבים בדרך לדעת הא"ל ואת חשיבות השמחה, האמונה הפשוטה והתמימות, וכן ההתקשרות לצדיקים ובפרט **צדיק האמת**. הרבה למחות על מה שראה כהתמסדות ואובדן הדרך של החסידות ונקלע למחלוקות קשות עם אדמו"רים אחרים, עקב המקוריות והשונות בדרך שייסד, וכן סביב טענתו שהוא לבדו **צדיק האמת** ושישנם אדמורי"ם שהם **מפורסמים של שקר**.

תלמידו הבולט ביותר **רבי נתן** מנמירוב, חיבר על פי דברי תורתו את ליקוטי מוהר"ן וספרי יסוד אחרים של החסידות. מאחר שלא מינה לו יורש, הוסיפה חסידות ברסלב לתפקד כתנועה עם מורים הבקיאים בתורתו של רבי נחמן גם לאחר מותו, ולא כחצר בראשות שושלת אדמורי"ם.

בימי חייו עורר רבי נחמן סערה והתנגדות עזה, וחסידות ברסלב הייתה קבוצה קטנה ונרדפת עד שזכתה להתעניינות ותחייה במחצית השנייה של המאה ה-20.

רבי נחמן נולד בעיירה מז'יבוז' שבפלך פודוליה, באיחוד הפולני-ליטאי [כיום באוקראינה]. בימיו התחוללה חלוקת פולין, והשטחים הסובבים נמסרו לרוסיה הקיסרית. אימו פייגה, הייתה בתה של אדל בת הבעל שם טוב. אביו, שמחה, היה בנו של רבי נחמן מהורדנקא, אחד מתלמידיו

הקרובים של הבעש"ט, וקרא לבנו על שמו.
גדל באווירה חסידית-קבלית. מנעוריו הרבה להתבודד, להתענות ולהתפלל שעות רבות. הוא התחתן בגיל 13 עם ססיה, בתו של אפרים, חוכר שהתגורר בכפר סטארה אוסאטה, סמוך לסמילה. אחרי חתונתו עבר להתגורר בבית חותנו, והתחיל למשוך אליו את חסידיו הראשונים, אשר נמשכו אחרי אישיותו. כבר ביום חתונתו הכיר את שמעון, תלמידו הראשון ומשמשו.
לא היה לו רב מובהק, אם כי הוא מצטט שיחות של סבו מהורודנקא. את רוב תורתו למד באופן עצמאי, תחת השפעת גדולי תנועת החסידות שהיו באים לפקוד את קבר אבי-סבתו, הבעל שם טוב, במז'יבוז'. דודיו רבי אפרים מסדיליקוב ורבי ברוך ממז'יבוז' השפיעו עליו מאוד, ורבי ברוך אף דאג למשרת האדמורו"ת שלו בברסלב.
בשנת ה'תק"ן לאחר מות חותנתו עבר מהכפר לעיר מדבדיבקה שבפלך קייב. שם החל לקבל משכורת קבועה כאדמו"ר מקבוצת חסידים שהתאספה סביבו, והחל להתפרסם לראשונה בין מנהיגי החסידים בדורו כאישיות חשובה. בתקופה זו החלו מחלוקותיו הראשונות עם אדמורי"ם אחרים. במדבדיבקה התגורר עד ה'תקנ"ח.
בשנת ה'תקנ"ח ערך ביקור בארץ ישראל כדי להשיג שם התעלות והשתלמות נפשית. הוא התעכב זמן מה בקושטא, והגיע בספינה לחיפה בערב ראש השנה של שנת ה'תקנ"ט, ושם גם עשה את החג. מסורת מקומית מספרת שהמקום בו התפלל וטבל בחיפה היה השטח עליו הוקם לימים בית הכנסת הדרת קודש. לאחר מכן הלך לטבריה, בה היה כבר מרכז לחסידי הבעל שם טוב, ושהה שם כחצי שנה. הוא ביקר גם בצפת ובבית הכנסת העתיק במירון, אך לא בירושלים. כשעמד לחזור, נקלע לעכו בעת המצור שהטיל עליה נפוליאון בונפרטה בעת מסעו בארץ ישראל. לאחר הרפתקאות רבות עלה על אניית קרב טורקית שבה הפליג עד לרודוס, משם הפליג לגאלאץ וחזר לאוקראינה בדרך היבשה.
הביקור בארץ ישראל היה נקודת מפנה במשנתו. לאחר חזרתו ביקש לא לצטט את אמרותיו מהתקופה שקודם הביקור בארץ. הוא נהג לומר מאז - כל מקום שאני הולך, אני הולך לארץ ישראל. וכן - מי שרוצה להיות יהודי, אי אפשר כי אם על ידי ארץ ישראל.
בברסלב הצטרפו אליו רוב תלמידיו המפורסמים, בהם רבי נתן שטרנהרץ מנמירוב, שהפך ליד ימינו. שמה של העיר הונצח בשמה של החסידות מאז. בתקופה זו נהגו חסידיו להגיע אליו לברסלב בשלושה מועדים: ראש השנה, שבת-חנוכה וחג השבועות. הוא נהג לנסוע אל חסידיו בשלושה מועדים נוספים: בשבת-שירה ובשבת-נחמו, היה נוסע אל חסידיו בצ'יהירין שבמזרח אוקראינה; ובשבת אחת בכל חורף היה נוסע אל חסידיו בטרוביץ שבמערב אוקראינה. שמונה שנות ישיבתו בברסלב היו הפוריות ביותר

ובהן מסר את רוב דרשותיו, שיחותיו ומעשיותיו שהתפרסמו.

בשנותיו האחרונות סבל גם רבי נחמן ממחלת השחפת. בשנת ה'תקס"ח הגיע עד העיר לבוב כדי למצוא תרופה ושהה שם לבדו כשמונה חודשים, אך הרופאים לא יכלו לעזור לו.

בא' באייר ה'תק"ע פקד אותו אסון נוסף: ביתו ובית מדרשו בברסלב נשרף כליל. באותו זמן הגיעה הידיעה על אישור לחכירת בית באומן, ולכן נסע לאומן והחל להתגורר שם בתאריך ה' באייר. מספר שנים קודם לכן, בעוברו בעיר, נודע לו סיפור הטבח שערכו שם ההיידמקים ב-ה'תקכ"ח ובו נהרגו אלפי יהודים. הוא אמר לתלמידיו שברצונו להיקבר שם. הוא נפטר שם ממחלת השחפת כעבור חצי שנה, בי"ח בתשרי, בגיל 38. הוא נקבר בבית העלמין הישן של העיר, ולא בחדש, בזכות קשריו עם המשכילים המקומיים.

בניו של רבי נחמן נפטרו בחייו, ואת בנותיו אדל, שרה ומרים לא השיא לחסידי ברסלב. לאחר מותו לא מונה לו יורש, ולכן כונו חסידיו **החסידים המתים** [ביידיש טויטע חסידים].

הקדמה ראשונה לרבי נתן

בזה הספר מבוארים כל המדות והנהגות על סדר א"ב, ונחלק לב' חלקים, והם מכונים אצלינו בשם א"ב ישן, וא"ב חדש. החלק הא' הם ליקוטים נפלאים אשר לקט רבינו הטהור והקדוש בימי ילדותו כל אשר השיגה יד חכמתו הגדולה להבין דבר מתוך דבר, ואסף מכל ספרי קודש, כל אשר מצא בהם מה שנוגע למוסר ולהנהגות ומדות ישרות, וכתבם אצלו לזיכרון, הן מה שמצא מבואר בדברי רבינו ז"ל, איזה מעלה של מדה טובה או גנות מדה רעה, הכל כאשר לכל היה מאסף על יד על יד, והעתיקם אצלו על סדר א"ב אצל כל מדה ומדה, למען יהיה לו לזיכרון לראות בעיניו מעלת כל מדה ומדה והיפוכה, למען לכת בדרך טובים ואורחות צדיקים לשמור. ונוסף לזה, השיגה חכמתו הרמה דברים רבים יקרים ונפלאים, אשר אינם מבוארים בפרוש בדברי רבינו ז"ל, אך ברוב עוצם השגתו הבין דבר מתוך דבר והשיג חידושים יקרים בענייני המידות מתוך הפסוקים ומתוך דברי רז"ל, אשר אינם מבוארים בדבריהם בפירוש כי אם ברמז למשכיל כמותו.

והכל אסף וקבץ ביחד על סדר א"ב, וברבות הימים נמצא אצלו סדור שלם על כל המידות, וצווה להעתיק הכל, כאשר יקרא אלי ואני כותב על הספר, כי כל אדם בראותו מעלת המידה וגודל הפכה והפגם הנורא המגיע על ידה, יחוס על נפשו ויאזור מתניו לעמוד כנגדה ויבקש ממי שהרחמים שלו למלט נפשו מני שחת, להצילו מאותם המידות רעות או תאוות רעות וכיוצא בהן, וכן להפך במדיות טובות.

גם משכיל על דבר ימצא טוב, עצות נכונות איך להיזהר מאיזה מדה על ידי שיהיה נשמר מהמידה הסמוכה אליה, כי הם שכינים זה לזה, וכל אחת שומרת חברתה, כמבואר בסמוך בהקדמה ששמעתי מפיו הקדוש. ומעלת ספר זה אין מן הצורך לבאר לכל בעל אמת החפץ באמת ומתגעגע לאחוז בדרכי יושר, בוודאי ימצא מרגוע בו לנפשו. אשרי שיאחז בו, אז טוב לו בזה ובבא, כי כל הספר הזה מיוסד על פסוקי תנ"ך ועל דברי חז"ל, כולם נכוחים למבין וישרים למוצאי דעת.

החלק הב' הוא גם כן כעין החלק הא' בצלמו ותבניתו, אין ביניהם הבדל, כי הוא גם כן ביאור מעלות מדות טובות, וגנות מדות רעות וכיוצא בזה. אולם ההפרש ביניהם כי העניינים המבוארים בחלק הא', על כל מדה ומדה הם דברים המבוארים בספרים בפירוש, או על כל פנים ברמז למשכיל על דבר הרוצה להעמיק עיונו להבין דבר מתוך דבר, יוכל להשיג ולהבין מהיכן הוציא את המידה הרב ז"ל, מאיזה פסוק או מאיזה מאמר חז"ל, כי כל דברים

המבוארים בא"ב הישן, לא נפלאות היא ולא רחוקה היא מהמעיין לבוא עד תכונתו להבין ולהשיג מהיכן העניין נובע, אם אמנם לולי הרב אשר האיר עינינו בדברים אלו לא היה בא על לב המעיין להוציא דברים אלו, יוכל המשכיל אשר לבו שלם בספרי קודש בספרי תנ"ך ואגדות רז"ל ושאר מפרשים להבין ולהשיג מקור הדברים. אולם הדברים והעניינים המבוארים בחלק הב' הם עניני השגות גבוהות ונוראות אשר השיג המחבר זצ"ל בימי גדלותו, וכל הדברים האלה גבהו משכל אנושי ונעלמו מעין כל, כי כל ענין וענין יש בו טעם נפלא ונורא מאוד ונסמך על איזה מקרא או מאמר חז"ל ברמז נפלא ונעלם מאוד, כדרכו הנפלא כאשר יראה הרואה בעיניו, כי יש כמה וכמה עניינים המבוארים כאן בלי שום טעם וראיה, ובתוך החיבור הגדול של דרושים מבואר שם ענין שלם ודרוש נפלא ונורא על ענין זה באריכות גדול.

וזה תמצא בכמה מקומות כמו כן ילמד סתום מן המפורש, כי גם במקום אשר לא ביאר העניין בפירוש גם שם השיגה ידו הגדולה השגה שלימה על זה, אך לא רצה לבאר כל העניין מטעם שכמוס אתו, כי כל הדברים האלה כלם הם דברים עליונים וממקום קדוש יתהלכו ממקום עמוק מאוד מאוד, ואין בהם דבר אשר לא יהיה נפלא ונורא על מה אדני העניין הטבעו, טעמו של דבר ועניינו וסמיכות נפלא ונורא ועמוק ונסתר מאוד בתוך תורה שבכתב או שבעל פה, ולא עלינו להרבות שבח דברים אלו כי כל המוסיף גורע, כי לא נעלם מעינינו שפלות ערכנו וגדולת אדוננו הרב הקדוש בוצינא עילאה זצ"ל, ועוצם היעלמו והסתרתו מעיני העולם, אי לזאת עלינו לשום מחסום לפינו, הס כי לא להזכיר לבלי לספר בעוצם שבחו הקדוש לא דבר ולא חצי דבר, והמשכיל כעת ידום ה' אלהי"ם ה' הוא יודע וישראל הוא ידע. אשרי המחכה ויגיע לימים אשר יש בהם חפץ, בעת אשר תצמח קרן ישראל, אמת מארץ תצמח וכו' שפת אמת תכון לעד. כוננת לא כתיב אלא תכון, דמלתא משתוקא, כל חד לפום מה דמשער בליביה, יבין וישכיל עד היכן הדברים מגיעים, אולם באנו בדברים אלו להעיר לב המעיינים להודיעם מהות הספר ומעשהו, וחל עלינו להודיע לגלות אזני אנשי שלומינו. אשר כבוד רבינו אור הנעלם זצ"ל, הזהיר מאוד לעסוק בזה הספר ושלא ימוש מפינו כי הוא חיינו. וכתבו בעצמו בכרך קטן מאוד ואמר שכוונתו כדי שיוכל כל אדם לשאתו אצלו תמיד. כי המידות הם יסוד כל התורה כולה, ובזה יזכה נער את ארחו לשמור כל הכתוב בזה הספר, אז יצליח את דרכיו ואז ישכיל כי זה עיקר עבודת האדם כל ימי חייו. ולברוח ממידות רעות ומתאוות רעות ולאחוז במידות טובות. והנהגות ישרות המבוארים בזה הספר, אשרי איש שישמע לדברים האלה לקיים ככל הכתוב בו לעולם לא ימוט וענתה בו צדקתו ביום מחר, כי יבוא על שכרו, במידה שאדם מודד בה מודדין לו. אשרי הבוחר בחיים. ישלם ה' פועלי אם ללצים הוא יליץ ולא יעשר ולא

יקום חילו, אוי לנפשו כי גמול ידיו יעשה לו, ולא יטה לארץ מנלו, טוב לפני האלהי"ם ימלט ממנו מה רב טוב הצפון למולו. במנחתו לא יתערב זר, נפש עמל עמלה לו, תשתפך נפשנו אל ה' לשום חלקנו עמו להסתופף בצלו ולא יאשמו כל החוסים בו, עין לא ראתה אלהי"ם זולתך יעשה למחכה לו.

<u>הקדמה שנייה</u>

מה ששמעתי מפיו הקדוש.

בעניין המדות: דע, הנה בכל מדה ומדה יש בה כמה וכמה בחינות ועניינים, וכל מידה היא בחינת קומה שלמה. וע"כ כשחסר לאדם בחינה אחת מהמידה, אף שכל המידה היא שלימה אצלו, אף על פי כן מחמת החיסרון אחד שיש לאדם בהמידה, אזי נראה לו, כאלו כל המידה חסירה אצלו. כמו אצל האדם כשיש לו חסרון באבר אחד, אזי כל גופו מבולבל ומרגיש החסרון בכל הגוף, כמו כן כשחסר לאדם איזה חסרון בהמידה נראה לו, כאלו חסר כל המידה.

והנה המידות הם שכנים אלו לאלו, על כן יכולה מידה אחת לעזור למידה אחרת שהיא שכינה אצלה, וכן באיברי המידה יש שכנים ויוכל אבר מידה זו לעזור לאבר מידה אחרת, כדוגמת מה שאמרו רז"ל: "אבר מחזיק אבר". דהיינו כשאוכל זה האבר מהבהמה יתחזק אבר האדם, כן אצל המידות יוכל לסייע חלק מידה זו, שהיא בחינת אבר המידה לאבר המידה השכינה אצלה.

ועל כן כשאדם רוצה לילך בדרך הקודש, צריך לשבר כל המידות רעות ולזכות למידות טובות, וצריך לבקש ולחפש עצמו תמיד, ולחפש בכל מידה ומידה אם היא שלימה אצלו, וכשרואה איזה חסרון באיזה מידה, אזי יבקש לו עזר וסיוע מהמידה השכינה.

שייך לאלף בית החדש אות ד' דעת סימן א', המתחיל: דע כי לכל העולמות ולכל נברא יש קומה מיוחדת, למשל: מין אריה וכו' וההבדלים כולם הם רמוזים בתמונת האותיות בצירופיהם. והזוכה להבין את התורה וכו'.

נראה לי שזה עניין השיחה, ששמעתי מפיו הקדוש קודש שבת חנוכה תקס"ה מעניין הבריות של העולם, שכל התמונות והצורות של כל בני אדם - כולם נכללים בתיבת "אדם" הנאמר בתורה: נעשה אדם. כי בזה התיבה אדם, שאמר השם יתברך: נעשה אדם, בתיבה זו נכללים כל מיני התמונות של כל בי אדם שבעולם. וכן בתיבה "בהמה וחיה" הנאמר במעשי בראשית, בזה התיבה גם כן נכלל כל התמונות של כל בהמה וחיה וכן כל שאר הנבראים. והאריך בשיחה זו ואמר אז שיש חכמות אפילו בזה העולם, שיכולין לחיות בהם לבד בלי שום אכילה ושתיה, והאריך בשיחה זו הרבה ולא זכינו לכתבה.

שייך לאלף בית החדש אות דעת סימן א' בסופו: וגם יודע התאחדותם, הינו: ראשיתם ותכליתם, כי בראשית ובתכלית הם באחדותם בלי הבדל.

אפשר שזה היה כונת רבנו, זכרונו לברכה, בהתורה המתחלת: לכו חזו מפעלות ה', בליקוטי תנינא סימן ל"ט, כי לכל דבר יש התחלה ותכלית וכו', עין שם היטב. ואפשר היה כונתו עניין הנ"ל, שצריכין לזכות לידע ולהשיג עניין הנ"ל, שבהתחלה ובתכלית הם באחדות בלי הבדל, כי זאת התורה לכו חזו הנ"ל לא זכיתי להבינה היטב, בשעה ששמעתי מפיו הקדוש וגם כשראה התורה בכתב אמר, שבזאת התורה לא כונתי לדעתו. ואמר בזו הלשון: לא כך אמרתי, וגם אפילו לא כך היתה כונתי. ואפשר היתה כונתו עניין הנ"ל, וזה לא ביארתי שם בכתב, על כן אמר שלא כוונתי; וה' יודע נסתרות.

שייך לאלף בית החדש שחיבר בימי ילדותו. על ידי זריזות בנקל להיות פרנס הדור בגשמיות או ברוחניות. וסימן לדבר: לך אל נמלה עצל, על זה כתיב: משם רועה אבן ישראל, דהינו: פרנס, הינו: שהפרנסות, להיות פרנס, זה עומד על זריזות הנלמד מהנמלה, כי משם רועה אבן ישראל. ועניין זה כבר נדפס באלף בית החדש, בלשון אחר אך בסגנון זה שמעתי זה העניין מפיו הקדוש.

אמר המעתיק - שמעתי איך נתגלגל הדבר שזכינו ברחמיו הגדולים שנמסר לנו הספר הקדוש הוא ספר המידות הזה מרבנו ז"ל. כי נתגלגל הזכות הזה על ידי זכאי הוא הרב רבי דוב חיהל'ס ז"ל, ובאמת היה איש זכאי, לאשר ששמעתי שנתקרב לרבינו ז"ל במסירות נפש ממש, כי הרב הנ"ל היה משמש בכתר הרבנות זמן הרבה בעיר לאדיזשין ברוסיה, ובזמן הזה היה כבר מקורב לרבנו ז"ל, ופתאום נתלהב ליבו לעזוב את המשרה של הרבנות ולתקוע אהלו באהלה של רבנו ז"ל בברסלב. ותיכף עשה מעשה, ועשה כרוז בבית הכנסת של עירו שהוא עוזב את הרבנות ושם דרכו עם כל בני ביתו לעיר ברסלב, אשר משכן כבוד רבנו ז"ל. ושם מצא מרגוע לנפשו שזכה לראות את רבנו ז"ל בכל יום. וגם היה דרכו בכל יום, לילך לרבנו ולספר לפניו סיפורי מעשיות וחידושי תורה שנמצא באיזה ספרים מקדמונים, ולפעמים הגביה רבנו ידו הקדושה ואמר על איזה חידושי תורה ששמע מהרב הנ"ל, שהוא באמת רוח הקודש, והיה זאת להרב הנ"ל למשיבת נפש לידע איזה דבורי תורה הם רוח הקודש, ורבנו ז"ל כיון מה שכיון כדרכו בקודש.

ופעם אחת, סיפר הרב רבי דב הנ"ל, לפי רבנו ז"ל, מעשה מראש ישיבה אחד, שהשיא את ביתו לבחור אחד מהישיבה שהיה למדן מופלג ועסק יום ולילה בתורה, ובלילה היה לומד בבית המדרש, והתחיל לבוא אליו מגיד

השמים והיה לומד עימו בכל לילה. אך זה המגיד היה מן הסטרא אחרא ולא מן הקדושה [כי מסתמא נכשל באיזה דבר אשר על ידי זה היה כח להסטרא אחרא להתאחז בו] והאברך הזה לא גילה זאת לשום אדם ולא ידע שהמגיד הוא מן הסטרא אחרא.

פעם אחת, התחיל המגיד הנ"ל לפתות אותו שיבוא אל אשתו בימי נדתה, והוכיח לו כי מן השמים הוא, ועל ידי זה תתעבר אשתו עם נשמת משיח. והאברך האמין לו, והתחיל לדבר עם אשתו שתשמע אליו לזה, ואמר לה כי בא אליו מגיד מן השמים וציווה עליו שיעשה כן כי מן השמים הוא זה. אך אשתו הייתה יראת שמים מאוד, ואמרה שתשאל מקודם את אביה, ועשתה כן. ותספר לאביה זאת, ונבהל מאוד אביה מזה, כי הבין תיכף שהמגיד הוא מן הסטרא אחרא.

ויקרא תיכף לחתנו, ויאמר אליו, תדע שזה המגיד מן הסטרא אחרא. והסימן הוא, כי אצל מגיד דקדושה נרשמים כל א"ב על מצחו, והאותיות של שם הוי"ה ברוך הוא מאירים על מצחו. ואצל מגיד מן הסטרא אחרא נרשמים גם כן אותיות הא"ב על מצחו, אך האותיות של שם הוי"ה ברוך הוא אינם מאירים על מצחו, תדע שהוא מן הסטרא אחרא, ותזהר מאוד להישמר ממנו. ובטח ירצה להזיקך, על כן אני מוסר לך שמות וקמיעות, ואז לא יוכל להזיקך.

ויהי בלילה בא אליו המגיד, והאברך כשראה שאין מאירים אצלו אותיות של השם הוי"ה ברוך הוא, ידע שהוא מן הסטרא אחרא, ועשה ככל אשר צוה עליו חותנו וניצול ממנו.

ואדמו"ר זצ"ל כששמע המעשה הזאת נתלהב מאוד, ויאמר להרב רבי דב הנ"ל: אבל אצלנו ברוך השם מאירים כל אותיות הא"ב, ותיכף מסר אז לאנשיו להעתיק ספר הא"ב שלו: [דהינו ספר המידות].

וזהו עניין הנאמרים באותיות הללו, והעניין למשל, כשחסר לו ענוה, ויש מידה אחרת המסוגלת לענוה, כגון בטחון, אז צריך לסייע לו על ידי בטחון לבוא לענווה, דהיינו לפעמים הבטחון הוא בקל לו יותר להשיגו ולהגיעו מענוה, ואזי יעשה הקל, ועל ידי זה יבוא להמידה, שהיא כבידה יותר אצלו. ולפעמים יש לו מידה האחרת, אלא שאינו משתמש עמה, וכשצריך לסייע לו מזו המידה למידה אחרת, צריך להתחיל להשתמש עמה. [פרוש, על פי המשל הנזכר, היינו מי שרוצה לבוא לענווה ורואה שהביטחון מסוגל לענווה, ובאמת כבר יש לו מדת הבטחון, רק שאינו משתמש עם זאת המידה

של בטחון, אזי כשרוצה לזכות לענוה, צריך להתחיל להשתמש עם מידת הבטחון, וכן כל כיוצא בזה בשאר המידות והבן].

ספר

המדות

מסודר ע"פ אלף בית

מרבינו הגדול והקדוש מוהר"ר
נחמן זצוק"ל בעהמ"ח
ספרי ליקוטי מוהר"ן:

מהות הספר ומעשיהו יבואר
מעבר לדף בהקדמה · לך נא
וראה שמה:

זה הספר נדפס פעם ראשון במאהליב ·
ועתה נדפס שנית · בתוספות כמה
מעלות טובות כאשר יבואר בהקדמה ·

בשנת תקפ"א לפ"ק

ספר המדות
לרבינו נחמן מברסלב

אבידה

א. מִי שֶׁמַּחֲזִיר אֲבֵדָה לִבְעָלִים, בְּכֹחַ הַזֶּה מְגַיֵּר גֵּרִים.

אהבה

חלק ראשון

א. כְּשֶׁאֵין אַהֲבָה בֵּין בְּנֵי אָדָם, עַל־יְדֵי זֶה הֵם הוֹלְכֵי רָכִיל, וְעַל־יְדֵי רְכִילוּת בָּאִים לְלֵיצָנוּת, וְעַל־יְדֵי לֵיצָנוּת הֵם דּוֹבְרִים שֶׁקֶר.

ב. עַל־יְדֵי שִׂנְאָה בָּא בֶּהָלוֹת, וְעַל־יְדֵי שִׂנְאָה בָּא שְׂרֵפָה.

ג. עַל־יְדֵי אַהֲבַת הַשֵּׁם יִתְבָּרֵךְ נִשְׁמָר הַנֶּפֶשׁ מִכָּל פְּגָעִים רָעִים.

ד. כְּשֶׁתָּשׁוּב בִּתְחִלָּה עַל עֲווֹנוֹתֶיךָ, תּוּכַל לָבוֹא לְאַהֲבַת הַשֵּׁם יִתְבָּרֵךְ.

ה. מִי שֶׁמִּתְפַּלֵּל עַל יִשְׂרָאֵל בִּמְסִירַת־נֶפֶשׁ, הַכֹּל אוֹהֲבִין אוֹתוֹ.

ו. עַל־יְדֵי אַהֲבָה בָּא הִתְחַזְּקוּת.

ז. כְּשֶׁתְּחַזֵּק אֶת הָאָדָם בַּעֲבוֹדַת הַשֵּׁם יִתְבָּרֵךְ, הוּא יֶאֱהַב אוֹתְךָ.

ח. עַל־יְדֵי אֲמִירַת הַלֵּל בְּקוֹל גָּדוֹל, זוֹכִים לְאַהֲבַת הַשֵּׁם יִתְבָּרֵךְ.

ט. כְּשֶׁתְּהֵא נִזְהָר מִשִּׂנְאַת חִנָּם, אֲזַי כְּשֶׁיִּהְיֶה לְךָ אֵיזֶהוּ מִשְׁפָּט עִם אֵלֶּם שֶׁאֵינוֹ רוֹצֶה לְפַשֵּׁר עִמְּךָ, עַל־יְדֵי זֶה יִתְפַּשֵּׁר עִמְּךָ.

י. מִי שֶׁנִּזְהָר מִשְּׁבוּעַת שֶׁקֶר, בְּוַדַּאי לֹא יַעֲבֹר עַל "לֹא תִקֹּם וְלֹא תִטֹּר".

יא. הַשּׁוּם מְסֻגָּל לְאַהֲבָה.

יב. הָעוֹבֵד מֵאַהֲבָה – זְכוּתוֹ מֵגֵן עַד אַלְפַּיִם דּוֹר.

יג. בְּמָקוֹם שֶׁעוֹשִׂין תְּנָאִים [תְּנַאי] אוֹ אֵיזֶה כְּרִיתוּת בְּרִית, הַשֵּׁם יִתְבָּרֵךְ שָׁם הוּא.

חלק שני

א. כְּשֶׁהַצְּמָחִים גְּדֵלִים בִּמְלוֹאָם, עַל־יְדֵי זֶה אַהֲבָה בָּעוֹלָם.

ב. אַהֲבַת אִשָּׁה לְבַעְלָהּ נִכָּר בִּזְבוּבִים וְיַתּוּשִׁים שֶׁבַּבַּיִת גַּם עַל־יְדֵי אַהֲבָתָם יְכוֹלִין לֵידַע כֹּחַ הַיֵּצֶר הָרָע אִם כְּבָר נֶחֱלַשׁ אִם לָאו.

ג. חַכְמֵי הַדּוֹר שֶׁיֵּשׁ בֵּינֵיהֶם אַהֲבָה, שֶׁרוֹאִים זֶה עִם זֶה לִפְרָקִים, אֲזַי יֵשׁ כֹּחַ בְּיָדָם לָדוּן אֶת כָּל הָעוֹלָם וְדִינֵיהֶם דִּין, וְאֵין מִי שֶׁיְּשַׁנֶּה וִיבַטֵּל דִּינָם, כִּי הַקָּדוֹשׁ־בָּרוּךְ־הוּא אַב־בֵּית־דִּין שֶׁלָּהֶם.

ד. עַל־יְדֵי שִׂנְאַת־חִנָּם נִכְשָׁל בִּטְרֵפוֹת.

ה. עַל־יְדֵי תַּאֲוַת אֲכִילָה הוּא אוֹהֵב בֵּן אֶחָד יוֹתֵר מִשְּׁאָר בָּנָיו.

אכילה

חלק ראשון

א. מִמַּה שֶׁאַתָּה אוֹכֵל תְּשַׁיֵּר, כְּדֵי שֶׁיָּחוּל בִּרְכַּת הַשֵּׁם בִּמְזוֹנוֹתֶיךָ.

ב. שֻׁלְחָנוֹ שֶׁל אָדָם מְטַהֵר לוֹ מִכָּל עֲווֹנוֹתָיו.

ג. שֻׁלְחָנוֹ שֶׁל אָדָם מְזַכֶּה לוֹ לְעָלְמָא דְּאָתֵי וּמְזַכֶּה לְפַרְנָסָה, וְהוּא רָשׁוּם לְטוֹב לְעֵלָּא וּלְעֵלָּא, וּמְזַכֶּה לָהּ לְאִתּוֹסָפָא לָהּ כֹּחַ וּגְבוּרָה בְּשָׁעָה שֶׁאִצְטְרִיךְ לָהּ.

ד. בַּעֲוֹן עִנּוּי הַדִּין וְעִוּוּת וְקִלְקוּל הַדִּין וּבִטּוּל תּוֹרָה בַּצֹּרֶת בָּא, וּבְנֵי־אָדָם אוֹכְלִים וְאֵינָם שְׂבֵעִים וְאוֹכְלִים לַחְמָם בְּמִשְׁקָל.

ה. כְּשֶׁאוֹכֵל קְצָת, לִבּוֹ נִמְשָׁךְ יוֹתֵר אַחַר אֲכִילָה, מִמִּי שֶׁלֹּא אָכַל כְּלָל וְנִתְיָאֵשׁ מִלֶּאֱכֹל.

ו. מִפְּנֵי מַה נִּתְחַיְּבוּ יִשְׂרָאֵל כְּלָיָה מִפְּנֵי שֶׁנֶּהֱנוּ מִסְּעֻדָּה שֶׁל אוֹתוֹ רָשָׁע.

ז. מִזְבֵּחַ מֵזִיחַ גְּזֵרוֹת רָעוֹת וּמְכַפֵּר עֲווֹנוֹת וּמֵזִין וּמְחַבֵּב. וְהַשֻּׁלְחָן דּוֹמֶה לַמִּזְבֵּחַ.

ח. הָאוֹכֵל בְּלֹא נְטִילַת יָדַיִם, כְּאִלּוּ בָּא עַל אִשָּׁה זוֹנָה, וְהַמְזַלְזֵל בִּנְטִילַת יָדַיִם, נֶעֱקָר מִן הָעוֹלָם.

ט. אֵין שׁוֹתִין מַיִם בִּפְנֵי רַבִּים.

חלק שני

א. מִי שֶׁיֵּשׁ לוֹ צֶלֶם־אֱלֹקִים, עַל־יְדֵי אֲכִילָתוֹ דָּבָר מִן הַחַי נִתְעַלֶּה וְכֵן לְהֶפֶךְ.

ב. אֲכִילַת הַדָּגִים מְעוֹרְרִין תַּאֲוַת הַזִּוּוּג.

ג. עַל־יְדֵי בִּרְכַּת־הַמָּזוֹן נִתְוַדַּע הַשֵּׁם יִתְבָּרַךְ בָּעוֹלָם.

ד. עַל־יְדֵי בִּרְכַּת־הַמָּזוֹן נִתְיַשֵּׁב הַמַּלְכוּת מִן הַמְּרִיבוֹת וְהַמִּלְחָמוֹת.

ה. מִי שֶׁלִּמּוּדוֹ בַּתּוֹרָה בְּמֹחִין זַכִּים, שֶׁאֲכִילָתוֹ כָּל־כָּךְ בִּקְדֻשָּׁה, שֶׁנִּזּוֹן מִמָּזוֹן שֶׁהַמַּלְאָכִים נִזּוֹנִין מִמֶּנּוּ, עַל־יְדֵי זֶה שׂוֹנְאָיו נִדּוֹנִין בְּחֶנֶק. וְסִימָן לַדָּבָר: "וַיְהִי בַיּוֹם הַשְּׁלִישִׁי בִּהְיֹת הַבֹּקֶר", "וּבַבֹּקֶר הָיְתָה שִׁכְבַת הַטָּל", "וַיְהִי בְּאַשְׁמֹרֶת הַבֹּקֶר". פֵּרוּשׁ סִימָן זֶה שֶׁשָּׁמַעְתִּי מִפִּיו הַקָּדוֹשׁ, כִּי "וַיְהִי בַיּוֹם הַשְּׁלִישִׁי בִּהְיֹת הַבֹּקֶר" נֶאֱמַר בְּמַתַּן־תּוֹרָה, שֶׁזֶּהוּ בְּחִינַת מַה שֶּׁמְּבֹאָר לְעֵיל, מִי שֶׁלִּמּוּדוֹ בְּמֹחִין זַכִּים. "וּבַבֹּקֶר הָיְתָה שִׁכְבַת הַטָּל" נֶאֱמַר בַּמָּן, שֶׁהוּא מָזוֹן שֶׁהַמַּלְאָכִים נִזּוֹנִין מִמֶּנּוּ, כְּמוֹ שֶׁאָמְרוּ רַבּוֹתֵינוּ, זִכְרוֹנָם לִבְרָכָה. "וַיְהִי בְּאַשְׁמֹרֶת הַבֹּקֶר" נֶאֱמַר בִּקְרִיעַת יַם־סוּף, שֶׁנִּטְבְּעוּ הַמִּצְרִים בַּיָּם, שֶׁזֶּהוּ בְּחִינַת חֶנֶק כְּמוֹ שֶׁאָמְרוּ רַבּוֹתֵינוּ, זִכְרוֹנָם לִבְרָכָה. וְלָמַד בֹּקֶר מִבֹּקֶר, עַל־יְדֵי זֶה מָצָא [הַשָּׂגָה] הַנַּ"ל בְּתוֹךְ הַתּוֹרָה).

ו. מִי שֶׁאֵינוֹ מַרְגִּישׁ טַעַם בַּאֲכִילָתוֹ, יֵדַע שֶׁנִּתַּק מִמֶּנּוּ הַשֵּׁם יִתְבָּרַךְ.

ז. אֲכִילַת הַצַּדִּיקִים גְּדוֹלָה יוֹתֵר מֵהַקָּרְבָּנוֹת וּמִזְוּוּגָן.

ח. הַדָּגִים שְׁמֵנִים בִּזְכוּת הַקָּרְבָּנוֹת.

ט. מִי שֶׁכֶּלֶב נְשָׁכוֹ, בְּיָדוּעַ שֶׁרַחֲמֵי שָׁמַיִם מְסַלְּקִין מִמֶּנּוּ, גַּם בְּיָדוּעַ שֶׁנִּכְשַׁל בְּמַאֲכָלוֹת אֲסוּרוֹת.

י. מִי שֶׁנִּזְהָר מִמַּאֲכָלוֹת אֲסוּרוֹת, הוּא נִצּוֹל מֵחַיּוֹת רָעוֹת.

יא. מִי שֶׁשּׂוֹנְאָיו נִתְרוֹמְמִים, הוּא נוֹפֵל לְתַאֲוַת אֲכִילָה.
יב. עַל־יְדֵי תַּאֲוַת אֲכִילָה הוּא אוֹהֵב בֵּן אֶחָד יוֹתֵר מִשְּׁאָר בָּנָיו.
יג. **לְ**כוּ **לַ**חֲמוּ **בְ**לַחְמִי **וּ**שְׁתוּ רָאשֵׁי־תֵבוֹת **לוּלָב**; "בְּיַיִן" עִם הָאוֹתִיּוֹת גִּימַטְרִיָּא רָאשֵׁי־תֵבוֹת שֶׁל **אֶ**תְרוֹג **הֲ**דַס **עֲ**רָבָה "מָסָכְתִּי" בִּבְחִינַת סֻכּוֹת. עַל־יְדֵי מִצְוַת נְטִילַת אַרְבָּעָה מִינִים וְעַל־יְדֵי סֻכָּה אָדָם זוֹכֶה לַאֲכִילָה וּשְׁתִיָּה וּמַלְבּוּשִׁים, וְגַם לְחִיּוּת הַנְּשָׁמָה; עַל־יְדֵי סֻכָּה זוֹכֶה לְמַלְבּוּשִׁים, בִּבְחִינַת "בְּשׂוּמִי עָנָן לְבוּשׁוֹ". עַל־יְדֵי עַרְבֵי נַחַל זוֹכֶה לִשְׁתִיָּה, עַל־יְדֵי הֲדַס זוֹכֶה לְחִיּוּת הַנְּשָׁמָה וְעַל־יְדֵי לוּלָב וְאֶתְרוֹג זוֹכֶה לַאֲכִילָה, כִּי יֵשׁ בָּהֶם פְּרִי, שֶׁהֵם מִינֵי מַאֲכָל.
יד. אֲכִילָה וּשְׁתִיָּה בָּא עַל־יְדֵי חֹק וּמִשְׁפָּט.
טו. מַה כְּשֶׁאָדָם שׁוֹתֶה מַתְחִיל לְזַמֵּר וּלְנַגֵּן וְלֹא כֵן בַּאֲכִילָתוֹ, מֵחֲמַת שֶׁאָמְרוּ שִׁירָה עַל הַבְּאֵר, וְלֹא אָמְרוּ שִׁירָה עַל הַמָּן.

אלמן

חלק ראשון

א. מִי שֶׁמֵּתָה אִשְׁתּוֹ, יֹאמַר בְּכָל יוֹם פָּרָשַׁת אָשָׁם, עַד שֶׁיִּשָּׂא אִשָּׁה אַחֶרֶת

חלק שני

א. עַל־יְדֵי שֶׁקֶר דְּבָרָיו אֵינָם נִשְׁמָעִים, גַּם עַל־יְדֵי שֶׁקֶר מְאַלְמֵן, חַס וְשָׁלוֹם, כַּמָּה נָשִׁים
ב. כְּשֶׁמֵּתָה אִשְׁתּוֹ שֶׁל אָדָם, אֲזַי כְּאִלּוּ נֶחְסַר לוֹ עֶצֶם מֵעֲצָמָיו, אֲבָל הַצַּדִּיק, אַף־עַל־פִּי שֶׁאִשְׁתּוֹ מֵתָה, אֵינוֹ נֶחְסָר לוֹ עֶצֶם וְזֶהוּ: אַלְמָן – אוֹתִיּוֹת אַחַת מֵהֵנָּה לֹא נִשְׁבָּרָה

אמונה

חלק ראשון

א. צָרִיךְ לְהַאֲמִין בְּהַשֵּׁם יִתְבָּרַךְ בְּדֶרֶךְ אֱמוּנָה וְלֹא בְּדֶרֶךְ מוֹפֵת.
ב. עַל־יְדֵי עֲנָוָה תִּזְכֶּה לֶאֱמוּנָה.
ג. בִּרְאוֹתְךָ שִׁנּוּי מַעֲשֶׂה, אַל תֹּאמַר מִקְרֶה הוּא, אֶלָּא תַּאֲמִין כִּי זֶה הַשְׁגָּחַת הַשֵּׁם יִתְבָּרַךְ.
ד. יֵשׁ דְּבָרִים שֶׁהֵם מְבִיאִים הֶזֵּק גָּדוֹל לָעוֹלָם. וְהַדָּבָר קָשֶׁה: לָמָּה נִבְרְאוּ? תֵּדַע, שֶׁבְּוַדַּאי יֵשׁ בָּהֶם צַד אֶחָד לְטוֹבָה.
ה. מִי שֶׁיֵּשׁ לוֹ הֲנָאָה מִדִּבּוּר שֶׁל אֶפִּיקוֹרוֹס אֲפִלּוּ שֶׁאֵינוֹ מִדִּבְרֵי אֶפִּיקוֹרְסוּת, עַל־יְדֵי זֶה בָּא לְהִרְהוּרֵי עֲבוֹדָה־זָרָה.
ו. עַל־יְדֵי אֱמוּנָה הָאָדָם חָבִיב לְהַשֵּׁם יִתְבָּרַךְ כְּאִשָּׁה לְבַעְלָהּ.
ז. מִי שֶׁאֵינוֹ מֵכִין אֶת לִבּוֹ, אֵינוֹ יָכוֹל לָבוֹא לֶאֱמוּנָה.

ח. מִי שֶׁנֶּאֱבַד לוֹ אֵיזֶהוּ דָּבָר, בְּיָדוּעַ שֶׁנָּפַל מֵאֱמוּנָתוֹ.

ט. מִי שֶׁנֶּאֱבַד אֱמוּנָתוֹ מִמֶּנּוּ, יֵלֵךְ עַל קִבְרֵי יִשְׂרָאֵל וִיסַפֵּר הַחֲסָדִים, שֶׁעָשָׂה לוֹ הַקָּדוֹשׁ־בָּרוּךְ־הוּא.

י. אֱמוּנָה תְּלוּיָה בְּפֶה שֶׁל אָדָם.

יא. עַל־יְדֵי הַלִּמּוּד נִשְׁבָּרִים כָּל הַכְּפִירוֹת.

יב. עַל־יְדֵי אֱמוּנָה נִתְבָּרֵךְ.

יג. עַל־יְדֵי רִבּוּי אֲכִילָה נוֹפְלִים מֵאֱמוּנָה.

יד. כְּשֶׁתִּסְתַּכֵּל בַּשָּׁמַיִם כְּשֶׁהֵם זַכִּים וּבְהִירִים, תִּזְכֶּה לֶאֱמוּנַת חֲכָמִים.

טו. כְּשֶׁנּוֹפֵל אֵיזֶה קֻשְׁיָא עַל הַשֵּׁם יִתְבָּרֵךְ, אֲזַי תִּשְׁתֹּק, וְעַל־יְדֵי הַשְּׁתִיקָה מַחְשְׁבוֹתֶיךָ בְּעַצְמָם יָשִׁיבוּ לְךָ תֵּרוּץ עַל קֻשְׁיוֹתֶיךָ.

טז. כְּשֶׁמְּחָרְפִין אוֹתְךָ, וְאַתָּה שׁוֹתֵק, תִּזְכֶּה לְהָבִין תֵּרוּץ עַל קֻשְׁיוֹתֶיךָ וְתִזְכֶּה לְרוּחַ בִּינָה.

יז. כְּשֶׁיֵּשׁ לְאָדָם מִתְנַגְּדִים לוֹמְדִים וַעֲשִׁירִים גְּדוֹלִים, דַּע, שֶׁזֶּה נַעֲשָׂה מֵחֲמַת שֶׁנָּפַל כַּמָּה פְּעָמִים מֵאֱמוּנָה.

יח. אֱמוּנָה חָשׁוּב כִּצְדָקָה.

יט. עַל־יְדֵי אֱמוּנָה נִתְחַכֵּם.

כ. מִתְּחִלָּה צָרִיךְ לְהַאֲמִין בְּהַשֵּׁם יִתְבָּרֵךְ, וְאַחַר־כָּךְ יִזְכֶּה לְהָבִין אוֹתוֹ בַּשֵּׂכֶל.

כא. זִוּוּגָא דְקֻדְשָׁא בְּרִיךְ הוּא עַל־יְדֵי נִשְׁמוֹת יִשְׂרָאֵל.

כב. הַפֶּשַׁע שֶׁל אָדָם מַכְנִיס כְּפִירָה לְאָדָם.

כג. כְּשֶׁנּוֹפֵל מֵאֱמוּנָתוֹ יִבְכֶּה.

כד. אֱמוּנָה בָּא עַל־יְדֵי שְׁתִיקָה.

כה. עַל־יְדֵי קִנְאָה אָדָם נוֹפֵל מֵאֱמוּנָתוֹ.

כו. מִי שֶׁאֵין לוֹ אֱמוּנָה, בְּיָדוּעַ שֶׁמְּזַלְזֵל בְּדִבְרֵי־תוֹרָה.

כז. מִי שֶׁמְּנַקֶּה בְּכָל עֵת יָדָיו, עַל־יְדֵי זֶה מְזַכֶּה אֶת לִבּוֹ.

כח. כְּשֶׁאָדָם נוֹפֵל מֵאֱמוּנָה, יֵדַע שֶׁדָּנִין אוֹתוֹ לְמַעְלָה.

כט. כְּשֶׁנּוֹפֵל מֵאֱמוּנָתוֹ בָּא לִידֵי קֶרִי וְלִידֵי הִרְהוּרֵי אִשָּׁה וְלִידֵי הִרְהוּרֵי עֲבוֹדָה־זָרָה.

ל. אֱמוּנָה בָּא עַל־יְדֵי צְדָקָה.

לא. עַל־יְדֵי אֱמוּנָה יָכוֹל לְהָבִין אֶת הַשֵּׁם יִתְבָּרֵךְ.

לב. עַל־יְדֵי אֱמוּנָה יָכוֹל לָבוֹא לְבִטָּחוֹן.

לג. עַל־יְדֵי אֱמוּנָה הַקָּדוֹשׁ־בָּרוּךְ הוּא יִסְלַח לְךָ [עַל] כָּל עֲווֹנוֹתֶיךָ.

לד. לִפְעָמִים הַקָּדוֹשׁ־בָּרוּךְ־הוּא שׁוֹלֵחַ צַעַר לְאָדָם וּמַכֶּה אוֹתוֹ וְאֵין מַפִּיל אוֹתוֹ לַחֲלִשָׁה, אֵין זֶה כִּי־אִם בִּשְׁבִיל אֱמוּנָה.

לה. עַל־יְדֵי שְׁבוּעַת שֶׁקֶר נוֹפֵל מֵאֱמוּנָה.

לו. מִי שֶׁאֵין לוֹ אֱמוּנָה אֵינוֹ מְקַבֵּל מוּסָר.

לז. מִי שֶׁאֵין מַאֲמִין בְּדִבְרֵי הַצַּדִּיק לְסוֹף שֶׁאֵין נֶהֱנֶה מֵהַדָּבָר אַף־עַל־פִּי שֶׁהוּא רוֹאֶה.

לח. מִי שֶׁאֵין לוֹ אֱמוּנָה, בְּוַדַּאי חֻקּוֹת הַקָּדוֹשׁ־בָּרוּךְ־הוּא אֶצְלוֹ נִמְאָס.

לט. מָשִׁיחַ יָבוֹא בְּפֶתַע פִּתְאוֹם, וְעַל־יְדֵי זֶה מֵחֲמַת שִׂמְחָה יִפְחֲדוּ יִשְׂרָאֵל.
מ. כְּשֶׁיָּבוֹא מָשִׁיחַ, אֲזַי כָּל הַשָּׂרִים שֶׁל מַעְלָה וְשֶׁל מַטָּה יָחִלוּ, אֲבָל עַכְשָׁו כְּשֶׁיֵּשׁ עֲלִיָּה לְאֵיזֶה שַׂר, אֲזַי יִשְׂרָאֵל הֵם חוֹלִים.
מא. לֶעָתִיד לָבוֹא כָּל אֶחָד הַצָּעִיר מֵחֲבֵרוֹ בְּשָׁנִים יִהְיֶה יוֹתֵר לְמַעְלָה.
מב. לֹא חָרְבָה יְרוּשָׁלַיִם אֶלָּא בִּשְׁבִיל שֶׁחִלְּלוּ אֶת הַשַּׁבָּת, וּבִטְּלוּ קְרִיאַת־שְׁמַע, שַׁחֲרִית וְעַרְבִית, וּבִטְּלוּ תִּינוֹקוֹת שֶׁל בֵּית־רַבָּן, וְלֹא הָיָה לָהֶם בֹּשֶׁת־פָּנִים זֶה מִזֶּה, וְהִשְׁווּ קָטָן וְגָדוֹל, גַּם לֹא הוֹכִיחוּ זֶה אֶת זֶה, גַּם בִּזּוּ תַּלְמִידֵי־חֲכָמִים, גַּם פָּסְקוּ מִמֶּנָּה אַנְשֵׁי־אֱמָנָה.
מג. אֵין יְרוּשָׁלַיִם נִפְדֵּית אֶלָּא בִּצְדָקָה.
מד. מִלְחָמָה אַתְחַלְתָּא דִּגְאֻלָּה הוּא.
מה. מִי שֶׁמְּגַדֵּל חֲזִירִים, הוּא מְעַכֵּב אֶת הַגְּאֻלָּה.
מו. לֹא יִבָּנֶה יְרוּשָׁלַיִם, עַד שֶׁיִּהְיֶה שָׁלוֹם בֵּין יִשְׂרָאֵל.
מז. מַה שֶּׁיִּשְׂרָאֵל הוֹלְכִים בַּגָּלוּת מֵאֻמָּה לְאֻמָּה, הוּא סִימָן שֶׁיָּבוֹא מָשִׁיחַ.
מח. כְּשֶׁאֻמּוֹת מְחָרְפִין אוֹתָנוּ בְּיוֹתֵר זֶה סִימָן עַל מָשִׁיחַ.
מט. אֵין בֵּית־הַמִּקְדָּשׁ נִבְנֶה, עַד שֶׁיִּכְלֶה גַּאֲוָה.
נ. עַל־יְדֵי אַחְדוּת שֶׁיִּהְיֶה בְּיִשְׂרָאֵל, יָבוֹא מָשִׁיחַ.
נא. מָשִׁיחַ יָבוֹא בִּשְׁנַת בְּרָכָה.
נב. אֵין מָשִׁיחַ בָּא, עַד שֶׁיִּכְלוּ כָּל הַנְּשָׁמוֹת שֶׁבַּגּוּף.
נג. הַמַּשִּׂיא בִּתּוֹ לְתַלְמִיד־חָכָם, וְהַמְהַנֵּהוּ מִנְּכָסָיו, וְהָעוֹשֶׂה פְּרַקְמַטְיָא לְתַלְמִיד־חָכָם, זוֹכֶה לִתְחִיַּת הַמֵּתִים.
נד. מֵרוּחַ פִּיו שֶׁל הַשַּׁקְרָן נַעֲשֶׂה יֵצֶר־הָרָע, וּכְשֶׁיָּבוֹא מָשִׁיחַ אֲזַי לֹא יִהְיֶה שֶׁקֶר, בִּשְׁבִיל זֶה לֹא יִהְיֶה יֵצֶר־הָרָע בָּעוֹלָם.
נה. מִי שֶׁהוּא אִישׁ אֱמֶת, הוּא יָכוֹל לְהַכִּיר בְּאַחֵר, אִם אַחֵר דּוֹבֵר אֱמֶת אִם לָאו.
נו. הַשֶּׁקֶר – לֹא יַסְכִּימוּ עָלָיו רַבִּים.
נז. הַקָּדוֹשׁ־בָּרוּךְ־הוּא שׂוֹנֵא לָזֶה הָאִישׁ, הַמְדַבֵּר אֶחָד בַּפֶּה וְאֶחָד בַּלֵּב.
נח. עָשִׁיר מְכַחֵשׁ – אֵין הַדַּעַת סוֹבְלוֹ, וְגַם הוּא נִבְזֶה בְּעֵינֵי עַצְמוֹ.
נט. תִּקּוּן לַפֶּה – שֶׁיִּתֵּן צְדָקָה.
ס. עַל־יְדֵי הָאֱמֶת הָעוֹלָם נִשְׁמָר מִכָּל הֶזֵּקוֹת.
סא. עַל־יְדֵי חֲנֻפָּה בָּא לְשֶׁקֶר.
סב. מִי שֶׁנּוֹתֵן צְדָקָה – שְׂכָרוֹ שֶׁיִּזְכֶּה לֶאֱמֶת.
סג. עַל־יְדֵי שֶׁקֶר בְּוַדַּאי תִּשְׁנָא הָעֲנָוִים.
סד. אָדָם נִכָּר עַל־יְדֵי מְשָׁרְתָיו, אִם הוּא אוֹהֵב שֶׁקֶר אִם לָאו.
סה. כְּשֶׁאֵין אֱמֶת אֵין חֶסֶד.
סו. כְּשֶׁיֵּשׁ לְךָ שֶׁקֶר, אֲזַי כְּשֶׁהַקָּדוֹשׁ־בָּרוּךְ־הוּא רוֹצֶה לַעֲשׂוֹת לְךָ אֵיזֶה יְשׁוּעָה,אֲזַי הַשֶּׁקֶר מְגַלֶּה עֲווֹנוֹתֶיךָ,כְּדֵי שֶׁלֹּא יוֹשִׁיעַ לְךָ.
סז. עַל־יְדֵי אֱמֶת הַקָּדוֹשׁ־בָּרוּךְ־הוּא פּוֹדֶה אוֹתְךָ מִכָּל הַצָּרוֹת.
סח. טוֹב לְאָדָם שֶׁיָּמוּת, מִשֶּׁיִּחְיֶה וְיִהְיֶה שַׁקְרָן בְּעֵינֵי בְנֵי־אָדָם.

חלק שני

א. לִפְעָמִים אָדָם בָּא לְאֵיזֶהוּ מָקוֹם, וְיֵשׁ לוֹ צַעַר בְּזֶה הַמָּקוֹם, יֵדַע שֶׁזֶּה הַמָּקוֹם הָיוּ בּוֹ אֲבוֹתָיו וְנָפַל לָהֶם אֵיזֶה כְּפִירָה, אוֹ בָּנָיו יָבוֹאוּ בַּמָּקוֹם הַזֶּה לְאֵיזֶה כְּפִירָה, וְעַל־יְדֵי זֶה הוּא סוֹבֵל עַכְשָׁו צַעַר בַּמָּקוֹם הַזֶּה.

ב. עַל־יְדֵי חֲנֻפָּה בָּא לִידֵי כְּפִירָה.

ג. אֵין הַקָּדוֹשׁ־בָּרוּךְ־הוּא עוֹשֶׂה מוֹפְתִים אֶלָּא לָזֶה שֶׁהוּא מַאֲמִין בִּשְׁנֵי עוֹלָמוֹת.

ד. עַל־יְדֵי אֱמוּנָה נִתְבַּטְּלִין הַגְּזֵרוֹת, שֶׁאֻמּוֹת גּוֹזְרִין עָלֵינוּ.

ה. דַּע, שֶׁיֵּשׁ לְכָל עֵשֶׂב וָעֵשֶׂב כֹּחַ מְיֻחָד לְרַפְּאוֹת אֵיזֶה חוֹלַאַת מְיֻחֶדֶת, וְכָל זֶה אֵינוֹ אֶלָּא לְמִי שֶׁלֹּא שָׁמַר אֱמוּנָתוֹ וּבְרִיתוֹ, וְלֹא שָׁמַר אֶת עַצְמוֹ מִלַּעֲבֹר עַל "אַל תְּהִי בָז לְכָל אָדָם". אֲבָל מִי שֶׁיֵּשׁ לוֹ אֱמוּנָה בִּשְׁלֵמוּת, וְהוּא גַּם־כֵּן שׁוֹמֵר הַבְּרִית וּמְקַיֵּם "אַל תְּהִי בָז לְכָל אָדָם", אֵין רְפוּאָתוֹ תְּלוּיָה בְּחֶלְקֵי עֲשָׂבִים הַמְיֻחָדִים לְחוֹלַאְתוֹ, אֶלָּא נִתְרַפֵּא בְּכָל מַאֲכָל וּמַשְׁקֶה בִּבְחִינַת "וּבֵרַךְ אֶת לַחְמְךָ" וְכוּ', וְאֵין צָרִיךְ לְהַמְתִּין עַד שֶׁיִּתְרַמּוּ עֲשָׂבִים הַמְיֻחָדִים לִרְפוּאָתוֹ.

ו. עִקַּר הַיְשׁוּעָה הַבָּאָה אֵינָהּ אֶלָּא עַל־יְדֵי אֱמוּנָה, וּמִדַּת אֱמוּנָה הִיא לְפִי מַנְהִיגֵי הַדּוֹר.

ז. כְּשֶׁהוֹלֵךְ מֵרַב לְרַב, אָז צָרִיךְ לְחַזֵּק אֱמוּנָתוֹ בְּאַחְדוּת הַשֵּׁם יִתְבָּרַךְ, כִּי הַלִּמּוּד מֵהַרְבֵּה מְלַמְּדִים מַזִּיק לֶאֱמוּנַת הַיִּחוּד. וְכֵן הָרַב שֶׁיֵּשׁ לוֹ אֱמוּנַת הַיִּחוּד, הוּא יָכוֹל לְהָאִיר לְכָל תַּלְמִיד וְתַלְמִיד לְפִי כֹּחוֹ, וְכָל תַּלְמִיד אֵינוֹ שׁוֹמֵעַ אֶלָּא מַה שֶּׁצָּרִיךְ לוֹ וְלֹא יוֹתֵר.

ח. הַנֶּחָמָה בָּא עַל־יְדֵי אֱמוּנָה.

ט. עַל־יְדֵי מִעוּט אֱמוּנָה נִתְרַבּוּ הַזְּבוּבִים בָּעוֹלָם.

י. מִי שֶׁשּׁוֹמֵר אֶת עַצְמוֹ מִלַּעֲבֹר עַל "לֹא תַחְמֹד", עַל־יְדֵי זֶה נִצּוֹל מִכַּעַס וְגַאֲוָה וּמֵחֶסְרוֹן אֱמוּנָה, הַבָּאָה עַל־יְדֵי כַּעַס וְגַאֲוָה.

יא. עַל־יְדֵי שֶׁאֵין מוֹדִיעִין אֱלֹקוּתוֹ לְאֻמּוֹת הָעוֹלָם, עַל־יְדֵי זֶה אֻמּוֹת הָעוֹלָם מְסִיתִין וּמַדִּיחִין אֶת יִשְׂרָאֵל לֵילֵךְ בְּחָכְמוֹת חִיצוֹנִיּוֹת.

יב. עַל־יְדֵי קִלְקוּל אֱמוּנָה נִתְעוֹרְרִין דִּינִים, וְעַל־יְדֵי הִרְהוּרֵי עֲבוֹדָה זָרָה נִתְעוֹרְרִין דִּינֵי דִּינִים, הַיְנוּ שֶׁדָּנִים אֶת הַדִּינִים שֶׁנִּדּוֹן כְּבָר, אִם נִדּוֹן כָּרָאוּי בְּלִי וַתְּרָנוּת.

יג. שִׁכּוּל בָּנִים בָּא, חַס וְשָׁלוֹם, עַל מִי שֶׁמַּפִּיל אֶת חֲבֵרוֹ מֵאֱמוּנָה.

יד. אִשָּׁה הַזְּהִירָה בְּחַלָּה – בָּנֶיהָ בַּעֲלֵי־אֱמוּנָה.

טו. עַל־יְדֵי אֱמוּנָה נִתְיַשֵּׁב הַדַּעַת.

טז. עַל־יְדֵי תּוֹרָה בָּא לֶאֱמוּנָה, וְעַל־יְדֵי אֱמוּנָה בָּא לְקִדּוּשׁ הַשֵּׁם.

יז. מִי שֶׁאֵינוֹ יָכוֹל לִישֹׁן, יַעֲלֶה עַל מַחֲשַׁבְתּוֹ אֱמוּנַת תְּחִיַּת־הַמֵּתִים.

יח. קְטַנֵּי אֲמָנָה – קָשֶׁה לָהֶם לְהַשִּׂיג חִדּוּשִׁין דְּאוֹרַיְתָא.

אמת

חלק ראשון

א. מִי שֶׁרוֹצֶה לְדַבֵּק אֶת עַצְמוֹ בְּהַשֵּׁם יִתְבָּרַךְ, עַד שֶׁיֵּלֵךְ בְּמַחֲשַׁבְתּוֹ מֵהֵיכָל אֶל הֵיכָל וְיִרְאֶה אֶת הַהֵיכָלוֹת בְּעֵינֵי הַשֵּׂכֶל, יִשְׁמֹר אֶת עַצְמוֹ מִלּוֹמַר שֶׁקֶר אֲפִלּוּ בְּטָעוּת.

ב. מֻתָּר לְשַׁנּוֹת בִּדְבַר הַשָּׁלוֹם.

ג. כַּת שַׁקָּרִים אֵינָם מְקַבְּלִים פְּנֵי הַשְּׁכִינָה.

ד. שָׁרֵי לְהוּ לְצַדִּיקַיָּא לְסָגוּאֵי בְּרַמָּאוּתָא עִם רַמָּאֵי.

ה. כָּל הַמּוֹסִיף גּוֹרֵעַ.

ו. עַל־יְדֵי שֶׁקֶר בָּאִים הִרְהוּרֵי עֲבוֹדָה־זָרָה.

ז. עַל־יְדֵי אֱמֶת לֹא יָמוּת קֹדֶם זְמַנּוֹ הַקָּצוּב.

ח. מֵרוּחַ פִּיו שֶׁל הַשַּׁקְרָן נַעֲשָׂה הַיֵּצֶר הָרָע, וּכְשֶׁיָּבוֹא מָשִׁיחַ אָז לֹא יִהְיֶה שֶׁקֶר, וּבִשְׁבִיל זֶה לֹא יִהְיֶה יֵצֶר הָרָע בָּעוֹלָם.

ט. מִי שֶׁהוּא אִישׁ אֱמֶת, אֲזַי הוּא מַכִּיר בְּאַחֵר, אִם אַחֵר דּוֹבֵר שֶׁקֶר אִם לָאו.

י. הַסִּימָן שֶׁל הַשֶּׁקֶר – כְּשֶׁלֹּא יַסְכִּימוּ עָלָיו רַבִּים, וְהוּא מִשְּׁלֹשָׁה שֶׁהַקָּדוֹשׁ־בָּרוּךְ־הוּא שׂוֹנְאָן.

יא. עָשִׁיר מְכַחֵשׁ – אֵין הַדַּעַת סוֹבְלוֹ וְהוּא נִבְזֶה בְּעֵינֵי עַצְמוֹ.

יב. תִּקּוּן לַכֶּפֶה – שֶׁיִּתֵּן צְדָקָה.

יג. עַל־יְדֵי אֱמֶת הָעוֹלָם נִשְׁמָר מִכָּל הֶזֵּקוֹת.

יד. עַל־יְדֵי חֲנֻפָּה בָּא לְשֶׁקֶר.

טו. מִי שֶׁנּוֹתֵן צְדָקָה שְׂכָרוֹ שֶׁיִּזְכֶּה לֶאֱמֶת.

טז. הַשַּׁקְרָן שׂוֹנֵא עֲנִיווּת.

יז. אָדָם נִכָּר עַל־יְדֵי מְשָׁרְתָיו, אִם הוּא אוֹהֵב שֶׁקֶר כִּי זֶה בָּזֶה תָּלוּי. לִפְעָמִים מְשָׁרְתָיו נוֹפְלִים לַעֲבֵרוֹת עַל־יְדֵי שֶׁהוּא שַׁקְרָן, וְלִפְעָמִים הוּא נוֹפֵל לְשֶׁקֶר עַל־יְדֵי מְשָׁרְתָיו, שֶׁאֵינָם הֲגוּנִים.

יח. כְּשֶׁאֵין אֱמֶת אֵין חֶסֶד. גַּם אֵינוֹ יָכוֹל לַעֲשׂוֹת [חֶסֶד] עִם בְּנֵי־אָדָם.

יט. הַשֶּׁקֶר מְעַכֵּב אֶת הַיְשׁוּעָה, כִּי הַשֶּׁקֶר מְגַלֶּה עֲווֹנוֹתָיו, כְּדֵי שֶׁלֹּא יוֹשִׁיעוּ לוֹ.

כ. הָאֱמֶת הוּא פּוֹדֶה מִכָּל הַצָּרוֹת.

כא. טוֹב לָאָדָם שֶׁיָּמוּת, מִשֶּׁיִּחְיֶה וְיִהְיֶה שַׁקְרָן בְּעֵינֵי בְנֵי־אָדָם.

כב. כְּשֶׁיֵּשׁ אֱמֶת יֵשׁ שָׁלוֹם.

כג. מִי שֶׁרָחוֹק מֵאֱמֶת, רָחוֹק מִצְּדָקָה.

כד. עַל־יְדֵי אֱמֶת נִשְׁמָר אוֹת בְּרִית.

כה. עַל־יְדֵי אֱמֶת יִזְכֶּה לְשֵׁם עוֹלָם.

כו. אִישׁ וְאִשָּׁה שֶׁרְגִילִין לוֹמַר שֶׁקֶר, הַבָּנִים שֶׁלָּהֶם יִהְיוּ מִתְנַגְּדִים גַּם יִהְיוּ פּוֹגְמִים בַּבְּרִית.

כז. הַשֶּׁקֶר בָּא עַל־יְדֵי שֶׁמְּקַבֵּל עַל עַצְמוֹ פַּחַד מִבְּנֵי־אָדָם.

ספר המדות

כח. עַל־יְדֵי הַשֶּׁקֶר שׁוֹכְחִין אֶת הַקָּדוֹשׁ־בָּרוּךְ־הוּא.
כט. מִי שֶׁאֵין לוֹ בִּטָּחוֹן, הוּא דּוֹבֵר שְׁקָרִים, וְעַל־יְדֵי שְׁקָרִים אֵין יָכוֹל לִבְטֹחַ בֶּאֱמֶת.
ל. לְפִי הָרִחוּק מֵאֱמֶת כֵּן מַחֲזִיק אֶת הַסּוּר־מֵרָע לְשׁוֹטֶה.
לא. מִי שֶׁרוֹצֶה לָסוּר מֵרָע, וְרוֹאֶה שֶׁאֵין אֱמֶת בָּעוֹלָם, עוֹשֶׂה עַצְמוֹ כְּשׁוֹטֶה.
לב. מִי שֶׁאֵינוֹ אוֹמֵר שֶׁקֶר, הַקָּדוֹשׁ־בָּרוּךְ־הוּא מוֹשִׁיעַ לוֹ בְּעֵת צָרָתוֹ גַּם בָּנִים יִהְיוּ לוֹ.
לג. עַל־יְדֵי דִּבּוּר שָׁוְא בָּא מַכּוֹת בָּנִים.
לד. מִי שֶׁמְּקַשֵּׁר לַשָּׁוְא, בָּא לְשִׁכְחָה.
לה. עַל־יְדֵי שֶׁקֶר בָּא לְנִאוּף, וּמַחֲזִיק יְדֵי מְרֵעִים, שֶׁלֹּא יַחְזְרוּ בִּתְשׁוּבָה.
לו. עַל־יְדֵי שְׁקָרִים אֵין לוֹ רְפוּאָה אֲפִלּוּ בְּהַרְבֵּה רְפוּאוֹת.
לז. מִי שֶׁדּוֹבֵר כְּזָבִים נוֹפֵל בַּחֶרֶב. גַּם נַעֲשֶׂה שׁוֹטֶה.
לח. עַל־יְדֵי יִרְאָה בָּא לֶאֱמֶת.
לט. מִי שֶׁשּׁוֹמֵר אֶת עַצְמוֹ מִשֶּׁקֶר, הוּא מְנַצֵּחַ תָּמִיד.
מ. מֻתָּר לְשַׁנּוֹת, כְּדֵי לְהַצִּיל אֶת עַצְמוֹ.
מא. מִי שֶׁאוֹהֵב כְּזָבִים, הוּא מְבַזֶּה אֶת הַצַּדִּיק גַּם הוּא בְּעַצְמוֹ נִתְבַּזֶּה.
מב. מִי שֶׁדּוֹבֵר כְּזָבִים, הוּא אוֹבֵד.
מג. עַל־יְדֵי אֱמֶת נִצּוֹל מִלָּשׁוֹן־הָרָע גַּם תְּפִלָּתוֹ נִתְקַבֵּל. גַּם כְּשֶׁדָּנִים אוֹתוֹ לְמַעְלָה, דָּנִים אוֹתוֹ לְפִי זְכֻיּוֹת שֶׁלּוֹ.
מד. עַל־יְדֵי חֲלוֹמוֹת יֵדַע אָדָם אִם לִבּוֹ אֱמֶת עִם אֱלֹקָיו.
מה. מִי שֶׁמְּקַיֵּם דִּבּוּרוֹ, יָכוֹל לַעֲשׂוֹת פְּעֻלּוֹת.
מו. מִי שֶׁאֵין לוֹ גַּאֲוָה נִצּוֹל מִשֶּׁקֶר.
מז. מִי שֶׁשּׁוֹמֵר אֶת עַצְמוֹ מִשְּׂחוֹק שֶׁל הַתּוּל, בְּיָדוּעַ שֶׁהוּא אִישׁ אֱמֶת.
מח. מִי שֶׁהָיָה שַׁקְרָן מִגִּלְגּוּל הֶעָבָר, עַל־יְדֵי זֶה כְּשֶׁנִּתְגַּלְגֵּל, נַעֲשָׂה אִטֵּר־יָד.
מט. מִי שֶׁשּׁוֹמֵר אֶת עַצְמוֹ וְדוֹבֵר תָּמִיד אֱמֶת, כְּאִלּוּ עָשָׂה שָׁמַיִם וָאָרֶץ וְאֶת הַיָּם וְאֶת כָּל אֲשֶׁר בָּם.
נ. הַשֶּׁקֶר אֵינוֹ אֶלָּא בְּפִיו, אֲבָל לֹא בִּכְתָב.
נא. דִּבְּרוּ תּוֹרָה וּנְבִיאִים וַחֲכָמִים בִּלְשׁוֹן הֲבַאי.

חלק שני

א. עַל־יְדֵי שֶׁקֶר דְּבָרָיו אֵינָם נִשְׁמָעִים. גַּם עַל־יְדֵי שֶׁקֶר מְאַלְמֵן, חַס וְשָׁלוֹם, כַּמָּה נָשִׁים.
ב. עַל־יְדֵי אֱמֶת נִתְגַּלֶּה יִחוּדוֹ בָּעוֹלָם.
ג. כְּשֶׁאַתָּה רוֹאֶה שַׁקְרָן, תֵּדַע, שֶׁגַּם הַמַּנְהִיג שֶׁל הָאִישׁ הַזֶּה שַׁקְרָן.
ד. עַל־יְדֵי שֶׁקֶר בָּא לִידֵי גִּלּוּי־עֲרָיוֹת וּשְׁפִיכוּת־דָּמִים, וְגַם מַכְשִׁיל אֶת הַכְּשֵׁרִים בְּגִלּוּי־עֲרָיוֹת וּשְׁפִיכוּת־דָּמִים, וּמַרְאֶה הֶתֵּר מִן הַתּוֹרָה.
ה. מִי שֶׁאֵינוֹ מְשַׁנֶּה בְּדִבּוּרוֹ, הוּא יָכוֹל לְהַשְׁפִּיל הַגְּבוֹהִים וּלְהַגְבִּיהַּ הַשְּׁפָלִים.
ו. מִי שֶׁאֵינוֹ מְדַבֵּר אֶחָד בַּפֶּה וְאֶחָד בַּלֵּב, אֵינוֹ מִתְיָרֵא מִטְּבִיעַת מַיִם.

ז. הָאֱמֶת מֵבִיא שֹׂבַע.
ח. הַשִּׁלְשׁוּל וְהָעֲצִירוּת בָּא עַל־יְדֵי שֶׁקֶר.
ט. עַל־יְדֵי אֱמֶת בָּא הַקֵּץ.

ארץ ישראל

חלק שני

א. עַל־יְדֵי יְשִׁיבַת אֶרֶץ־יִשְׂרָאֵל מַשִּׂיגִין הַשְׁגָּחַת הַשֵּׁם יִתְבָּרַךְ עַל הָעוֹלָם.
ב. לְפִי הַחִדּוּשׁ שֶׁאָדָם מְחַדֵּשׁ בַּתּוֹרָה, כֵּן נִמְשָׁךְ לוֹ הֶאָרָה מִקְּדֻשַּׁת אֶרֶץ־יִשְׂרָאֵל.
ג. עַל־יְדֵי הִשְׁתּוֹקְקוּת שֶׁאָדָם מִשְׁתּוֹקֵק לְבִיאַת אֶרֶץ־יִשְׂרָאֵל, עַל־יְדֵי זֶה נִשְׁפָּע פַּרְנָסָה גְּדוֹלָה.
ד. מִי שֶׁהוּא מְפַרְנֵס אֶת הָרַבִּים, עַל־יְדֵי זֶה מַמְשִׁיךְ הַבְּרָכָה מֵאֶרֶץ־יִשְׂרָאֵל לְחוּץ לָאָרֶץ.
ה. מִי שֶׁמִּשְׁתּוֹקֵק לְאֶרֶץ־יִשְׂרָאֵל, עַל־יְדֵי זֶה מְעוֹרֵר הִשְׁתּוֹקְקוּת אֵצֶל אָבִיו וְאִמּוֹ, הַיְנוּ נִשְׁמוֹתֵיהֶם, וּבָאִים לְאֶרֶץ־יִשְׂרָאֵל, וְהַקָּדוֹשׁ־בָּרוּךְ־הוּא בָּא עִמָּם וּמְצַפִּים וּמִשְׁתּוֹקְקִים אֵלָיו.
ו. עַל־יְדֵי הַמָּמוֹן שֶׁנּוֹתֵן לַעֲנִיֵּי אֶרֶץ־יִשְׂרָאֵל, עַל־יְדֵי זֶה מָמוֹנוֹ נִתְקַיֵּם בְּיָדוֹ.
ז. מִי שֶׁיּוֹדֵעַ מֵאֶרֶץ־יִשְׂרָאֵל, שֶׁטָּעַם בֶּאֱמֶת טַעַם אֶרֶץ־יִשְׂרָאֵל, הוּא יָכוֹל לְהַכִּיר בְּאַחֵר, אִם הָיָה אֵצֶל צַדִּיק [אֲמִתִּי] עַל רֹאשׁ־הַשָּׁנָה אִם לָאו. כִּי מִי שֶׁזּוֹכֶה לִהְיוֹת אֵצֶל צַדִּיק אֲמִתִּי עַל רֹאשׁ־הַשָּׁנָה, אֲזַי בְּכָל מָקוֹם שֶׁהָאִישׁ הַזֶּה מִסְתַּכֵּל, נַעֲשֶׂה אוֹתוֹ הָאֲוִיר בְּחִינַת אֲוִירָא דְּאֶרֶץ־יִשְׂרָאֵל, וְעַל־כֵּן מִי שֶׁיּוֹדֵעַ מִטַּעַם אֶרֶץ־יִשְׂרָאֵל, כָּל אֶחָד כְּפִי עֶרְכּוֹ, הוּא מְחֻיָּב לְהַרְגִּישׁ אֶרֶץ־יִשְׂרָאֵל, כְּשֶׁפּוֹגֵעַ וּמִתְוַעֵד יַחַד עִם זֶה הָאִישׁ, שֶׁהָיָה אֵצֶל צַדִּיק אֲמִתִּי עַל רֹאשׁ־הַשָּׁנָה, כִּי עַל־יָדוֹ נַעֲשֶׂה הָאֲוִיר בִּבְחִינַת אֶרֶץ־יִשְׂרָאֵל כַּנַּ"ל.

בגדים

חלק ראשון

א. בִּגְדֵי אָדָם מְרַמְּזִים עַל מִדּוֹתָיו שֶׁל אָדָם.
ב. מִי שֶׁהוֹלֵךְ יָחֵף, בְּיָדוּעַ שֶׁהוּא חוֹטֵא.
ג. עַל־יְדֵי עַזּוּת־מֵצַח נֶעֱנָשׁ בִּבְגָדִים גַּם עַל־יְדֵי שְׁבוּעוֹת.
ד. מִי שֶׁאֵינוֹ נִזְהָר לְהִסְתַּכֵּל בְּעֶרְוַת אָבִיו, לְסוֹף שֶׁיֵּלְכוּ בָּנָיו "עָרוֹם וְיָחֵף".
ה. מִי שֶׁאוֹכֵל קֹדֶם, הַתְּפִלָּה הוּא נֶעֱנָשׁ בִּבְגָדִים.
ו. עַל־יְדֵי גַּאֲוָה נֶעֱנָשׁ בִּבְגָדִים.
ז. מִי שֶׁמֵּסִית אֶת חֲבֵרוֹ מִדֶּרֶךְ הַטּוֹבָה לְדֶרֶךְ הָרָעָה, עַל־יְדֵי זֶה אֵין לוֹ בַּמֶּה לִלְבֹּשׁ.
ח. מִי שֶׁהוּא עָרֵב בְּעַד עַכּוּ"ם, הוּא נֶעֱנָשׁ בִּבְגָדִים.

ספר המדות

ט. לֶעָתִיד הַקָּדוֹשׁ־בָּרוּךְ־הוּא יְהֵא נִפְרָע מֵאוֹתָם הַמְּלֻבָּשִׁים מַלְבּוּשׁ עַכּוּ"ם.
י. מִי שֶׁהוֹלֵךְ בִּבְגָדִים קְרוּעִים מֵחֲמַת עֲנִיּוּת, תַּקָּנָתוֹ – הַבְּכִיָּה לִפְנֵי הַשֵּׁם יִתְבָּרֵךְ.
יא. כָּל הַמְבַזֶּה בְּגָדִים, לַסּוֹף אֵינוֹ נֶהֱנֶה מֵהֶם.
יב. מִי שֶׁעוֹשֶׂה מַלְבּוּשׁ לֶעָנִי, עַל־יְדֵי זֶה נִצּוֹל מִבִּזְיוֹנוֹת.
יג. מִי שֶׁהוּא נִזְהָר מִלְּבַיֵּשׁ שׁוּם אָדָם, זוֹכֶה לְמַלְבּוּשִׁים.

חלק שני

א. עַל־יְדֵי סִפּוּרֵי־מַעֲשִׂיּוֹת שֶׁל צַדִּיקִים מַמְשִׁיכִין אוֹרוֹ שֶׁל מָשִׁיחַ בָּעוֹלָם, וְדוֹחֶה הַרְבֵּה חֹשֶׁךְ וְצָרוֹת מִן הָעוֹלָם גַּם זוֹכֶה לִבְגָדִים נָאִים.
ב. הָרָגִיל בִּקְלָלָה, עַל־יְדֵי זֶה לֹא יִהְיֶה לוֹ בְּגָדִים עַל שַׁבָּת.
ג. מִי שֶׁמְּיַפֶּה תָּמִיד אֶת רַגְלָיו בִּלְבוּשִׁין נָאִים, לְמָשָׁל בְּמִנְעָלִים יָפִים בְּיוֹתֵר אוֹ בְּמִכְנָסַיִם, עַל־יְדֵי זֶה בָּא לִגְנֵבַת הַדַּעַת.
ד. הַמְזַלְזֵל בְּמִצְוַת צִיצִית, אֵינוֹ זוֹכֶה לִקְבוּרָה.
ה. הָעוֹשֶׂה בְּגָדִים לַחֲבֵרוֹ, יָכוֹל לְשַׁנּוֹת רְצוֹן חֲבֵרוֹ לְכָל מַה שֶּׁיִּרְצֶה, הֵן בְּגַשְׁמִי הֵן בְּרוּחָנִי.
ו. כְּשֶׁאָדָם לוֹבֵשׁ לְבוּשׁ שֶׁל אָבִיו, עַל־יְדֵי זֶה בְּנָקֵל לוֹ לֵילֵךְ בְּמִדּוֹתָיו שֶׁל אָבִיו.
ז. **לְ**כוּ **לַ**חֲמוּ **בְ**לַחְמִי **וּ**שְׁתוּ – רָאשֵׁי־תֵבוֹת **לוּלָב**; "בְּיַיִן" עִם הָאוֹתִיּוֹת – גִּימַטְרִיָּא רָאשֵׁי־תֵבוֹת שֶׁל **אֶ**תְרוֹג **הֲ**דַס **עֲ**רָבָה; "מָסַכְתִּי" זוּ בְּחִינַת סֻכּוֹת עַל־יְדֵי מִצְוַת נְטִילַת אַרְבָּעָה מִינִים וְעַל־יְדֵי סֻכָּה – אָדָם זוֹכֶה לַאֲכִילָה וּשְׁתִיָּה וּמַלְבּוּשִׁים וְגַם לְחִיּוּת הַנְּשָׁמָה; עַל־יְדֵי סֻכָּה זוֹכֶה לְמַלְבּוּשִׁים, בְּחִינַת "בְּשׂוּמִי עָנָן לְבוּשׁוֹ" עַל־יְדֵי עַרְבֵי נַחַל זוֹכֶה לִשְׁתִיָּה, עַל־יְדֵי הֲדַס זוֹכֶה לְחִיּוּת הַנְּשָׁמָה וְעַל־יְדֵי לוּלָב וְאֶתְרוֹג זוֹכֶה לַאֲכִילָה, כִּי יֵשׁ בָּהֶם פְּרִי, שֶׁהֵם מִינֵי מַאֲכָל

בושה

א. מִי שֶׁמְּבַיֵּשׁ פְּנֵי חֲבֵרוֹ, נִתְאַלֵּם וְשׁוֹכֵחַ.
ב. מֻתָּר לְבַיֵּשׁ אֶת הָרַבָּנִים, שֶׁשּׂוֹכְרִין אֶת הָרַבָּנוּת לְשֵׁם גַּאֲוָה, וְרָאוּי לְבַזּוֹתָן וּלְהָקֵל בִּכְבוֹדָן, וְאֵין עוֹמְדִין בִּפְנֵיהֶם, וְאֵין קוֹרִין אוֹתָן רַבִּי, וְהַטַּלִּית שֶׁעָלָיו כְּמַרְדַּעַת שֶׁל חֲמוֹר.
ג. טוֹב לְבַטֵּל תּוֹרָה מִלְּבַיֵּשׁ בֶּן יִשְׂרָאֵל.
ד. הַמְבַזֶּה תַּלְמִיד־חָכָם אוֹ חֲבֵרוֹ בִּפְנֵי תַּלְמִיד־חָכָם הֲוֵי אֶפִּיקוֹרוֹס, גַּם נִקְרָא מְגַלֶּה פָּנִים בַּתּוֹרָה.
ה. כְּתֹנֶת שֶׁל צַדִּיקִים מְכַפֶּרֶת עַל שְׁפִיכוּת־דָּמִים.
ו. כְּשֶׁבְּנֵי־אָדָם מְחָרְפִין אוֹתְךָ, תִּתְעַנֶּה וְתִבְכֶּה.
ז. כְּשֶׁבּוּשָׁה בָּא עָלֶיךָ, אֵין זֶה אֶלָּא בִּשְׁבִיל שֶׁתַּעֲשֶׂה תְּשׁוּבָה עַל הָעֲווֹנוֹת, שֶׁאַתָּה דָּשׁ בַּעֲקֵב.

ח. גַּם בּוּשָׁה בָּא, כְּשֶׁאַתָּה מְשַׂמֵּחַ בְּצָרַת חֲבֵרֶיךָ.
ט. תְּצַיֵּר לְפָנֶיךָ אוֹתִיּוֹת אֱמוּנָה, וּבָזֶה לֹא יָבוֹא עָלֶיךָ שׁוּם בּוּשָׁה.
י. מִי שֶׁנִּצְרָךְ לִלְווֹת עַל הַמַּשְׁכּוֹן, בְּיָדוּעַ שֶׁאֵלּוּ הַדְּבָרִים הַמְמֻשְׁכָּנִים הָיוּ נִבְזִים בְּעֵינָיו בְּגִלְגּוּל אַחֵר.
יא. כְּשֶׁבָּא עַל אָדָם אֵיזֶה בּוּשָׁה, יְצַפֶּה לִישׁוּעָה.
יב. מִי שֶׁרוֹצֶה לְהִתְבַּיֵּשׁ, יְצַיֵּר דְּמוּת שֶׁל אִמּוֹ.
יג. עַל־יְדֵי צְדָקָה לְשֵׁם שָׁמַיִם תָּבֹא לְמִדַּת בּוּשָׁה.
יד. כְּשֶׁבָּא עַל אָדָם אֵיזֶה בּוּשָׁה, בְּיָדוּעַ שֶׁאֵין לוֹ בִּטָּחוֹן.
טו. מִי שֶׁכּוֹרֶה בּוֹר, סוֹף שֶׁבָּא לִידֵי אֵיזֶה בִּזָּיוֹן, וְלִפְעָמִים הַדָּבָר גּוֹרֵם שֶׁנַּעֲשֶׂה שִׂיחָה בְּפִי בְנֵי־אָדָם.
טז. עַל־יְדֵי בִּטָּחוֹן לֹא יָבוֹא עָלָיו בּוּשָׁה.
יז. מִי שֶׁגּוֹזֵל אֶת הֶעָנִי, בּוּשָׁה בָּאָה עָלָיו.
יח. כְּשֶׁאָדָם מְחָרֵף וּמְבַיֵּשׁ אוֹתְךָ, וְהוּא אֵינוֹ אוֹיֵב לְךָ, תִּשָּׂא וְתִסְבֹּל אֶת הַבּוּשָׁה, כִּי זֶה מִן הַשָּׁמַיִם שֶׁיְּחָרֵף אוֹתְךָ. וּבָזֶה הַבִּזָּיוֹן תִּהְיֶה נִסְתָּר וְנֶחְבָּא מִן הַשָּׂטָן, שֶׁהוּא שׂוֹנֵא אוֹתְךָ וְהוּא מַגְדִּיל אֶת עַצְמוֹ תָּמִיד עָלֶיךָ וּמְקַטְרֵג עָלֶיךָ, וְעַל־יְדֵי זֹאת הַבּוּשָׁה שֶׁתִּסְבֹּל מִמִּי שֶׁאֵינוֹ אוֹיֵב לְךָ, עַל־יְדֵי זֶה לֹא יַגְדִּיל עָלֶיךָ הַשּׂוֹנֵא הַשָּׂטָן.
יט. עַל־יְדֵי חֲנֻפָּה תִּהְיֶה בָּזוּי בֵּין הָאֻמּוֹת, וְהָאֻמּוֹת יְקַלְּלוּ אוֹתְךָ וְיִקְצְפוּ עָלֶיךָ.
כ. כְּשֶׁאֶחָד מְבַזֶּה אוֹתְךָ אוֹ שׂוֹחֵק מִמְּךָ, בְּיָדוּעַ שֶׁאַתָּה בִּיַּשְׁתָּ אֶת אֲבוֹתָיו.
כא. כְּשֶׁהַכֹּל מְבַזִּין אוֹתְךָ וְעוֹשִׂין לְךָ צַעַר, תִּדֹּם וְלֹא תֵצֵא מִפֶּתַח בֵּיתְךָ.
כב. כְּשֶׁמְּבַיְּשִׁין אוֹתְךָ, תִּתֵּן צְדָקָה.
כג. עַל־יְדֵי צְדָקָה תִּזְכֶּה לְמִדַּת בּוּשָׁה.
כד. בִּזְיוֹן הַמֶּלֶךְ; הַקָּדוֹשׁ־בָּרוּךְ־הוּא נִפְרָע אֲפִלּוּ אֻמָּה, שֶׁבִּזָּה מֶלֶךְ אַחֵר שֶׁלֹּא מֵאֻמָּתָהּ.
כה. הַחוֹטֵא יִתְבַּיֵּשׁ בָּעוֹלָם הַבָּא בִּפְנֵי רַבּוֹתָיו [אֲבוֹתָיו].
כו. הַמְבַזֶּה תַּלְמִיד־חָכָם, אֵין לוֹ רְפוּאָה לְמַכָּתוֹ.
כז. נָכוֹן כַּאֲשֶׁר יִשְׁמַע מֵרֵעֵהוּ דְּבַר כָּזָב אַל יִקְפֹּץ וִיבַיְּשֵׁהוּ, אֶלָּא יִרְמֹז לוֹ בִּתְנוּעָה, כְּדֵי שֶׁיַּכִּיר כִּי לֹא כֵן הוּא.
כח. מִצְוָה לְפַרְסֵם אֶת הָרְשָׁעִים.
כט. הַמִּתְבַּיֵּשׁ לֹא בִמְהֵרָה הוּא חוֹטֵא.
ל. מִי שֶׁאֵין לוֹ בּוּשָׁה, בְּיָדוּעַ שֶׁלֹּא עָמְדוּ רַגְלֵי אֲבוֹתָיו עַל הַר־סִינַי.
לא. נוֹחַ לוֹ לְאָדָם שֶׁיַּפִּיל עַצְמוֹ לְתוֹךְ כִּבְשַׁן הָאֵשׁ וְאַל יַלְבִּין פְּנֵי חֲבֵרוֹ בָּרַבִּים.
לב. כְּשֶׁחֲבֵרְךָ מְבַיֶּשְׁךָ, תּוֹדֶה לִדְבָרָיו.
לג. הַמַּלְבִּין פְּנֵי חֲבֵרוֹ בָּרַבִּים, כְּאִלּוּ שׁוֹפֵךְ דָּמִים וְיוֹרֵד לְגֵיהִנּוֹם וְאֵינוֹ עוֹלֶה.
לד. נוֹחַ לוֹ לְאָדָם שֶׁיָּבוֹא עַל סְפֵק אֵשֶׁת אִישׁ וְאַל יַלְבִּין פְּנֵי חֲבֵרוֹ בָּרַבִּים, וְאֵין לוֹ חֵלֶק לָעוֹלָם הַבָּא.
לה. אַל תְּבַיֵּשׁ עִם שֶׁאִתְּךָ בְּתוֹרָה וּמִצְווֹת, אֲבָל לְבַעַל־עֲבֵירָה מֻתָּר לְבַיְּשׁוֹ וּלְהוֹנוֹ בִּדְבָרִים.

לו. כָּל הַשְּׁעָרִים נִנְעֲלוּ חוּץ מִשַּׁעֲרֵי אוֹנָאָה.
לז. הַכֹּל נִפְרָע בְּיַד שָׁלִיחַ חוּץ מֵאוֹנָאָה, וְאֵין הַפַּרְגּוֹד נִנְעָל בְּפָנָיו.

בטחון

חלק ראשון

א. מִי שֶׁיֵּשׁ לוֹ בִּטָּחוֹן, אֵין לוֹ שׁוּם פַּחַד.
ב. עַל־יְדֵי בִּטָּחוֹן בָּא שָׁלוֹם.
ג. בִּטָּחוֹן בָּא עַל־יְדֵי יִרְאַת־שָׁמַיִם.
ד. עַל־יְדֵי אֱמוּנָה יָבֹא לְבִטָּחוֹן.
ה. מִי שֶׁאֵין לוֹ בִּטָּחוֹן, הוּא דּוֹבֵר שְׁקָרִים.
ו. עַל־יְדֵי שְׁקָרִים אֵינוֹ יָכוֹל לִבְטֹחַ בֶּאֱמֶת.
ז. מִי שֶׁבָּטוּחַ בְּהַשֵּׁם יִתְבָּרַךְ, הַקָּדוֹשׁ־בָּרוּךְ־הוּא מַצִּילוֹ מִכָּל צָרוֹת וּבִפְרָט מֵהֲרִיגָה.
ח. עַל־יְדֵי בִּטָּחוֹן אֵין אָדָם צָרִיךְ לַחֲבֵרוֹ גַּם אֵין אָדָם מַכְלִימוֹ.
ט. עַל־יְדֵי בִּטָּחוֹן אָדָם נִצּוֹל מִדְּאָגָה.
י. עַל־יְדֵי בִּטָּחוֹן יִזְכֶּה לֵידַע שְׁמוֹת הַקֹּדֶשׁ.
יא. מִי שֶׁאֵין לוֹ מִדַּת הַבִּטָּחוֹן, יִשְׁמֹר אֶת עַצְמוֹ שֶׁלֹּא לְבַיֵּשׁ שׁוּם אָדָם גַּם יִזָּהֵר לְהִתְפַּלֵּל בְּכַוָּנַת הַלֵּב.
יב. מִי שֶׁיֵּשׁ לוֹ בִּטָּחוֹן, לֹא יִתְקַצְּרוּ יָמָיו.
יג. מִי שֶׁאֵין לוֹ בִּטָּחוֹן, יָקוּם קֹדֶם אוֹר הַבֹּקֶר וְיֹאמַר בַּקָּשׁוֹת בְּקוֹל רָם.
יד. עַל־יְדֵי שְׁתִיקָה יִזְכֶּה לְבִטָּחוֹן.
טו. עַל־יְדֵי זְהִירָה מִלִּתֵּן תְּקִיעַת־כַּף יִזְכֶּה לְמִדַּת הַבִּטָּחוֹן. גַּם עַל־יְדֵי שֶׁלֹּא יִתְחַבֵּר עִם רְשָׁעִים.
טז. עַל־יְדֵי חֲנֻפָּה נֶאֱבָד הַבִּטָּחוֹן.
יז. מֵי הַיַּרְדֵּן הֵם סְגֻלָּה לְבִטָּחוֹן.
יח. עַל־יְדֵי הַבִּטָּחוֹן הָאָדָם נִתְקָרֵב לְהַשֵּׁם יִתְבָּרַךְ.
יט. מִי שֶׁבּוֹטֵחַ בְּעַכּוּ"ם, דִּילֵהּ דִּילְהוֹן.

חלק שני

א. כְּשֶׁעוֹשֶׂה אָדָם אֵיזֶהוּ דָּבָר בֶּאֱמוּנָה וְנִכְשַׁל בְּאֵיזֶה מִכְשׁוֹל, יִבְטַח שֶׁהַקָּדוֹשׁ־בָּרוּךְ־הוּא יַצִּילוֹ, וְהַקָּדוֹשׁ־בָּרוּךְ־הוּא הִזְמִין לוֹ אֶת הַמִּכְשׁוֹל כְּדֵי שֶׁיַּעֲשֶׂה דֶּרֶךְ כְּבוּשָׁה לְבָנָיו בְּזֹאת הַמִּכְשׁוֹל, שֶׁיִּנָּצְלוּ מִמֶּנּוּ.
ב. מִי שֶׁנִּשְׁמָר מֵהִרְהוּרֵי עֲבוֹדָה זָרָה, זוֹכֶה בְּכָל פַּעַם לְבִטָּחוֹן עַד שֶׁאֵינוֹ דּוֹאֵג מַה יֹּאכַל לְמָחָר, וְהוּא בְּמַדְרֵגַת "בָּרוּךְ ה' יוֹם יוֹם", וְעַל־יְדֵי זֶה [הַקָּדוֹשׁ־בָּרוּךְ־הוּא] לֹא הִבִּיט אָוֶן וְלֹא רָאָה עָמָל בּוֹ, וְכָל הַנּוֹגֵעַ בּוֹ כְּאִלּוּ נוֹגֵעַ בְּבַת־עֵינוֹ.

בַּיִת

חלק ראשון

א. בַּיִת שֶׁאֵין דָּרִין בּוֹ – יִזָּהֵר מִלְּהִכָּנֵס בְּתוֹכוֹ, כִּי הוּא מְקוֹם שֵׁדִים.

ב. מָאן דְּבִישׁ לֵהּ בְּמָתָא דָּא יֵלֵךְ לְמָתָא אַחֲרִיתָא.

ג. כְּשֶׁהַבַּיִת מְזֻמָּן לִבְרָכָה, אֲזַי כְּשֶׁהַצַּדִּיק בָּא לַבַּיִת הַזֶּה גַּם הַבְּרָכָה בָּאָה.

ד. יֵשׁ מָקוֹם מְזֻמָּן לְטוֹבָה וְהוּא־הַדִּין לְהֶפֶךְ.

ה. לְעִנְיַן טוֹבוֹת וְרָעוֹת הַבָּאוֹת לָאָדָם קָרוֹב לְדֶרֶךְ הַטֶּבַע, הַכֹּל לְפִי הַזְּמַן וּלְפִי הַמָּקוֹם.

ו. דִּפָּרַע קִנְאָה מַחֲרִיב בֵּיתוֹ.

ז. מָקוֹם שֶׁאָדָם יוֹצֵא מִמֶּנּוּ אֵינוֹ מִתְאַוֶּה לְאוֹתוֹ מָקוֹם לֵהָנוֹת מִמֶּנּוּ.

ח. אִם עַם־הָאָרֶץ חָסִיד, אַל תָּדוּר בִּשְׁכוּנָתוֹ.

ט. כָּל בַּיִת שֶׁנִּשְׁמָעִין בּוֹ דִּבְרֵי־תוֹרָה, שׁוּב אֵינוֹ נֶחֱרָב.

י. עִיר שֶׁיֵּשׁ בָּהּ מַעֲלוֹת וּמוֹרָדוֹת מַזְקִינִין בַּחֲצִי יְמֵיהֶם.

יא. אִם נִשְׁפָּךְ בַּבַּיִת יַיִן כַּמַּיִם אִיכָּא בְּרָכָה.

יב. אַל תִּכָּנֵס לְבַיִת שֶׁיֵּשׁ בּוֹ צְלָמִים.

יג. מִי שֶׁרוֹצֶה לְהִכָּנֵס לְבַיִת לָדוּר בְּתוֹכוֹ, יֹאמַר הַתּוֹרָה כֻּלָּהּ וְאַחַר־כָּךְ יִכָּנֵס לָדוּר בְּתוֹכוֹ.

יד. מִי שֶׁאֵין לוֹ קַרְקַע, אֵינוֹ אָדָם.

טו. יֵשׁ מָקוֹם הַגּוֹרֵם לְעַבֵּר עֲבֵרוֹת.

טז. כַּעַס וּזְנוּת שֶׁל אִשָּׁה מַחֲרִיב אֶת הַבַּיִת.

יז. כְּשֶׁנֶּחֱרָב אַסְקֻפַּת הַבַּיִת אוֹ פְּתָחֶיהָ הוּא סִימָן רָע לַבַּיִת.

חלק שני

א. לָדוּר בַּעֲלִיָּה הוּא טוֹב יוֹתֵר לַעֲבוֹדַת הַבּוֹרֵא מִלָּדוּר בְּבַיִת תַּחְתּוֹן.

ב. לִפְעָמִים בִּנְיַן הַבַּיִת גּוֹרֵם לְאִשָּׁה שֶׁלֹּא תֵלֵד, כְּשֶׁהָעֵצִים שֶׁבַּבִּנְיָן אֵינָם מֻנָּחִים כַּסֵּדֶר הַנִּתָּן לָהֶם מִשֵּׁשֶׁת יְמֵי בְרֵאשִׁית, וְאָז הַבַּיִת נִקְרָא הָרוּס אֲפִלּוּ בְּבִנְיָנוֹ, וְהֶהָרוּס הַזֶּה בָּא וּמַזִּיק לְאִשָּׁה וְאֵינָהּ מוֹלֶדֶת.

ג. בְּפֶתַח בֵּיתוֹ שֶׁל אָדָם נִכָּר, אִם תַּמּוּ זְכוּת אֲבוֹתָיו אוֹ אִם חָלָה זְכוּת אֲבוֹתָיו.

ד. צָרִיךְ לְהִזָּהֵר בְּבִנְיְנֵי הַבַּיִת, שֶׁלֹּא יִהְיֶה בְּבִנְיָנוֹ עֵץ מֵאִילָנֵי הָעוֹשִׂין פֵּרוֹת.

ה. הָעֵצִים שֶׁבַּבִּנְיָן, זָכָה אָדָם הֵם בִּבְחִינַת שְׂרָפִים עוֹמְדִים, וְעוֹמֵד הַבִּנְיָן זְמַן רַב, לֹא זָכָה – הַשְּׂרָפִים נִשְׂרָפִים, וְזֶהוּ הַשְּׂרֵפוֹת דִּשְׁכִיחֵי.

ו. כְּשֶׁאָדָם בּוֹנֶה חוֹמָה וְנוֹפֵל כִּפָּתוֹ, יֵדַע שֶׁזֶּה סִימָן רָע, חַס וְשָׁלוֹם, לְזַרְעוֹ.

ז. אֵין אָדָם נֶהֱנֶה אֶלָּא כְּשֶׁדָּר בַּמָּקוֹם שֶׁדָּרוּ אֲבוֹתָיו.

ח. סְגֻלָּה כְּשֶׁנִּכְנָס לְבַיִת חָדָשׁ לָגוּר, יַכְנִיס לְשָׁם חֶרֶב אוֹ סַכִּין אוֹ שְׁאָר כְּלֵי־זַיִן. וְסִימָן לַדָּבָר: בְּחָכְמָה יִבָּנֶה בַּיִת – **כְּ**לֵי **חָ**מָס **מְ**כֵרוֹתֵיהֶם; חַרְבוֹתֵיהֶם, מְגוּרוֹתֵיהֶם.

ט. הַכִּפָּה שֶׁל בַּיִת הוּא סִימָן לַחֲבוּרָה אוֹ מִשְׁפָּחָה מַה שֶּׁיִּקְרֶה לָהֶם.

בכייה

א. מִי שֶׁאֵינוֹ יָכוֹל לִבְכּוֹת, יִסְתַּכֵּל עַל הָרָקִיעַ, כִּי הוּא גּוֹרֵם בְּכִיָּה לַמַּיִם.
ב. הַבְּכִיָּה מְבַטֶּלֶת הִרְהוּרֵי זְנוּת.
ג. סְגֻלָּה לְחוֹלִי הַצַּוָּאר, שֶׁיִּבְכֶּה עַל חֻרְבַּן הַבֵּית־הַמִּקְדָּשׁ.

בנים

חלק ראשון

א. כָּל הַבּוֹכֶה וּמִתְאַבֵּל עַל אָדָם כָּשֵׁר, זוֹכֶה לְגַדֵּל אֶת בָּנָיו.
ב. צָרִיךְ לִשְׁמֹר אֶת הַתִּינוֹק, שֶׁלֹּא יֵלֵךְ בְּגִלּוּי הָרֹאשׁ.
ג. אֵין צָרִיךְ לָאָדָם לִדְאֹג עַל פַּרְנָסַת בָּנָיו, כִּי כְּשֶׁהֵם גְּדֵלִים – גְּדֵלָה פַּרְנָסָתָם עִמָּהֶם.
ד. מִי שֶׁמְּבַטֵּל אֶת חֲבֵרוֹ מִפִּרְיָה וּרְבִיָּה, הוֹלֵךְ לִשְׁאוֹל בְּלֹא וָלָד.
ה. כָּל הַכּוֹפֶה אִשְׁתּוֹ לִדְבַר־מִצְוָה, הָוֵי לֵהּ בָּנִים שֶׁאֵינָם מְהֻגָּנִים.
ו. אִשָּׁה שֶׁדַּדֶּיהָ מְרֻבִּים – צַעַר גָּדוֹל בָּנִים שֶׁלָּהּ יוֹתֵר בְּעִצָּבוֹן.
ז. בַּת כֹּהֵן לְיִשְׂרָאֵל, בַּת תַּלְמִיד־חָכָם לְעַם־הָאָרֶץ – זֶרַע אֵין לָהּ.
ח. הַתַּעֲנִית שֶׁל חֲמִישִׁי בְּשַׁבָּת מְסֻגָּל לְגִדּוּל בָּנִים.
ט. צְנִיעוּת שֶׁבָּאִשָּׁה מְזַכָּה לָהּ לְבָנִים הֲגוּנִים.
י. עַל־יְדֵי שִׂמְחַת יוֹם־טוֹב וְעַל־יְדֵי הֲנָחַת תְּפִלִּין כָּרָאוּי, תֵּלֵד אִשְׁתּוֹ בָּנִים זְכָרִים.
יא. לִפְעָמִים מִי שֶׁאֵין לוֹ בָּנִים, וּכְשֶׁמִּתְפַּלְּלִין עָלָיו שֶׁיִּהְיֶה לוֹ בָּנִים, הוּא מֵת.
יב. בַּעֲוֹן נְדָרִים בָּנִים מֵתִים.
יג. שִׁנּוּי מָקוֹם גּוֹרֵם לְבָנִים.
יד. בָּנִים גְּדוֹלִים אֵינָם מֵתִים בַּעֲוֹן אֲבוֹתֵיהֶם, אֲבָל בְּמָקוֹם שֶׁיֵּשׁ חִלּוּל הַשֵּׁם אֲפִלּוּ גְּדוֹלִים מֵתִים.
טו. דְּאַכְלָא בִּשְׂרָא וְשָׁתְיָא חַמְרָא, הָוֵי לֵהּ בָּנִים בְּרִיאִים.
טז. הַמִּסְתַּכֵּל בַּעֲקֵבָהּ שֶׁל אִשָּׁה וּבְאִשְׁתּוֹ נִדָּה, הָוֵי לֵהּ בָּנִים שֶׁאֵינָם מְהֻגָּנִים.
יז. הַדָּר עֶשֶׂר שָׁנִים בְּאֶרֶץ־יִשְׂרָאֵל וְאֵין לוֹ בָּנִים, יוֹצִיא, שֶׁמָּא לֹא זָכָה לְהִבָּנוֹת מִמֶּנָּה.
יח. מַה יַּעֲשֶׂה אָדָם, וְיִהְיֶה לוֹ בָּנִים זְכָרִים, יִשָּׂא אִשָּׁה הַהוֹגֶנֶת לוֹ, וִיקַדֵּשׁ אֶת עַצְמוֹ בִּשְׁעַת תַּשְׁמִישׁ, וִיבַקֵּשׁ מִמִּי שֶׁהַבָּנִים שֶׁלּוֹ.
יט. כָּל הַמּוֹלִיד – בְּדוֹמֶה לוֹ הוּא מוֹלִיד.
כ. יִשְׁמֹר אָדָם אֶת עַצְמוֹ, מִלְּקֹץ אֵיזֶה אִילָן בְּלֹא זְמַנֵּהּ, כִּי זֶה מַזִּיק לְגִדּוּל בָּנִים.
כא. כָּל הָרוֹדֵף צְדָקָה, זוֹכֶה לְבָנִים בַּעֲלֵי עֹשֶׁר, בַּעֲלֵי חָכְמָה, בַּעֲלֵי אַגָּדָה.
כב. מַה יַּעֲשֶׂה אָדָם וְיִהְיֶה לוֹ בָּנִים; יְפַזֵּר מְעוֹתָיו לַעֲנִיִּים, וִישַׂמַּח אֶת אִשְׁתּוֹ לִפְנֵי תַּשְׁמִישׁ.

ספר המדות

כג. כְּשֵׁם שֶׁאָסוּר לַהֲרֹג אָדָם, כֵּן אָסוּר לָקֹץ אִילָן מֵאֹכֶל קֹדֶם זְמַנּוֹ.
כד. יוֹאָב, שֶׁלֹּא הִנִּיחַ בֵּן כְּמוֹתוֹ – נֶאֱמַר בּוֹ מִיתָה, דָּוִד, שֶׁהִנִּיחַ בֵּן כְּמוֹתוֹ – נֶאֱמַר בּוֹ שְׁכִיבָה.
כה. בַּת תְּחִלָּה – לֹא שָׁלְטָה בְּהוּ עֵינָא בִּישָׁא.
כו. כָּל הַמְגַדֵּל יָתוֹם בְּתוֹךְ בֵּיתוֹ, כְּאִלּוּ יְלָדוֹ.
כז. כָּל הַמְלַמֵּד בֶּן חֲבֵרוֹ תּוֹרָה, כְּאִלּוּ יְלָדוֹ.
כח. אַרְבָּעִים יוֹם קֹדֶם יְצִירַת הַוָּלָד יִתְפַּלֵּל עַל אִשְׁתּוֹ, שֶׁתֵּלֵד זָכָר.
כט. מִי שֶׁמְּהַרְהֵר בִּזְנוּת, גַּם אִשְׁתּוֹ בָּאָה לִידֵי הִרְהוּרִים, וּכְשֶׁאִשְׁתּוֹ מְהַרְהֶרֶת, עַל־יְדֵי זֶה הַקְּלִפּוֹת בָּאִין עָלֶיהָ בַּחֲלוֹם, וְעַל־יְדֵי זֶה הַבָּנִים שֶׁלָּהּ מֵתִים.
ל. מִי שֶׁמְּזַנֶּה, אִשְׁתּוֹ מְזַנָּה עָלָיו.
לא. כָּל הַשּׂוֹרֵף תְּבוּאָתוֹ שֶׁל חֲבֵרוֹ, אֵינוֹ מַנִּיחַ בֵּן לְיָרְשׁוֹ.
לב. אִשָּׁה שֶׁמְּשַׁכֶּלֶת בָּנֶיהָ, בִּשְׁעַת לֵדָה תַּנִּיחַ עַל רֹאשָׁהּ תַּפּוּחַ.
לג. כָּל הָעוֹשֶׂה דְבַר־מִצְוָה וְלֹא גְּמָרוֹ, קוֹבֵר אִשְׁתּוֹ וּבָנָיו.
לד. הַנּוֹשֵׂא אִשָּׁה לְשֵׁם מָמוֹן – הַוְיָן לֵהּ בָּנִים שֶׁאֵינָם מְהֻגָּנִים, וּמַפְסִיד אֶת הַמָּמוֹן בִּזְמַן קָצָר.
לה. הָעוֹסֵק בְּתוֹרָה וּבִגְמִילוּת־חֲסָדִים, זוֹכֶה לְהַרְבֵּה בָּנִים.
לו. אֵין הַבָּנִים מֵתִים בַּעֲוֹן הָאָבוֹת, אֶלָּא כְּשֶׁאוֹחֲזִים מַעֲשֵׂה אֲבוֹתֵיהֶם בִּידֵיהֶם.
לז. הַתַּשְׁמִישׁ יָפֶה לַוָּלָד, לְלַבְּנוֹ וּלְזָרְזוֹ וְלִהְיוֹת בַּעַל־צוּרָה וּבַעַל־כֹּחַ.
לח. מִי שֶׁאֵין לוֹ בָּנִים, יְקַבֵּל עַל עַצְמוֹ גָּלוּת.
לט. הַיּוֹרֵד לְאֻמָּנוּת חֲבֵרוֹ, כְּאִלּוּ בָּא עַל אֵשֶׁת רֵעֵהוּ.
מ. כְּשֶׁנִּמְסַר אָדָם בְּיַד שׂוֹנְאָיו, הֱוֵי כְּמוֹ שְׁכוּל בָּנִים.
מא. מִי שֶׁבָּא עַל הַכּוּתִית אוֹ זָכָר, אוֹ הִרְהֵר בַּעֲבוֹדָה זָרָה, לֹא יִהְיֶה לוֹ בֵּן תַּלְמִיד־חָכָם, וְאִם יִלְמַד בְּנוֹ תּוֹרָה יִהְיֶה שַׁכְחָן.
מב. בָּנִים הַטּוֹבִים – רְפוּאָה גְּדוֹלָה לָאָבוֹת.
מג. עַל־יְדֵי שֶׁקֶר הַבָּנִים מֵתִים.
מד. כָּל שֶׁאֵינוֹ פּוֹרֵשׁ מֵאִשְׁתּוֹ סָמוּךְ לְוִסְתָּהּ, אֲפִלּוּ הֲוֵי לֵהּ בָּנִים כִּבְנֵי אַהֲרֹן-מֵתִים. וְכָל הַפּוֹרֵשׁ, הַוְיָן לֵהּ בָּנִים זְכָרִים וּרְאוּיִין לְהוֹרָאָה.
מה. כָּל הַמַּבְדִּיל עַל הַיַּיִן בְּמוֹצָאֵי שַׁבָּת, הַוְיָן לֵהּ בָּנִים זְכָרִים וּרְאוּיִין לְהוֹרָאָה.
מו. הַמְקַדֵּשׁ אֶת עַצְמוֹ בִּשְׁעַת תַּשְׁמִישׁ דֶּרֶךְ צְנִיעוּת, הַוְיָן לֵהּ בָּנִים זְכָרִים.
מז. יִזָּהֵר מְאֹד שֶׁלֹּא יִינַק הַוָּלָד מֵאִשָּׁה רָעָה, כִּי חָלָב מְטַמֵּא וְחָלָב מְטַהֵר.
מח. הַמַּיִן וְשֶׁמֶן מְבָרִין אֶת הַוָּלָד.
מט. מִי שֶׁאֵינוֹ עוֹצֵר אֶת עַצְמוֹ מִלְּהַטִּיל מַיִם, תְּפִלָּתוֹ שֶׁמִּתְפַּלֵּל עַל בָּנָיו נִשְׁמַעַת.
נ. הַוָּלָד הוֹלֵךְ אַחַר צוּרַת אָב וָאֵם.
נא. קָשָׁה תַּרְבּוּת רָעָה בְּתוֹךְ בֵּיתוֹ שֶׁל אָדָם יוֹתֵר מִמִּלְחֶמֶת גּוֹג־וּמָגוֹג.
נב. יַקְדִּים וְיַחְשִׁיךְ לְבֵית־הַכְּנֶסֶת, עַל־יְדֵי־זֶה יַאֲרִיךְ יְמֵי בָנָיו.
נג. אַל יְשַׁנֶּה אָדָם בְּנוֹ בֵּין הַבָּנִים.

נד. עַל־יְדֵי חֲנֻכָּה וְנֵר שַׁבָּת הָוֵי לֵהּ בָּנִים תַּלְמִידֵי־חֲכָמִים.
נה. דָּרְחִים רַבָּנָן הָוֵי לֵהּ בְּנִין רַבָּנָן, דְּמוֹקִיר רַבָּנָן הָוֵי לֵהּ חַתְנוּתָא רַבָּנָן.
נו. בַּעֲוֹון נְדָרִים גַּם בַּעֲוֹון בִּטּוּל תּוֹרָה גַּם בַּעֲוֹון מְזוּזָה גַּם בַּעֲוֹון צִיצִית גַּם בַּעֲוֹון שִׂנְאַת חִנָּם בָּנִים מֵתִים כְּשֶׁהֵם קְטַנִּים.
נז. מִי שֶׁנּוֹתֵן מַעֲשֵׂר מִן מְעוֹתָיו, בָּנָיו נִצּוֹלִים מֵהַחֹלִי הַנִּקְרָא סַמְקָא.
נח. תִּינוֹקוֹת שֶׁל בֵּית־רַבָּן נִתְפָּסִין עַל הַדּוֹר.
נט. עַל־יְדֵי הֲדַסִּים בְּשַׁבָּת זוֹכֶה לְבָנִים תַּלְמִידֵי־חֲכָמִים.
ס. אִשָּׁה שֶׁמְּשַׁכֶּלֶת אֶת בָּנֶיהָ, הַסְּגֻלָּה לָזֶה, שֶׁתִּרְחַץ אֶת הַכַּלָּה קֹדֶם הַחֻפָּה.
סא. לְפִי אֲכִילוֹתָיו שֶׁל אָדָם כֵּן בָּנָיו וּבְנוֹתָיו.
סב. מִי שֶׁבָּנָיו מֵתִים – אַל יְשַׁמֵּשׁ מִטָּתוֹ בַּחֹל, כִּי־אִם מִשַּׁבָּת לְשַׁבָּת.
סג. דְּרִיכַת הַקֶּשֶׁת בְּל"ג בָּעֹמֶר הוּא סְגֻלָּה לְבָנִים. גַּם הַתְּפִלָּה שֶׁמִּתְפַּלְּלִין לִפְנֵי הָעַמּוּד בִּנְגִינָה הוּא סְגֻלָּה לְבָנִים.
סד. צָרִיךְ לְלַמֵּד אֶת הַתִּינוֹק דֶּרֶךְ־אֶרֶץ מִנְּעוּרָיו.
סה. הַשִּׁירוֹת וְהַתִּשְׁבָּחוֹת, שֶׁאוֹמְרִין קֹדֶם אוֹר הַיּוֹם, הוּא סְגֻלָּה לְבָנִים. גַּם לְאִשָּׁה שֶׁנֶּחְסַר חֲלָבָהּ. גַּם לְאִשָּׁה רָעָה שֶׁהִיא כַּעַסָנִית.
סו. מִי שֶׁהוּא מַקְטִין אֶת עַצְמוֹ בִּפְנֵי רַבּוֹ וְשׁוֹאֵל מִמֶּנּוּ כָּל הַסְּפֵקוֹת, אַף־עַל־פִּי שֶׁרַבּוֹ מְבַיֵּשׁ אוֹתוֹ, עַל־יְדֵי זֶה זוֹכֶה, שֶׁיּוֹצֵא מִמֶּנּוּ בֵּן שֶׁהוּא גָּדוֹל בַּתּוֹרָה יוֹתֵר מֵרַבּוֹ.
סז. מִי שֶׁמְּקַבֵּל אֶת הַיִּסּוּרִים בְּאַהֲבָה, זוֹכֶה לְזֶרַע שֶׁיַּאֲרִיכוּ יָמִיהֶם.
סח. פְּעֻלּוֹת הַשֵּׁם נִמְשָׁכִין אַחַר הַשֵּׁם שֶׁל אָדָם, כִּי שְׁמָא גָּרִים.
סט. מִי שֶׁמַּגְבִּיהַּ קוֹלוֹ כְּדֵי לְהִתְפָּאֵר בּוֹ, בָּאִים בָּנָיו לְשִׁבְיָה.
ע. מִי שֶׁאֵין לוֹ בָּנִים, יְהֵא רָגִיל בְּשֶׁמֶן.
עא. וְלִפְעָמִים יַעֲקֹר דִּירָה וְיִחְיוּ בָּנָיו.
עב. עַל־יְדֵי רְדִיפַת שָׁלוֹם מַצִּיל אֶת בָּנָיו מִמִּיתָה וּמִגָּלוּת.
עג. מִי שֶׁעוֹשֶׂה אֵיזֶה דָּבָר, וְהַדָּבָר הוּא אַחַר־כָּךְ מִכְשׁוֹל לִבְנֵי־אָדָם, עַל־יְדֵי זֶה הַטּוֹבָה נִפְסָק מִזַּרְעוֹ.
עד. לִפְעָמִים מֵחֲמַת אַהֲבָה גְּדוֹלָה שֶׁבֵּין אִישׁ לְאִשְׁתּוֹ אֵינָהּ מוֹלֶדֶת.
עה. לְרֹב הָעֲקָרוֹת כְּשֶׁהֵם נִפְקָדוֹת, מוֹלִידוֹת זָכָר.
עו. עַל־יְדֵי אוֹנָאַת דְּבָרִים הַבָּנִים מֵתִים.
עז. יֵשׁ כֹּחַ בְּיַד הַצַּדִּיק לְקַלֵּל אֶת הָאָדָם, שֶׁלֹּא יִהְיוּ לוֹ בָּנִים הֲגוּנִים.
עח. מִי שֶׁהַצַּדִּיק נַעֲשָׂה אַכְסַנְיָה אֶצְלוֹ, נִתְבָּרֵךְ בְּבָנִים.
עט. מִי שֶׁמִּשְׁתּוֹקֵק לַעֲשׂוֹת אֵיזֶה מִצְוָה וְאֵין זוֹכֶה לַעֲשׂוֹת אוֹתָהּ, עַל־יְדֵי זֶה יִזְכֶּה לְבָנִים, וּגְדֻלָּתוֹ מוֹרִישׁ לְבָנָיו, וּבָנָיו יִזְכּוּ לַעֲשׂוֹת הַמִּצְוָה הַזֹּאת.
פ. מִי שֶׁמְּקַפֵּחַ פַּרְנָסָה, לְסוֹף שֶׁבָּנָיו מֵתִים.
פא. מַאגְנֶיט סְגֻלָּה לְבָנִים.
פב. בָּנָיו שֶׁל אָדָם מֵתִים, כְּשֶׁעוֹסֵק בְּשֵׁמוֹת הַטֻּמְאָה אוֹ בִּכְשָׁפִים אוֹ שֶׁמַּאֲמִין בָּהֶם.
פג. כְּשֶׁאִישׁ וְאִשָּׁה רוֹחֲצִים יְדֵיהֶם וְנוֹתְנִים צְדָקָה קֹדֶם הַתַּשְׁמִישׁ, בָּזֶה הֵם

ספר המדות

מְסִירִים אֶת רוּחַ הַטֻּמְאָה מֵהַיְלָדִים, שֶׁהֵם מוֹלִידִים.

פד. יֵשׁ אִשָּׁה שֶׁמְּגַדֶּלֶת נְקֵבוֹת, וְאֵינָהּ מְגַדֶּלֶת זְכָרִים.

פה. אֲמִירַת פָּרָשַׁת צִיצִית בִּמְסִירוּת־נֶפֶשׁ וּבְיִרְאָה גְּדוֹלָה גַּם הַלְבָּשַׁת עֲרוּמִים, עַל־יְדֵי זֶה זוֹכֶה לְבָנִים זְכָרִים.

פו. שָׁנָה שֶׁיֵּשׁ בָּהּ בְּרָכָה, סִימָן שֶׁגַּם יִשְׂרָאֵל יִפְרוּ וְיִרְבּוּ.

פז. אִשָּׁה שֶׁעוֹסֶקֶת בִּכְשָׁפִים, בָּנֶיהָ מֵתִים וְנַעֲשֵׂית אַלְמָנָה.

פח. מֵינֶקֶת שֶׁנֶּחְסַר חֲלָבָהּ – הַסְּגֻלָּה לָזֶה שֶׁיִּתְאַבֵּל בַּעְלָהּ עַל יְרוּשָׁלַיִם.

פט. מַכּוֹת בָּנִים בָּא עַל־יְדֵי שָׁוְא, גַּם הַמָּקוֹם גּוֹרֵם.

צ. מִי שֶׁמְּשַׂמֵּחַ חָתָן וְכַלָּה, יִזְכֶּה שֶׁתֵּלֵד אִשְׁתּוֹ זְכָרִים.

צא. גַּם עַל־יְדֵי הַזְהָרוֹת נֵרוֹת.

צב. שָׁנָה שֶׁיֵּשׁ הַרְבֵּה גְּשָׁמִים, סִימָן שֶׁנּוֹלָדִים בְּזֶה הַשָּׁנָה הַרְבֵּה זְכָרִים.

צג. אִישׁ וְאִשְׁתּוֹ שֶׁהֵם מְקַלְּלִים אֶת עַצְמָם, אֵין מְגַדְּלִין אֶת בְּנֵיהֶם.

צד. סְגֻלָּה לְגִדּוּל בָּנִים: תִּזְרַע אֵיזֶה מִין תְּבוּאָה, וּכְשֶׁתִּקְצֹר אוֹתָהּ, תִּתֵּן אוֹתָהּ לַעֲנִיִּים, וְאַתָּה לֹא תֵּהָנֶה מִמֶּנָּה.

צה. מִי שֶׁמֵּטִיל אֵימָה יְתֵרָה עַל דּוֹרוֹ, אֵין מִתְקַיְּמִין לוֹ בָּנִים חַכְמֵי לֵב.

צו. מִי שֶׁאֵין לוֹ רַחֲמָנוּת עַל בָּנָיו, בְּיָדוּעַ שֶׁאֵין לוֹ חֵלֶק בְּשֵׂכֶל דִּקְדֻשָּׁה.

צז. כְּשֶׁאֵינוֹ חוֹזֵר עַל לִמּוּדוֹ [וְשׁוֹכֵחַ] עַל־יְדֵי זֶה הַבָּנִים מֵתִים.

צח. עַל־יְדֵי זְנוּת אֵין מְגַדְּלִים בָּנִים.

צט. שֵׁם אֱלוֹ"הַּ – שְׁמִירָה לְבָנִים.

ק. מִי שֶׁמִּשְׁתַּדֵּל שֶׁיִּהְיֶה פַּרְנָסָה לְדוֹרְשֵׁי הַשֵּׁם, עַל־יְדֵי זֶה יִזְכֶּה שֶׁלֹּא יֵצְאוּ בָּנָיו לְתַרְבּוּת רָעָה.

קא. עַל־יְדֵי אֱמוּנַת צַדִּיקִים הַבָּנִים חַיִּים וְקַיָּמִים.

קב. כְּשֶׁזָּכָר בָּא לָעוֹלָם – חֶסֶד בָּא לָעוֹלָם.

קג. מִי שֶׁמְּצַעֵר אֶת אָבִיו וְאִמּוֹ – עַל־יְדֵי זֶה אֵינוֹ זוֹכֶה לְגַדֵּל זְכָרִים.

קד. מִי שֶׁרוֹדֵף שָׁלוֹם – עַל־יְדֵי זֶה יִזְכֶּה לִרְאוֹת בָּנִים לְבָנָיו.

קה. קִלְקוּל הַדֶּלֶת אוֹ הַחַלּוֹן זֶה סִימָן לַחֲלִשַׁת בָּנִים.

קו. הַמַּחֲלֹקֶת זֶה סִימָן רַע לְבָנִים, וְשָׁלוֹם זֶה סִימָן טוֹב לְבָנִים.

קז. הַבָּנִים שׁוֹטִים, כְּשֶׁאֲבִיהֶם כַּעֲסָן.

קח. עַל־יְדֵי כִּבּוּד אָב תִּזְכֶּה לְבָנִים זְכָרִים.

<u>חלק שני</u>

א. מִי שֶׁיֵּשׁ לוֹ צַעַר גִּדּוּל בָּנִים, יִקְרָא בְּכָל יוֹם מַעֲשֵׂה בְרֵאשִׁית. גַּם עַל־יְדֵי הַקְּרִיאָה נִצּוֹל מֵעֲלִילוֹת שֶׁל גְּזֵלָה.

ב. סְגֻלָּה לְבָנִים, לְהַקְטִין אֶת עַצְמוֹ.

ג. מַטַּע הַכֶּרֶם מַזִּיק לְגִדּוּל וְלָדוֹת.

ד. הִשְׁתַּדְּלוּת בְּפִדְיוֹן־שְׁבוּיִים מְסֻגָּל לְהוֹלָדָה.

ה. אֲמִירַת הַמַּעֲמָדוֹת טוֹב לְבָנִים.

ו. אִשָּׁה שֶׁבָּנֶיהָ מֵתִים בַּחֹלִי הַנִּקְרָא סַמְקָא, הַיְנוּ זְדוּשִׁין, תִּרְחַץ אוֹתָם בְּשֶׁמֶן,

וְהַשֶּׁמֶן הַזֶּה תַּדְלִיק אוֹתוֹ אַחַר־כָּךְ בִּטְבִילַת מִצְוָה.

ז. מִי שֶׁקָּמִים עָלָיו רַבִּים וְחוֹלְקִים עָלָיו עַל אֱמוּנָתוֹ וְהוּא עוֹמֵד כְּנֶגְדָּם וְטוֹעֵן כְּנֶגְדָּם דְּבָרִים הַנִּתְקַבְּלִים, עַל־יְדֵי זֶה זוֹכֶה לְבָנִים רַבִּים, וְהָעוֹלָם נִתְמַלֵּא מִזַּרְעוֹ.

ח. הֵא הַנַּעֲשָׂה מִכֶּסֶף, מְסֻגָּל לִפְרִיָּה וּרְבִיָּה.

ט. לִפְעָמִים בִּנְיַן הַבַּיִת גּוֹרֵם לְאִשָּׁה שֶׁלֹּא תֵּלֵד, כְּשֶׁהָעֵצִים שֶׁבַּבִּנְיָן אֵינָם מֻנָּחִים כַּסֵּדֶר הַנִּתָּן לָהֶם מִשֵּׁשֶׁת יְמֵי בְרֵאשִׁית, וְאָז הַבַּיִת נִקְרָא הָרוּס אֲפִלּוּ בְּבִנְיָנוֹ, וְהֶהָרוּס הַזֶּה בָּא וּמַזִּיק לְאִשָּׁה וְאֵינָהּ מוֹלֶדֶת.

י. צָרִיךְ לַחֲזֹר אַחַר מוֹהֵל צַדִּיק וִירֵא־שָׁמַיִם, כִּי כְּשֶׁהַמּוֹהֵל אֵינוֹ טוֹב, יָכוֹל לִהְיוֹת שֶׁלֹּא יִהְיֶה מוֹלִיד, חַס וְשָׁלוֹם, הַנִּמּוֹל עַל־יָדוֹ. גַּם עַל־יְדֵי שֶׁהַמּוֹהֵל אֵינוֹ טוֹב, עַל־יְדֵי זֶה בָּא הַתִּינוֹק, חַס וְשָׁלוֹם, לִידֵי חָלִי נוֹפֵל.

יא. מִי שֶׁיֵּשׁ לוֹ בֵּן עוֹסֵק בַּתּוֹרָה, כְּאִלּוּ לֹא מֵת.

יב. הֶחָלָב שֶׁל צַדֶּקֶת הוּא טוֹב לַתִּינוֹק לְיִרְאַת־שָׁמַיִם וְגַם נוֹתְנוֹת לוֹ מֶמְשָׁלָה בָּעוֹלָם הַזֶּה.

יג. שִׁכּוּל בָּנִים בָּא, חַס וְשָׁלוֹם, עַל מִי שֶׁמַּפִּיל אֶת חֲבֵרוֹ מֵאֱמוּנָה.

יד. כְּשֶׁיֵּשׁ שְׁלוֹם מַלְכוּת, עַל־יְדֵי זֶה נוֹלָדִים בְּיִשְׂרָאֵל בַּעֲלֵי הוֹרָאָה.

טו. מִי שֶׁשּׁוֹמֵר אֶת עַצְמוֹ גַּם אֶת הָעֵת וְהַזְּמַן שֶׁמְּזַוֵּג, שֶׁלֹּא יִהְיֶה לֹא הוּא וְלֹא הָעֵת וְהַזְּמַן חַם בְּיוֹתֵר וְלֹא קַר בְּיוֹתֵר, עַל־יְדֵי זֶה בָּנָיו הַנּוֹלָדִים יִהְיוּ חֲכָמִים גְּדוֹלִים.

טז. מִי שֶׁהוּא שׁוֹלֵט בְּיִצְרוֹ, בָּנָיו אֵינָם יוֹצְאִים לְתַרְבּוּת רָעָה, וְעַל־יְדֵי זֶה מָמוֹנוֹ נִתְבָּרֵךְ, וְעַל־יְדֵי זֶה לֹא יָבוֹא לִידֵי נִסָּיוֹן.

יז. אֲפִלּוּ אִשָּׁה צַדֶּקֶת כְּשֶׁהִיא אֵינָהּ מְיַחֶסֶת, עַל־יְדֵי זֶה מוֹלֶדֶת בָּנִים שֶׁאֵינָם הֲגוּנִים.

יח. בִּזְמַן שֶׁהַדָּגָן רַב בָּעוֹלָם, זֶה סִימָן לָלֶדֶת זְכָרִים, וּבִזְמַן שֶׁהַיַּיִן רַב בָּעוֹלָם, זֶה סִימָן לָלֶדֶת נְקֵבוֹת.

יט. מִי שֶׁאֵין לוֹ בֵּן זָכָר, יַרְגִּיל אֶת עַצְמוֹ לְהָבִיא מַתָּנוֹת לְתַלְמִידֵי־חֲכָמִים, וְיֹאמַר פָּרָשָׁה שֶׁל בִּכּוּרִים וְגַם יִלְמַד גְּמָרָא הַרְבֵּה וִימַעֵט בְּלִמּוּד אַגָּדָה, כִּי לִמּוּד אַגָּדָה הוּא מְסֻגָּל לְבָנוֹת.

כ. עַל־יְדֵי לִמּוּד פּוֹסְקִים, עַד שֶׁיֵּדַע לְהוֹרוֹת הוֹרָאוֹת, עַל־יְדֵי זֶה גּוֹרֵם פְּקִידָה לְכַמָּה עֲקָרוֹת.

כא. לִפְעָמִים עַל־יְדֵי תְּפִיסָה נִצּוֹל מִכִּלָּיוֹן בָּנִים.

כב. עַל־יְדֵי צְדָקָה זוֹכֶה לְבָנִים.

כג. סְגֻלָּה לִמְקֻשָּׁה לֵילֵד, שֶׁתִּתְלֶה עַל צַוָּארָהּ מַפְתֵּחַ שֶׁל הַבֵּית־עָלְמִין. גַּם הַמַּפְתֵּחַ הַזֶּה מְסֻגָּל לַעֲקָרָה.

כד. הַבָּנִים מֵתִים, חַס וְשָׁלוֹם, עַל־יְדֵי רְאִיַּת קֶרִי.

כה. יֵשׁ עֵצִים הַמּוֹנְעִים הַהוֹלָדָה וְהַגִּדּוּל בָּנִים כְּשֶׁעוֹשִׂין מִטָּה, וְיֵשׁ עֵצִים הַגּוֹרְמִין הַהוֹלָדָה וְהַגִּדּוּל בָּנִים.

כו. מִי שֶׁבָּנָיו מֵתִים כְּשֶׁהֵם קְטַנִּים, תַּעֲשֶׂה לוֹ אִמּוֹ כֻּתֹּנֶת, וְהוּא יֵלֵךְ בּוֹ תָּמִיד

ספר המדות

עַד שֶׁיִּגְדַּל.

כז. כְּשֶׁיִּשְׂרָאֵל פָּרִים וְרָבִים, אֲזַי הָאֻמּוֹת מְחַדְּשִׁין עָלֵינוּ גְּזֵרוֹת.

כח. הַסְּגוּפִים מוֹעִילִים לְהוֹלָדָה.

כט. הַקּוֹצִים מְסֻגָּלִים [מוֹעִילִים] לְהוֹלָדָה.

ל. מִי שֶׁנּוֹלַד מָהוּל, בְּיָדוּעַ שֶׁכֹּחַ הַמְדַמֶּה שֶׁלּוֹ טוֹב וְיָפֶה.

ברכה

א. הַמִּתְבָּרֵךְ צָרִיךְ לִתֵּן לִמְבָרֵךְ אֵיזֶה מַתָּנָה.

ב. אַל תְּהִי בִּרְכַּת גּוֹי קַלָּה בְּעֵינֶיךָ.

ג. מִי שֶׁמְּקָרֵב אֶת הָרְחוֹקִים לַעֲבוֹדַת הַשֵּׁם יִתְבָּרַךְ הַבְּרָכוֹת מְסוּרִים בְּיָדוֹ.

בשורה

חלק ראשון

א. מִי שֶׁהוּא רָגִיל לוֹמַר בְּשׂוֹרוֹת טוֹבוֹת, הוּא נִתְלַבֵּשׁ מִבְּחִינַת אֵלִיָּהוּ.

ב. אַל תְּבַשֵּׂר בְּשׂוֹרָה רָעָה, כִּי מֵחֲמַת בְּשׂוֹרָה רָעָה מֵתוּ כַּמָּה נְפָשׁוֹת.

ג. הָעוֹשֶׂה מִצְוָה כְּמַאֲמָרָהּ – אֵין מְבַשְּׂרִין אוֹתוֹ בְּשׂוֹרוֹת רָעוֹת, וְהַקָּדוֹשׁ־בָּרוּךְ־הוּא גּוֹזֵר וְהוּא מְבַטֵּל.

ד. הַמְבַשֵּׂר בְּשׂוֹרוֹת רָעוֹת, נוֹפֵל לְמֹחִין דְּקַטְנוּת.

חלק שני

א. מִי שֶׁהוּא רָגִיל לְבַשֵּׂר בְּשׂוֹרוֹת טוֹבוֹת, עַל־יְדֵי זֶה לֹא יִכְאֲבוּ לוֹ רַגְלָיו.

גאוה

א. אֵין מָשִׁיחַ בָּא, עַד שֶׁיִּכְלֶה [כָּל] גַּאֲוָה מִן הָעוֹלָם.

ב. עַל־יְדֵי גַּאֲוָה בָּא לִידֵי תַּאֲוַת מִשְׁכַּב־זָכָר גַּם בָּא לִידֵי כַּעַס, גַּם לִפְעָמִים אֵין אִשָּׁה מִתְעַבֶּרֶת מֵחֲמַת שֶׁהִיא מְקֻשֶּׁטֶת וְהִיא בַּעֲלַת־גַּאֲוָה.

ג. עַל־יְדֵי גַּאֲוָה בָּא רָעָב לָעוֹלָם.

ד. עַל־יְדֵי גַּאֲוָה בָּא לְשִׁכְרוּת וְהוּא הַדִּין לְהֵפֶךְ.

ה. עַל־יְדֵי גַּאֲוָה בָּא לְפַחַד.

ו. סְגֻלָּה לְבַטֵּל גַּאֲוָה, לִתֵּן צְדָקָה.

ז. מִי שֶׁנּוֹהֵג רַבָּנוּת בְּעַל־כָּרְחָם בְּגַאֲוָה, הַקָּדוֹשׁ־בָּרוּךְ־הוּא מְעוֹרֵר עָלָיו שׂוֹנְאִים.

ח. מִי שֶׁלִּבּוֹ רָם עָלָיו, יֵדַע שֶׁהַשָּׁעָה מַצְלַחַת עָלָיו.

ט. מִי שֶׁמּוֹשִׁיעַ לַעֲנִיִּים, יֵשׁ בּוֹ כֹּחַ בְּהִסְתַּכְּלוּת עַל בַּעֲלֵי־גַאֲוָה לְהַשְׁפִּיל אוֹתָם.

י. מִי שֶׁהוֹלֵךְ בַּשּׁוּק וְנוֹפֵל, בְּיָדוּעַ שֶׁהוּא גַּדְלָן.

יא. סְגֻלָּה לְבַטֵּל גַּאֲוָה, שֶׁיִּשְׁתַּתֵּף בְּצָרָתָן שֶׁל יִשְׂרָאֵל.

יב. עָנִי שֶׁהָרָשָׁע רוֹדֵף אוֹתוֹ תֵּדַע שֶׁהֶעָנִי הוּא בַּעַל־גַּאֲוָה.

יג. עַל־יְדֵי גַּאֲוָה נוֹפֵל מֵאֱמוּנָתוֹ.

יד. עַל־יְדֵי גַּאֲוָה נִסְגַּר הַלֵּב וְעֵינֵי הָאָדָם מִלְּהַבִּיט בְּפְלָאוֹת [בִּפְעוּלַּת] הַשֵּׁם יִתְבָּרַךְ, לְיִרְאָה מִלְּפָנָיו.

טו. אֵין לְהִתְגָּאוֹת בְּהַשָּׂגוֹת גְּדוֹלוֹת אוֹ בְּמַעֲשִׂים טוֹבִים, כִּי הַכֹּל עַל־יְדֵי הַצַּדִּיק שֶׁבַּדּוֹר, וְהוּא אֵצֶל הַצַּדִּיק כְּעֵט אֵצֶל סוֹפֵר.

טז. אֲכִילָה וּשְׁתִיָּה מֵבִיא לְגַאֲוָה.

יז. תִּקּוּן לְגַאֲוָה – שֶׁיִּתְעַנֶּה.

יח. סְגֻלָּה לְגַאֲוָה – שֶׁיִּסְתַּכֵּל עַל הַשָּׁמַיִם.

יט. מַבְהִילִין אֶת הָאָדָם בַּחֲלוֹמוֹת, כְּדֵי לְהָסִיר מִמֶּנּוּ גַּאֲוָה שְׁקוּעָה, שֶׁהִוא מְכֻסָּה מִמֶּנּוּ, שֶׁאֵינוֹ מַכִּיר בָּהּ.

כ. כָּל הַמִּתְיַהֵר – חָכְמָתוֹ וּנְבוּאָתוֹ מִסְתַּלֶּקֶת.

כא. דַּל גֵּאֶה – אֵין הַדַּעַת סוֹבְלוֹ. גַּם הוּא בְּעַצְמוֹ מִתְחָרֵט לְאַחַר זְמַן וְנִבְזֶה בְּעֵינֵי עַצְמוֹ.

כב. אִי אֶפְשָׁר לְגֵאֶה לְהַשְׁפִּיל דַּעְתּוֹ וּבָא לִידֵי שִׁכְחָה.

כג. יָהִיר – בַּעַל־מוּם הוּא.

כד. לְפִי צֹרֶךְ הָעִנְיָן יֵשׁ הֶתֵּר בַּדָּבָר לַעֲשׂוֹת דָּבָר, הַנִּרְאֶה כְּאִלּוּ מִתְגָּאֶה.

כה. מִי שֶׁיֵּשׁ בּוֹ גַּסּוּת, לְסוֹף נִכְשָׁל בְּאֵשֶׁת־אִישׁ; וְהוּא כְּעוֹבֵד עֲבוֹדָה זָרָה; וּכְאִלּוּ כּוֹפֵר בָּעִקָּר; וּכְאִלּוּ בָּא עַל עֲרָיוֹת כֻּלָּם; וּכְאִלּוּ בָּנָה בָּמָה; וּמִתְמַעֵט מֵחֲשִׁיבוּתוֹ וְאֵינֶנּוּ; וְרָאוּי לְגַדְּעוֹ כַּאֲשֵׁרָה; גַּם אֵין עֲפָרוֹ נִנְעֶרֶת; וּשְׁכִינָה מְיַלֶּלֶת עָלָיו.

כו. הַכּוֹבַע שֶׁל צַדִּיק – סְגֻלָּה לְהָסִיר הַגַּאֲוָה.

כז. עַל־יְדֵי אֱמוּנָה יִהְיֶה לְךָ כֹּחַ לְשַׁבֵּר אֶת עַצְמְךָ מִגַּאֲוָה, וְתִמְשֹׁל עַל מִדַּת גַּאֲוָה.

כח. בַּעַל־גַּאֲוָה – מַחְשְׁבוֹתָיו אֵין מַצְלִיחִין.

כט. כְּשֶׁנִּזְדַּמֵּן לְךָ עֲבֵרָה בְּלִי דַּעַת – בְּוַדַּאי יֵשׁ לְךָ גַּאֲוָה, וּבָזֶה מַרְאִין לְךָ, שֶׁעֲדַיִן אֵין אַתָּה צַדִּיק.

ל. כְּשֶׁבָּא לְךָ אֵיזֶה גַּדְלוּת, תִּדְאַג מִפֻּרְעָנוּת.

לא. עָנִי שֶׁהוּא שְׁפַל־רוּחַ, אַף־עַל־פִּי שֶׁאֵינוֹ נוֹתֵן צְדָקָה, הוּא טוֹב מֵעָשִׁיר בַּעַל־גַּאֲוָה, אַף־עַל־פִּי שֶׁנּוֹתֵן צְדָקָה.

לב. כְּשֶׁנּוֹפֵל לְךָ גַּדְלוּת, תְּצַיֵּר לְפָנֶיךָ דְּמוּת אָבִיךָ.

לג. גַּאֲוָה הוּא סִימָן עַל שֶׁבֶר, חַס וְשָׁלוֹם.

לד. גַּאֲוָה בָּא עַל־יְדֵי שֶׁלֹּא תִּקֵּן תִּקְוָתָת חַטַּאת נְעוּרִים.

לה. מִי שֶׁיֵּינוֹ מַחְמִיץ, בְּיָדוּעַ שֶׁהוּא בַּעַל־גַּאֲוָה.

לו. מִי שֶׁיֵּשׁ לוֹ גַּאֲוָה, מְדוֹרוֹ אֵינוֹ מִתְקַיֵּם.

לז. מִי שֶׁיֵּשׁ בּוֹ גַּאֲוָה, אֵין אֲנִי וָהוּא יְכוֹלִין לָדוּר בָּעוֹלָם. וַאֲפִלּוּ רוּחַ קִמְעָא עוֹכַרְתּוֹ; וְאֵין תְּפִלָּתוֹ נִשְׁמַעַת; וְאֵין לוֹ רְפוּאָה; וּבָא לִידֵי עֲנִיּוּת שֶׁל תּוֹרָה;

וְאִשְׁתּוֹ מְבַזָּה אוֹתוֹ.

לח. מִי שֶׁמַּלְבִּישׁ אֶת עַצְמוֹ בְּמַלְבּוּשׁ שֶׁל תַּלְמִיד־חָכָם וְהוּא אֵינוֹ תַּלְמִיד־חָכָם, אֵין מַכְנִיסִין אוֹתוֹ בִּמְחִצָּתוֹ שֶׁל הַקָּדוֹשׁ־בָּרוּךְ־הוּא.

לט. גַּאֲוָה מְעַכֶּבֶת אֶת מָשִׁיחַ וּמַטְרִיד אֶת הָאָדָם מִן הָעוֹלָם.

מ. הַפָּסוּק: "אִם יַעֲלֶה לַשָּׁמַיִם שִׂיאוֹ", וְהַפָּסוּק – "כִּי לֹא לְעוֹלָם חֹסֶן", הֵם מְסֻגָּלִים לְשַׁבֵּר אֶת הַגַּאֲוָה.

<u>גניבה וגזילה</u>

<u>חלק ראשון</u>

א. מִי שֶׁנִּפְתָּה לִבּוֹ לִגְזֹל וְכֵיוָן שֶׁהִתִּיר לְעַצְמוֹ גְּזֵלַת חֲבֵרוֹ, הֲרֵי הוּא מוּכָן לְכָל חֵטְא וְעָוֹן, וְאֵין תַּקָּנָה לַהֲסִירוֹ מִדַּרְכּוֹ הָרָעָה.

ב. בַּעֲוֹן הַגֶּזֶל הַגּוֹבַאי עוֹלֶה וְרָעָב הֹוֶה וּבְנֵי־אָדָם אוֹכְלִין בְּשַׂר־בְּנֵיהֶם.

ג. מִי שֶׁאֵינוֹ מְהַנֶּה אֶת אֲחֵרִים מִמָּמוֹנוֹ, עַל־יְדֵי זֶה גַּזְלָנִים בָּאִים עָלָיו.

ד. הַגּוֹזֵל אֶת חֲבֵרוֹ שָׁוֶה פְּרוּטָה, כְּאִלּוּ נוֹטֵל נִשְׁמָתוֹ וְנִשְׁמַת בָּנָיו וּבְנוֹתָיו וַאֲפִלּוּ גְּרָמָא.

ה. מִי שֶׁלֹּא חָס עַל מָמוֹן חֲבֵרוֹ, בְּיָדוּעַ שֶׁהוּא גַּנָּב.

ו. אוֹנָאַת מָמוֹן מֻתָּר לְהַנְאוֹת אֶת עוֹבֵד־אֱלִילִים.

ז. מִי שֶׁקּוֹפֵץ יָדוֹ מִצְּדָקָה, גַּזְלָנִים בָּאִים עָלָיו.

ח. מִי שֶׁיֵּשׁ בִּטְחוֹנוֹ עַל הַגּוֹיִים לְסוֹף לוֹקְחִין מִשֶּׁלּוֹ בְּעַל־כָּרְחוֹ.

ט. עַל־יְדֵי הַדַּיָּנִים וְהַמְלַמְּדִים שֶׁאֵינָם טוֹבִים גַּם שׁוֹחֲטִים, עַל־יְדֵי זֶה הַשּׂוֹנְאִים אוֹכְלִים פַּרְנָסָתָם שֶׁל יִשְׂרָאֵל.

י. מִי שֶׁמְּעָרֵב מַשְׁקָיו בְּמַיִם, גַּנָּבִים בָּאִים עָלָיו.

יא. מִי שֶׁנּוֹטֵל חֵלֶק מִגְּנֵבָה, לְסוֹף שֶׁיִּתְגַּלֶּה הַדָּבָר.

יב. עִיר שֶׁיֵּשׁ בָּהּ גַּנָּבִים, בְּיָדוּעַ שֶׁהָרַב אוֹהֵב שֹׁחַד.

יג. עַל־יְדֵי דְּבָרִים בְּטֵלִים בָּאִים גַּנָּבִים.

יד. מֻתָּר לִגְנֹב דַּעַת הַבְּרִיּוֹת, כְּדֵי לְהַצִּיל נֶפֶשׁ מִיִּשְׂרָאֵל.

טו. מִי שֶׁמְּבַיֵּשׁ פְּנֵי חֲבֵרוֹ, לְסוֹף שֶׁמְּקִים עֵדוּת שֶׁקֶר, כְּדֵי שֶׁיִּגְזֹל מָמוֹן.

טז. מִי שֶׁיֵּשׁ לוֹ בִּטָּחוֹן מִנְּעוּרָיו, הוּא נִצּוֹל מִגַּזְלָנִים.

יז. עַל־יְדֵי שְׁמִיעַת דִּבְרֵי שְׁטוּת, הַגַּנָּבִים בָּאִים.

יח. עַל־יְדֵי שֶׁקֶר גַּנָּבִים בָּאִים.

<u>חלק שני</u>

א. עַל־יְדֵי גְּנֵבַת דַּעַת בָּא, חַס וְשָׁלוֹם, חֳלִי הָרֵאָה וְחָזֶה.

ב. עַל־יְדֵי גְּנֵבַת דַּעַת בָּא לִידֵי הִרְהוּרֵי זְנוּת עִם גּוֹיָה.

ג. עַל־יְדֵי גְּנֵבָה מַפְסִיד אֶת הַדַּעַת.

ד. הַגְּנֵבָה מַזִּיק לָעֵינַיִם.

ה. עַל־יְדֵי אֲמִירַת תִּקּוּן־חֲצוֹת נִצּוֹל מִגַּנָּבִים.

ו. מִי שֶׁיֵּשׁ לוֹ צַעַר גָּדוֹל בָּנִים, יִקְרָא בְּכָל יוֹם מַעֲשֵׂה בְרֵאשִׁית, גַּם עַל־יְדֵי הַקְּרִיאָה נִצּוֹל מֵעֲלִילוֹת שֶׁל גְּזֵלָה.

דיין

א. כָּל דַּיָּן שֶׁדָּן אֱמֶת – דִּינָיו אֵינָם בְּטֵלִים וְנִתְקַיֵּם אֲפִלּוּ שֶׁלֹּא בִּרְצוֹן בַּעֲלֵי הַדִּינִים.

ב. עַל־יְדֵי שֶׁהַדִּין־תּוֹרָה הוֹלֵךְ וְנִתְמַעֵט, עַל־יְדֵי זֶה הַפַּרְנָסָה נִתְמַעֶטֶת, וְכֵן לְהֶפֶךְ.

ג. עַל־יְדֵי הַעֲמָדַת דַּיָּנִים שֶׁאֵינָם הֲגוּנִים בָּאִים הִרְהוּרֵי עֲבוֹדָה זָרָה.

ד. עַל־יְדֵי חִתּוּן עִם תַּלְמִיד־חָכָם עַל־יְדֵי זֶה נִתְמַנִּים דַּיָּנִים כְּשֵׁרִים.

ה. עַל־יְדֵי דַּיָּנִים כְּשֵׁרִים הַתּוֹרָה חֲבִיבָה בָּעוֹלָם.

ו. עַל־יְדֵי הַבִּזְיוֹנוֹת שֶׁמְּבַזִּין אֶת הַדַּיָּנִים, הַתְּבוּאָה – נִשְׁתַּלַּח בָּהּ מְאֵרָה.

ז. עַל־יְדֵי הַבִּזְיוֹנוֹת שֶׁמְּבַזִּין דַּיָּנֵי יִשְׂרָאֵל, עַל־יְדֵי זֶה הַיֹּקֶר הֹוֶה בָּעוֹלָם.

ח. כְּשֶׁאֵיזֶהוּ רָשָׁע נִתְגַּדֵּל, אֲזַי קָשֶׁה לְחַדֵּשׁ אֵיזֶהוּ סְבָרָה בַּפּוֹסְקִים. גַּם דִּבְרֵי הַדַּיָּנִים אֵינָם נִשְׁמָעִים בְּאָזְנֵי הַבַּעֲלֵי־דִינִים.

ט. הִתְחַדְּשׁוּת הַמִּסִּים וְאַרְנוֹנִיּוֹת הוּא עַל־יְדֵי הַדַּיָּנִים.

דעת

חלק ראשון

א. פְּעָמִים הַקָּדוֹשׁ־בָּרוּךְ־הוּא מֵבִיא עַל הָאָדָם דְּבָרִים, כְּדֵי שֶׁיָּבִין מֵהַדְּבָרִים רַחֲמָנוּתוֹ וֶאֱלֹקוּתוֹ יִתְבָּרַךְ.

ב. מִי שֶׁמֹּחוֹ מְבֻלְבָּל, יִהְיֶה רָגִיל בִּתְפִלַּת חֲבַקּוּק הַנָּבִיא.

ג. גַּם לִמּוּד שַׁ"ךְ [שִׂפְתֵי־כֹהֵן] סְגֻלָּה לָזֶה גַּם אֲכִילַת חִטִּים.

ד. מְזוֹנוֹתָיו שֶׁל אָדָם מוֹלִידִין טֶבַע בָּאָדָם לְפִי טִבְעָם.

ה. טַעַם דָּגָן מֵבִיא דַּעַת לָאָדָם.

ו. חַמְרָא וְרֵיחָנֵי פַּקְחִין.

ז. עַל־יְדֵי הַמַּחֲלֹקֶת אֵין הַדַּעַת מְיֻשֶּׁבֶת.

ח. אָדָם מִצְטַעֵר מִדָּבָר, הַנִּרְאֶה לָעֵינַיִם יוֹתֵר מֵהַצַּעַר, שֶׁמִּצְטַעֵר מֵהַיְדִיעָה.

ט. הָעוֹסֵק בַּתּוֹרָה וּבִגְמִילוּת־חֲסָדִים, זוֹכֶה לַהֲבָנָה.

י. עַל־יְדֵי פַּת שַׁחֲרִית נִתְחַכֵּם.

יא. הַקָּדוֹשׁ־בָּרוּךְ־הוּא מַשְׁרֶה נְבוּאָתוֹ עַל נָבִיא שֶׁל שְׁלִיחוּת בְּהֶפְסֵק, אֲפִלּוּ אֵינוֹ חָכָם.

יב. הַחֲכָמִים יְכוֹלִים לְהַשִּׂיג בְּחָכְמָה דְּבָרִים הַרְבֵּה שֶׁאֵין בְּשֵׂכֶל הַטֶּבַע לְהַשִּׂיג.

יג. הָרוֹצֶה לְהַחְכִּים יַדְרִים.

יד. כְּשֶׁאָדָם רוֹצֶה לֵידַע אֵיךְ לְהִתְנַהֵג בְּאֵיזֶה דָּבָר, יִפְתַּח סֵפֶר וְיָבִין אֵיךְ לְהִתְנַהֵג.

טו. שֶׁמֶן־זַיִת מְפַקֵּחַ הַלֵּב.

טז. מִי שֶׁהוֹלֵךְ בִּתְמִימוּת, נַעֲשֶׂה מַשְׂכִּיל.

יז. מִי שֶׁיֵּשׁ לוֹ אֱמוּנָה, זוֹכֶה אַחַר־כָּךְ לַעֲבֹד אֶת הַשֵּׁם בְּדַעַת גָּדוֹל.

יח. עַל־יְדֵי יִרְאָה תִּזְכֶּה לְדַעַת.

יט. עַל־יְדֵי הַכָּרַת צַדִּיקִים תִּזְכֶּה לְבִינָה וָדַעַת.

כ. מִי שֶׁהוּא הַצְנֵעַ־לֶכֶת – מַחְשְׁבוֹתָיו צְלוּלִים.

כא. מַה שֶּׁרוֹאֶה עַיִן, יוֹתֵר נָקֵל לְהָבִין אוֹתוֹ הַדָּבָר.

כב. מִי שֶׁיִּשְׁמֹר אֶת עַצְמוֹ מִבִּשּׁוּלֵי עַכּוּ"ם וּמִנֶּסֶךְ, זוֹכֶה לְחָכְמָה וּמֵבִין בְּכָל סֵפֶר.

כג. מִי שֶׁיֵּשׁ לוֹ גַּאֲוָה, לֹא יִזְכֶּה לְהָבִין מֶמְשֶׁלֶת הַשֵּׁם יִתְבָּרַךְ עַל הַכֹּל.

כד. כְּשֶׁאֵין אַתָּה עוֹשֶׂה חֶסֶד, עַל־יְדֵי זֶה אֵין לְךָ דַּעַת.

כה. כְּשֶׁאַתָּה עוֹשֶׂה שׁוּם הֶזֵּק, יְדִיעַ לֶהֱוֵי לָךְ שֶׁפָּגַמְתָּ בַּדַּעַת.

כו. מִי שֶׁנִּתְגַּלָּה לוֹ אֵיזֶהוּ שֵׂכֶל, בְּיָדוּעַ שֶׁיִּתְרוֹמֵם בִּמְהֵרָה אֵיזֶהוּ הִתְרוֹמְמוּת.

כז. כְּשֶׁעוֹשֶׂה תְּשׁוּבָה בְּכָל לֵב, הַקָּדוֹשׁ־בָּרוּךְ־הוּא נוֹתֵן לִבּוֹ לָדַעַת תַּאֲוָתוֹ וּרְצוֹנוֹ.

כח. מִי שֶׁלֹּא תִּקֵּן עֲווֹנוֹתָיו, אֵינוֹ יָכוֹל לֵידַע אֶת הַקָּדוֹשׁ־בָּרוּךְ־הוּא.

כט. עַל־יְדֵי אֱמֶת תִּזְכֶּה לָדַעַת דֶּרֶךְ הַשֵּׁם.

ל. גַּם עַל־יְדֵי הַכְנָסַת־אוֹרְחִים.

לא. כְּשֶׁתַּעֲשֶׂה חֶסֶד שֶׁל אֱמֶת עִם צַדִּיקִים, תִּזְכֶּה לָדַעַת, שֶׁכָּל הַדְּרָכִים הֵן תְּפִלָּה הֵן אֲכִילָה הֵן שְׁאָר תַּעֲנוּגִים כֻּלָּם הֵם דֶּרֶךְ הַשֵּׁם.

לב. עַל־יְדֵי רִנָּה שֶׁל שִׂמְחָה תִּהְיֶה בַּר־דַּעַת.

לג. מִי שֶׁמְּשַׁלְּמִין לוֹ רָעָה תַּחַת טוֹבָה, הַקָּדוֹשׁ־בָּרוּךְ־הוּא מְרַחֵם עָלָיו וְנוֹתֵן לוֹ שֵׂכֶל גָּדוֹל בַּעֲבוֹדַת הַבּוֹרֵא.

לד. לְפִי הַגְדָּלַת מַעֲשִׂים טוֹבִים שֶׁל אָדָם כֵּן הַקָּדוֹשׁ־בָּרוּךְ־הוּא מַעֲמִיק מַחְשְׁבוֹתָיו שֶׁל אָדָם, הַיְנוּ שֶׁנּוֹתֵן לוֹ מֹחַ גָּדוֹל.

<u>חלק שני</u>

א. דַּע, כִּי לְכָל הָעוֹלָמוֹת וּלְכָל נִבְרָא יֵשׁ לוֹ קוֹמָה מְיֻחֶדֶת וּבִנְיָן מְיֻחָד. לְמָשָׁל מִין הָאַרְיֵה – קוֹמָתוֹ נִבְדָּל מִמִּין הַצֹּאן הֵן בְּכֹחוֹ וְהֵן בְּבִנְיַן אֵיבָרָיו, [וְהֵן בְּקוֹלוֹ] וְכֵן בְּמִין הָאַרְיֵה [בְּעַצְמוֹ] יֵשׁ הֶבְדֵּל בֵּין כָּל אֶחָד וְאֶחָד, וְכֵן בְּכָל הַנִּבְרָאִים הַהֶבְדֵּלִים הֵן כֻּלָּם רְמוּזִים בִּתְמוּנַת הָאוֹתִיּוֹת וּבְצֵרוּפֵיהֶם. וְהַזּוֹכֶה לְהָבִין אֶת הַתּוֹרָה, יוּכַל לְהָבִין רְמִיזוֹת כָּל הַהֶבְדֵּלִים שֶׁבֵּין כָּל הַנִּבְרָאִים וְגַם יֵדַע הִתְאַחֲדוּתָם, הַיְנוּ רֵאשִׁיתָם וְתַכְלִיתָם כִּי בְּרֵאשִׁית וּבְתַכְלִית הֵם בְּאַחְדוּת בְּלִי הֶבְדֵּל.

ב. דַּע, לְפִי גֹּדֶל יְדִיעַת הַתּוֹרָה וְטִבְעֵי הָעוֹלָם כֵּן נִמְסַר וְנִשְׁתַּעְבֵּד הָעוֹלָם תַּחְתָּיו. וּלְפִיכָךְ הָיוּ נִכְנָעִים הָאֲרָיוֹת תַּחַת דָּנִיֵּאל, כִּי דָּנִיֵּאל הָיָה חָכָם גָּדוֹל, וְכָל רָז לָא אָנִיס לֵהּ, וְהָיָה יוֹדֵעַ טֶבַע הָאַרְיֵה, וְהַטֶּבַע מִתְנַהֶגֶת בִּידִיעַת הַתּוֹרָה, וְהִיא תַּחַת יַד הַיְדִיעָה. (אָמַר הַמַּעְתִּיק: שָׁמַעְתִּי מִפִּי מוֹרֵנוּ וְרַבֵּנוּ הָרַב רַבִּי

נָתָן, זֵכֶר צַדִּיק לִבְרָכָה, שֶׁזֶּה הָאוֹת ב' שַׁיָּךְ לָאוֹת א' הַקָּדוּם לוֹ, לָמָה שֶׁמְּבֹאָר שָׁם: "וְהַזּוֹכֶה לְהָבִין אֶת הַתּוֹרָה – יוּכַל לְהָבִין רְמִיזוֹת כָּל הַהֶבְדֵּלִים וְכוּ', שֶׁזֶּה הוּא בְּחִינַת כָּל טִבְעֵי הָעוֹלָם", וְעַל זֶה סוֹבֵב הוֹלֵךְ סִימָן ב': "דַּע, לְפִי גֹּדֶל יְדִיעַת הַתּוֹרָה וְטִבְעֵי הָעוֹלָם", הַיְנוּ כְּפִי שֶׁזּוֹכֶה לְהָבִין צֵרוּפֵי אוֹתִיּוֹת הַתּוֹרָה; כִּי כְּפִי גֹּדֶל הֲבָנָתוֹ בְּאוֹתִיּוֹת הַתּוֹרָה וּבְצֵרוּפֵיהֶם וְכוּ' כְּמוֹ כֵן גְּדוֹלָה יְדִיעָתוֹ בְּטִבְעֵי הָעוֹלָם וְהָבֵן. וְעַיֵּן בְּלִקּוּטֵי הֲלָכוֹת "יוֹרֶה־דֵעָה" הִלְכוֹת מִילָה הֲלָכָה ה' אוֹת כ"ג וְאוֹת כ"ד מִשָּׁם עַד גְּמַר הַהֲלָכָה, עַיֵּן שָׁם בֵּאוּר נִפְלָא בָּזֶה, וְיִנְעַם לְךָ לָעַד. וְהָאֱמֶת, שֶׁמִּי שֶׁמַּבִּיט בְּעַיִן טוֹבָה, בְּעַיִן אֲמִתִּי, בְּלֵב יָשָׁר, אֵין קָשֶׁה לוֹ כְּלָל; אַדְּרַבָּא, רוֹאֶה מִזֶּה נִפְלְאוֹת גְּדֻלַּת הַשֵּׁם וְצַדִּיקָיו הָאֲמִתִּיִּים. וּלְהַמִּתְנַגְּדִים הַדּוֹבְרִים עַל צַדִּיק עָתָק, הַמַּבִּיטִים מֵעִקָּרָא בִּסְפָרָיו הַקְּדוֹשִׁים בְּרַע עַיִן לְחַפֵּשׂ וּלְבַקֵּשׁ עֲלִילָה, לֹא יַסְפִּיק שׁוּם בֵּאוּר. כִּי אַחַר כָּל הַדְּבָרִים וְהָאֱמֶת הָאֵלֶּה יְחַפֵּשׂ וִיבַקֵּשׁ תּוֹאֲנָה וַעֲלִילָה, לְדַבֵּר עַל הַצַּדִּיק הַנַּ"ל וְתַלְמִידָיו, זְכוּתָם יָגֵן עָלֵינוּ, עָתָק בְּגַאֲוָה וָבוּז, אַךְ אַף־עַל־פִּי־כֵן לֹא יָכֹלְתִּי לְהִתְאַפֵּק מִלְּהַצִּיג מַה שֶּׁשָּׁמַעְתִּי מְעַט בָּזֶה, וְקֻשְׁטָא קָאֵי, וְעַד אַרְגִּיעָה לְשׁוֹן שָׁקֶר וֶאֱמֶת ה' לְעוֹלָם, וְיַצִּילֵנוּ מֵחֶרֶב פִּיפִיּוֹת; כַּאֲשֶׁר עַד הֵנָּה עֲזָרוּנוּ רַחֲמָיו יִתְבָּרַךְ, כֵּן אַל יַעַזְבֵנוּ לָנֶצַח, אָמֵן כֵּן יְהִי רָצוֹן. וְעַיֵּן גַּם־כֵּן בְּלִקּוּטֵי א' סִימָן יט בְּהַתּוֹרָה "תְּפִלָּה לַחֲבַקּוּק" וְתָבִין קְצָת וְעַיֵּן שָׁם גַּם־כֵּן סִימָן יז.

ג. עַל־יְדֵי הַהַשָּׂגָה שֶׁהָאָדָם מַשִּׂיג, שֶׁהַקָּדוֹשׁ־בָּרוּךְ־הוּא הוּא אֶחָד וְאֵין שֵׁנִי לוֹ, עַל־יְדֵי זֶה מַכְרִיחַ אֶת מַלְאֲכֵי מָרוֹם, שֶׁיִּגָּלְמוּ בְּגֹלֶם וְיֵלֵךְ בִּשְׁלִיחוּתוֹ.

ד. כְּשֶׁבָּא לָאָדָם הִרְהוּרֵי עֲבוֹדָה זָרָה וְהוּא מְבַטֵּל אוֹתָם בְּמַחֲשֶׁבֶת אֱמוּנָתוֹ, אֲזַי נַעֲשֶׂה מֵהִרְהוּרָיו בְּחִינַת טַל שֶׁל בְּרָכָה. גַּם עַל־יְדֵי זֶה הַמֹּחַ שֶׁלּוֹ נִתְקַיֵּם וְאֵין נִתְבַּלְבֵּל לְעוֹלָם, אֲפִלּוּ כְּשֶׁנִּתְיַגֵּעַ הַמֹּחַ, עַל־יְדֵי שֶׁמְּשׁוֹטֵט בְּאֵיזֶה עִיּוּן עָמֹק, אֲזַי הַקָּדוֹשׁ־בָּרוּךְ־הוּא מַזְמִין לוֹ מַחֲשָׁבוֹת הַנּוֹתְנִים נַיְחָא לְמֹחוֹ.

ה. עַל־יְדֵי מְפַרְנְסֵי עֲנִיִּים נִצּוֹלִין הֲמוֹן־עַם מִן הַמַּגֵּפָה בִּזְכוּתָם, גַּם בִּזְכוּתָם מֹחִין דְּגַדְלוּת קוֹדְמִין לְמֹחִין דְּקַטְנוּת.

ו. אֲפִלּוּ בְּהוֹלֵלוֹת וְסִכְלוּת יֵשׁ חָכְמָה.

ז. הַקּוֹל הַיּוֹצֵא מִבַּר־דַּעַת שֶׁבִּקְדֻשָּׁה מְסֻגָּל לְיִרְאָה.

ח. עַל־יְדֵי בִּלְבּוּל הַדַּעַת נִתְקַלְקֵל הַיִּרְאָה. גַּם עַל־יְדֵי בִּלְבּוּל הַדַּעַת מֶמְשַׁלְתּוֹ נוֹפֶלֶת.

ט. חַכְמֵי הַדּוֹר הֵם כַּנְפֵי הַדּוֹר, לְפִי חָכְמָתָם כֵּן הִתְקָרְבוּת הַדּוֹר וְהַשָּׂגָתָם אוֹ לְהֵפֶךְ, הַיְנוּ הִתְרַחֲקוּת, חַס וְשָׁלוֹם, מֵהַשֵּׁם יִתְבָּרַךְ. וְלֶעָתִיד לֹא יִצְטָרְכוּ לְהַשִּׂיג אֱלֹקוּתוֹ עַל־יְדֵי חָכְמוֹת, כִּי יְקֻיַּם בָּנוּ: "וְלֹא יִכָּנֵף עוֹד מוֹרֶךָ" וְכוּ'.

י. מִי שֶׁרוֹצֶה לְהַעֲמִיק וּלְעַיֵּן בְּשִׂכְלוֹ בְּאֵיזֶה עִנְיָן, צָרִיךְ לְקַשֵּׁר אֶת שִׂכְלוֹ לְבֵית־הַמִּקְדָּשׁ. וְסִימָן לַדָּבָר: "אֶשָּׂא דֵעִי לְמֵרָחוֹק" "וַיַּרְא אֶת הַמָּקוֹם מֵרָחוֹק".

יא. עַל־יְדֵי אֱמוּנָה נִתְיַשֵּׁב הַדַּעַת.

יב. עַל־יְדֵי גֵּרִים נִתּוֹסָף הַדַּעַת בָּעוֹלָם.

יג. אֲפִלּוּ הַנְּבִיאִים אֵינָם יוֹדְעִים אֶלָּא מַה שֶּׁהַקָּדוֹשׁ־בָּרוּךְ־הוּא מְגַלֶּה לָהֶם.

יד. מִי שֶׁהוּא גִּבּוֹר, אֵין בּוֹ כָּל־כָּךְ דַּעַת.
טו. הַפְּסִיעָה גַסָּה מְבַלְבֶּלֶת אֶת הַמַּחֲשָׁבָה מִלְּעַיֵּן.
טז. עַל־יְדֵי גְּנֵבָה מַפְסִיד אֶת הַדַּעַת.
יז. כְּשֶׁעֲבֵיוֹת שֶׁל זֶה בָּא לְתוֹךְ מַחֲשֶׁבֶת חֲבֵרוֹ וַעֲבֵיוֹת שֶׁל חֲבֵרוֹ לְתוֹךְ מַחֲשַׁבְתּוֹ שֶׁל זֶה, מִזֶּה נַעֲשֶׂה תִּקְרַת הָעוֹלָם.

דרך

חלק ראשון

א. מִי שֶׁרוֹצֶה לַעֲבֹר עַל הַיָּם, יוֹלִיךְ עִמּוֹ אֵיזֶה צִפּוֹר וְאֵיזֶה דָּג הַיָּם, וְזֶה סְגֻלָּה לַעֲבֹר אֶת הַיָּם בְּשָׁלוֹם.
ב. וּמִי שֶׁמְּשַׂמֵּחַ אֶת עַצְמוֹ בְּשִׂמְחַת חָתָן וְכַלָּה, כְּשֶׁיּוֹצְאִין מִן הַחֻפָּה, אֵינוֹ נִזּוֹק בַּדֶּרֶךְ.
ג. בְּשָׁעָה שֶׁבַּעֲלֵי־עֲגָלָה מַטְרִיחִין אֶת עַצְמָן בָּעֲגָלָה וּבְסוּסִים תִּתְפַּלֵּל תְּפִלַּת הַדֶּרֶךְ.
ד. סְגֻלָּה לְמִי שֶׁהוֹלֵךְ עַל הַיָּם, יִשָּׂא עִמּוֹ סִיד וְיִנָּצֵל.
ה. מִי שֶׁמֵּכִין פַּרְנָסָה לַצַּדִּיקִים, מֻבְטָח שֶׁיִּשְׁמֹר אוֹתוֹ הַשֵּׁם הֵן בַּדֶּרֶךְ הֵן בַּיָּם.
ו. מִי שֶׁרוֹכֵב עַל סוּס, יוֹלִיךְ עִמּוֹ "הוֹשַׁעְנוֹת".
ז. כְּשֶׁתִּרְצֶה לֵילֵךְ בַּדֶּרֶךְ, תְּקַשֵּׁר אֶת עַצְמְךָ קֹדֶם בְּמִדַּת הַבִּטָּחוֹן, וְעַל־יְדֵי זֶה לֹא יִגֹּף רַגְלְךָ.
ח. כְּשֶׁתֵּלֵךְ בַּדֶּרֶךְ, תִּתֵּן קֹדֶם לִצְדָקָה.
ט. כָּל הַדְּרָכִים שֶׁאָדָם הוֹלֵךְ בָּהֶן הַכֹּל מֵהַשֵּׁם יִתְבָּרַךְ וְהֵם רְצוֹן הַשֵּׁם. אֲבָל אֵין לְךָ אָדָם שֶׁיָּבִין אֶת דַּרְכּוֹ אֶלָּא מִי שֶׁהוּא עָנָו.
י. כְּשֶׁתִּשָּׂא אֶצְלְךָ אֲבָנִים הַנִּמְצָאִים עַל־פְּנֵי הַשָּׂדֶה, תִּנָּצֵל מֵחַיּוֹת רָעוֹת.
יא. תְּפִלָּה שֶׁל יוֹנָה הַנָּבִיא הִיא סְגֻלָּה לוֹמַר עַל הַיָּם.
יב. עַל־יְדֵי לְוָיָה הָאָדָם נִשְׁמָר מִכָּל הֶזֵּק בַּדֶּרֶךְ.
יג. מִי שֶׁאֵין לוֹ לְוָיָה, יַעֲסֹק בַּתּוֹרָה.
יד. הָאָדָם קוֹנֶה מְקוֹם הִלּוּכוֹ.

חלק שני

א. עַל־יְדֵי וִדּוּי דְּבָרִים גּוֹרְמִין, שֶׁהַקָּדוֹשׁ־בָּרוּךְ־הוּא מַזְמִין מְלַמְּדֵי תִּינוֹקוֹת שֶׁלּוֹמְדִים בֶּאֱמוּנָה.
ב. גַּם גּוֹרְמִין שֶׁנִּתְתַּקְּנִים הַדְּרָכִים מִמִּכְשׁוֹלוֹת.
ג. סַכָּנַת הַדְּרָכִים בָּא עַל־יְדֵי פְּגַם הַבְּרִית, וְסִימָן לַדָּבָר: "אָרְחִי וְרִבְעִי זֵרִיתָ" וְכוּ'.
ד. עַל־יְדֵי נְסִיעַת הַדְּרָכִים הָאָדָם נַעֲשֶׂה מֵבִין.
ה. בְּלַיְלָה שֶׁיֵּשׁ לְךָ פַּחַד בִּשְׁעַת שֵׁנָה, אַל תֵּלֵךְ בַּדֶּרֶךְ בַּיּוֹם.

ספר המדות

ו. הַדְּרָכִים מְבִיאִים אֶת הָאָדָם לְלָשׁוֹן הָרָע, עֲבוֹדָה זָרָה, גִּלּוּי־עֲרָיוֹת וּשְׁפִיכַת־דָּמִים, וְאֵלּוּ הָעֲבֵרוֹת מַפְסִידִין אֶת הַפַּרְנָסָה.
ז. הַפְּסִיעָה גַּסָּה מְבַלְבֶּלֶת אֶת הַמַּחֲשָׁבָה מִלְּעַיֵּן.

הוראה

א. הַמּוֹרֶה הוֹרָאוֹת שֶׁהוּא נִכְנָע לִפְנֵי גְּדוֹלִים מִמֶּנּוּ, עַל־יְדֵי זֶה הַקָּדוֹשׁ־בָּרוּךְ־הוּא שׁוֹמְרוֹ, שֶׁלֹּא יִכָּשֵׁל בִּדְבַר הוֹרָאָה.
ב. מְקוֹם הַהוֹרָאָה הִיא מוֹעֶלֶת לְיִרְאָה.
ג. כְּשֶׁאֵרַע לָאָדָם טְרֵפָה בְּבֵיתוֹ עַל־יְדֵי תַּעֲרֹבֶת אִסּוּר בְּהֶתֵּר, וְאֵין בַּהֶתֵּר לְבַטֵּל אֶת הָאִסּוּר, זֶה מַרְאִין לוֹ, שֶׁפָּגַם בְּאֵיזֶהוּ יִחוּד וְזִוּוּג עֶלְיוֹן, כִּי הַיִּחוּד וְהַזִּוּוּג הוּא בְּחִינַת בִּטּוּל הָאִסּוּר בְּהֶתֵּר בִּבְחִינַת: "מוֹצִיא אֲסִירִים בַּכּוֹשָׁרוֹת".
ד. כְּשֶׁיֵּשׁ שְׁלוֹם מַלְכוּת, עַל־יְדֵי זֶה נוֹלָדִים בְּיִשְׂרָאֵל בָּנִים בַּעֲלֵי הוֹרָאָה.
ה. מִי שֶׁמַּחְמִיר לַאֲחֵרִים וּמֵקֵל לְעַצְמוֹ וְאוֹמֵר עַל מַה שֶּׁלֹּא שָׁמַע שֶׁשָּׁמַע, עַל־יְדֵי זֶה אֵינוֹ זוֹכֶה לִרְאוֹת בְּיֹפִי הַמֶּלֶךְ, כִּי הַקְּלִפָּה שֶׁל אֱדוֹם שֶׁהוּא יִרְאָה רָעָה, מַחְשִׁיךְ מְאוֹר עֵינָיו מִלְּהִסְתַּכֵּל בְּיֹפִי פְּנֵי הַמֶּלֶךְ.
ו. עַל־יְדֵי נָאוּף נוֹפֵל לִתְפִיסָה אוֹ לָחֳלִי כְּאֵב רַגְלַיִם. גַּם תַּלְמִיד שֶׁלֹּא הִגִּיעַ לְהוֹרָאָה וּמוֹרֶה נוֹפֵל לָזֶה. גַּם מַזִּיקִין שׁוֹלְטִין עָלָיו.

הכנסת אורחים

חלק ראשון

א. מִי שֶׁאֵין מַכְנִיס אוֹרְחִים, בָּזֶה מַחֲזִיק יְדֵי מְרֵעִים, שֶׁלֹּא יַחְזְרוּ בִּתְשׁוּבָה.
ב. עִיר שֶׁאֵין בָּהּ הַכְנָסַת אוֹרְחִים בָּאִים לִידֵי גִּלּוּי עֲרָיוֹת, וְעַל־יְדֵי גִּלּוּי עֲרָיוֹת בָּא עֲלֵיהֶם הֲרֵיגָה.
ג. הַכְנָסַת אוֹרְחִים מְזַכֶּה אֶת הָאִשָּׁה לְבָנִים.
ד. הַכְנָסַת אוֹרְחִים כְּהַכְנָסַת שַׁבָּת.
ה. הַמְאָרֵחַ תַּלְמִיד־חָכָם בְּתוֹךְ בֵּיתוֹ – מַעֲלֶה עָלָיו הַכָּתוּב כְּאִלּוּ הִקְרִיב תְּמִידִין.
ו. גְּדוֹלָה הַכְנָסַת אוֹרְחִים מֵהַשְׁכָּמַת בֵּית־הַמִּדְרָשׁ וְהַקְבָּלַת פְּנֵי שְׁכִינָה.
ז. כֵּיוָן דְּלָא שְׁכִיחֵי רַבָּנָן גַּבַּיְהוּ כְּכוּתִיִּים דָּמֵי.

חלק שני

א. עַל־יְדֵי הַכְנָסַת־אוֹרְחִים אֵימָתוֹ מֻטֶּלֶת עַל הַבְּרִיּוֹת.
ב. סְגֻלָּה לְהַחֲזִיר לְאִשָּׁה וְסִתָּהּ עַל־יְדֵי הַכְנָסַת־אוֹרְחִים.
ג. עַל־יְדֵי קְדֻשַּׁת הַשֵּׁם יִתְבָּרַךְ הַהִתְנַשְּׂאוּת שֶׁל רָאשֵׁי־הַדּוֹר בְּתֹקֶף וָעֹז, וְעַל־יְדֵי זֶה נֶחְשָׁב בְּעֵינֵי כָּל הַמִּצְוָה שֶׁל הַכְנָסַת־אוֹרְחִים, וְעַל־יְדֵי זֶה הַלּוֹמְדִים זוֹכִים שֶׁהֲלָכָה כְּמוֹתָם.

ספר המדות

המתקת דין

חלק ראשון

א. בְּשָׁעָה שֶׁמְּשַׁגְּרִין עַל הָאָדָם אֶת הַיִּסּוּרִין, מַשְׁבִּיעִין עֲלֵיהֶם שֶׁלֹּא יֵלְכוּ אֶלָּא בְּיוֹם פְּלוֹנִי וְלֹא יֵצְאוּ אֶלָּא בְּיוֹם פְּלוֹנִי וּבְשָׁעָה פְּלוֹנִית וְעַל־יְדֵי סַם פְּלוֹנִי. אֲבָל "תְּשׁוּבָה תְּפִלָּה וּצְדָקָה" מְבַטְּלִין הַשְּׁבוּעָה.

ב. חֲלִישׁוּת הַדַּעַת, הַיְנוּ עַצְבוּת עַל־יְדֵי זֶה בָּא רַע מַזָּל, וְעַל־יְדֵי רַע מַזָּל מִדַּת הַדִּין שׁוֹלֵט.

ג. פָּרָשַׁת חֹשֶׁן – תִּקּוּן לְדִינִים.

ד. כְּשֶׁיֵּשׁ לָאָדָם צַעַר, יִתֵּן צְדָקָה, וְהַצְּדָקָה הֲוֵי כְּמוֹ שֶׁנּוֹתֵן שָׂכָר לַדּוּן, וְעַל־יְדֵי זֶה הַדִּינִים נִמְתָּקִים, כִּי הַנּוֹטֵל שָׂכָר לָדוּן – דִּינָיו בְּטֵלִים.

ה. עַד הֵיכָן תַּכְלִית הַיִּסּוּרִין.

ו. כֹּל שֶׁעָבְרוּ עָלָיו אַרְבָּעִים יוֹם בְּלֹא יִסּוּרִין, קִבֵּל עוֹלָמוֹ וּפֻרְעָנִיּוֹת מְזֻמֶּנֶת לוֹ.

ז. הַמּוֹכִיחַ אֶת חֲבֵרוֹ לְשֵׁם שָׁמַיִם, מוֹשְׁכִין עָלָיו חוּט שֶׁל חֶסֶד.

ח. שְׁלֹשָׁה דְּבָרִים מַזְכִּירִין עֲווֹנוֹתָיו שֶׁל אָדָם: קִיר נָטוּי וְעִיּוּן תְּפִלָּה וּמוֹסֵר דִּין עַל חֲבֵרוֹ.

ט. אַרְבָּעָה דְּבָרִים מְקָרְעִין גְּזַר־דִּינוֹ שֶׁל אָדָם: צְדָקָה, צְעָקָה, שִׁנּוּי־הַשֵּׁם, שִׁנּוּי־מַעֲשֶׂה.

י. צְעָקָה מוֹעִיל לְיָחִיד דַּוְקָא קֹדֶם גְּזַר־דִּין.

יא. גְּזַר־דִּין שֶׁיֵּשׁ עִמּוֹ שְׁבוּעָה אֲפִלּוּ לְצִבּוּר אֵינוֹ מִתְקָרֵעַ.

יב. עַל־יְדֵי הַתַּעֲנִית שֶׁבִּשְׁנֵי רְעָבוֹן נִצּוֹל מִמִּיתָה מְשֻׁנָּה.

יג. כְּשֶׁנִּגְזָר עַל אָדָם אֵיזֶהוּ דִּין, נִגְזָר הַדִּין עָלָיו דַּוְקָא בְּמָקוֹם מְסֻיָּם, וְעַל־יְדֵי זֶה יָכוֹל לְהַצִּיל [עַצְמוֹ] בְּשִׁנּוּי מָקוֹם.

יד. מִי שֶׁיֵּשׁ לוֹ כְּאֵב עֵינַיִם אוֹ כְּאֵב מֵעַיִם, בְּיָדוּעַ שֶׁדִּינִין שׁוֹרִין עָלָיו.

טו. צָרִיךְ לְהוֹדִיעַ צַעֲרוֹ לָרַבִּים, וְרַבִּים יְבַקְשׁוּ עָלָיו רַחֲמִים.

טז. כְּשֶׁיֵּשׁ אֵיזֶהוּ דִּין עַל יִשְׂרָאֵל, חַס וְשָׁלוֹם, אֲזַי הַקָּדוֹשׁ־בָּרוּךְ־הוּא מוֹדִיעַ לַצַּדִּיקִים, כְּדֵי שֶׁיִּתְפַּלְלוּ עַל יִשְׂרָאֵל, וּמִי שֶׁאֵינוֹ מִתְפַּלֵּל עֲלֵיהֶם, הַקָּדוֹשׁ־בָּרוּךְ־הוּא כּוֹעֵס עָלָיו.

יז. כְּשֶׁרוֹאֶה אָדָם, שֶׁדִּינִין שׁוֹרִין עָלָיו, יְסַפֵּר מְשׂוֹנְאָיו וְיַצְדִּיק אוֹתָם.

יח. עַל־יְדֵי הַעֲמָדַת דַּיָּנִים כְּשֵׁרִים נִתְבַּטֵּל הַצָּרוֹת.

יט. מִי שֶׁנָּדַר, וְלֹא שִׁלֵּם נִדְרוֹ, הַקָּדוֹשׁ־בָּרוּךְ־הוּא מֵבִיא עָלָיו יִסּוּרִין. וּכְשֶׁשּׁוֹתֵק נֶחְשָׁב לוֹ, כְּאִלּוּ שִׁלֵּם נֶדֶר.

כ. הַמְקַבֵּל יִסּוּרִים בְּאַהֲבָה – כְּאִלּוּ הִקְרִיב קָרְבָּן.

כא. כְּשֶׁאָדָם הוֹלֵךְ וְנוֹפֵל, סִימָן שֶׁנִּפְקָד לְמַעְלָה לְאֵיזֶה כִּשָּׁלוֹן.

כב. עַל־יְדֵי טְבִילַת מִקְוֶה נִתְבַּטֵּל הַצָּרוֹת וִישׁוּעָה בָּאָה.

כג. כְּשֶׁגּוֹזְרִין אֵיזֶה [גְּזַר] דִּין עַל הָאָדָם, קֹדֶם שֶׁיּוֹדְעִין מִזֶּה בְּנֵי־אָדָם הוּא בְּנָקֵל לְהִתְהַפֵּךְ.

כד. מִי שֶׁנּוֹפֵל מֵאֱמוּנָתוֹ, יֵדַע שֶׁדָּנִין אוֹתוֹ לְמַעְלָה

כה. מִי שֶׁדִּינִין שׁוֹרִין עָלָיו, יִסְתַּכֵּל בְּכָל פַּעַם עַל הַשָּׁמַיִם.

כו. מִי שֶׁמּוֹרֶה דֶּרֶךְ הַטּוֹב לָרְשָׁעִים, הַקָּדוֹשׁ־בָּרוּךְ־הוּא מַצְדִּיק אוֹתוֹ בַּדִּין.

כז. עַל־יְדֵי אֱמֶת הַקָּדוֹשׁ־בָּרוּךְ־הוּא עוֹשֶׂה עִמּוֹ חֶסֶד, שֶׁאֵינוֹ מְלֻבָּשׁ בְּדִין.

כח. מַה שֶּׁהַקָּדוֹשׁ־בָּרוּךְ־הוּא מַסְתִּיר פָּנָיו מִמְּךָ, הוּא מֵחֲמַת כְּפִירוֹת שֶׁיֵּשׁ בְּךָ.

כט. עַל־יְדֵי בִּטָּחוֹן נִמְתָּק הַדִּין וְנִמְשָׁךְ הַחֶסֶד.

ל. עַל־יְדֵי אֱמוּנָה תּוּכַל לְדַבֵּר וּלְהַנְהִיג אֶת הַשֵּׁם יִתְבָּרַךְ לִרְצוֹנְךָ.

לא. עַל־יְדֵי צְדָקָה מְהַפֵּךְ הַמִּשְׁפָּט וְהַדִּין לְמִדַּת חֶסֶד.

לב. מִי שֶׁאֵין לוֹ אֱמוּנָה, בְּיָדוּעַ שֶׁהַקָּדוֹשׁ־בָּרוּךְ־הוּא סִלֵּק חַסְדּוֹ מִמֶּנּוּ.

לג. כְּשֶׁהַחֶסֶד [כְּשֶׁדִּינִים שׁוֹרִין וְהַחֶסֶד] יָקָר וְאֵינוֹ בַּנִּמְצָא, תֵּדַע שֶׁבְּכִיָּה מוֹעִיל לָזֶה. (שָׁמַעְתִּי מִפִּיו הַקָּדוֹשׁ בִּשְׁעַת כְּתִיבָתִי זֹאת לְפָנָיו, שֶׁרֶמֶז דָּבָר זֶה הוּא בַּפָּסוּק "מַה יָּקָר חַסְדְּךָ אֱלֹקִים", פֵּרוּשׁ – מַה יָּקָר חַסְדְּךָ – הַיְנוּ כְּשֶׁהַחֶסֶד יָקָר וְאֵינוֹ בַּנִּמְצָא, דְּהַיְנוּ שֶׁדִּינִין שׁוֹרִין, חַס וְשָׁלוֹם, אֲזַי הַפְּעֻלָּה לָזֶה – וּבְנֵי אָדָם בְּ'צֵל כְּ'נָפֶיךָ יֶ'חֱסָיוּן – רָאשֵׁי־תֵבוֹת בֶּכִי, כִּי בְּכִיָּה מוֹעִיל לָזֶה כַּנַּ"ל).

לד. עַל־יְדֵי דַּעַת נִמְשָׁךְ חֶסֶד.

לה. עַל־יְדֵי צְדָקָה שֶׁנּוֹתְנִין לְאָדָם הָגוּן, תִּזְכֶּה לְהַמְשִׁיךְ חֶסֶד גַּם לְאוֹהַבְךָ.

לו. מִי שֶׁאֵינוֹ מְקַבֵּל תּוֹכָחָה, יִסּוּרִין בָּאִין עָלָיו.

לז. לְהַמְתָּקַת הַדִּינִין תֹּאמַר קַפִּיטְל ל"ט [לַמְנַצֵּחַ עַל יְדוּתוּן].

לח. מִי שֶׁמְּחַזֵּק אֶת עַצְמוֹ קֹדֶם הַתְּפִלָּה וְעוֹשֶׂה הֲכָנָה גְדוֹלָה, אַף־עַל־פִּי שֶׁאַחַר־כָּךְ אֵינוֹ מִתְפַּלֵּל כָּרָאוּי, עַל־יְדֵי זֶה יִסּוּרִין בְּדֵלִין מִמֶּנּוּ.

לט. לְהַמְתָּקַת הַדִּינִין, תַּגִּיד [תִּלְמַד] מִשְׁנָיוֹת "זְרָעִים".

מ. לִפְעָמִים הַקָּדוֹשׁ־בָּרוּךְ־הוּא מְכַלֶּה הַצָּרוֹת עַל הָאָב, כְּדֵי שֶׁיִּהְיֶה שָׁלוֹם לִבְנוֹ.

מא. עַל־יְדֵי נֶדֶר נִתְעַכֵּב הַחֵמָה שֶׁל הַשֵּׁם יִתְבָּרַךְ.

מב. לְהַמְתָּקַת הַדִּינִין תֹּאמַר קַפִּיטְל ע"ז.

מג. מִי שֶׁמְּקַשֵּׁר אֶת עַצְמוֹ בַּלַּיְלָה לְמִדַּת אֱמוּנָה, נִמְתָּק מֵעָלָיו הַדִּין.

מד. עַל־יְדֵי גַּאֲוָה נִסְתַּלֵּק הַחֶסֶד לְמַעְלָה.

מה. עַל־יְדֵי תִּקּוּן חֲצוֹת נִמְתָּק הַדִּין.

מו. כְּשֶׁתִּהְיֶה נֵעוֹר כָּל הַלַּיְלָה, בָּזֶה אַתָּה נִצּוֹל מִדִּינִים.

מז. עַל־יְדֵי הַצָּרוֹת שֶׁבָּאִין עַל אָדָם, יָכוֹל לְהַשִּׂיג וּלְהָבִין אֶת עֲווֹנוֹתָיו.

מח. עַל־יְדֵי שֶׁבָּא אֶל הַצַּדִּיק, בִּיאָתוֹ בְּעַצְמָהּ יְכוֹלָה לְהַמְתִּיק הַדִּינִין.

מט. גַּם הַמָּעוֹת שֶׁנּוֹתְנִין לַצַּדִּיק, הַנְּתִינָה בְּעַצְמָהּ מַמְתִּיק הַדִּין.

נ. עַל־יְדֵי עַצְבוּת חוֹשְׁבִים עָלָיו לְמַעְלָה לְרַע לוֹ.

נא. עַל־יְדֵי לִמּוּד תּוֹרָה יָשׁוּבוּ הַמְקַטְרְגִים אָחוֹר.

נב. כְּשֶׁהוֹלֵךְ וְנוֹפֵל לִפְעָמִים, נִגְזַר עָלָיו לָמוּת, וְעַכְשָׁו נִתְבַּטֵּל עַל־יְדֵי הַנְּפִילָה.

נג. עַל הַגְּזֵרוֹת רָעוֹת, שֶׁאֻמּוֹת גּוֹזְרִין עַל יִשְׂרָאֵל, יֹאמְרוּ קַפִּיטְל ס"ב.

נד. עַל־יְדֵי יְשִׁיבָה בַּמִּקְוֶה תַּחַת הַמַּיִם, עַד שֶׁלֹּא יוּכַל לְהַחֲזִיק בְּעַצְמוֹ הָרוּחַ וְהַנְּשִׁימָה, נִמְתָּק הַדִּין.

נה. לִפְעָמִים הַיַּיִן מְעוֹרֵר דִּין.
נו. הַנּוֹתֵן פִּתּוֹ לְמִי שֶׁאֵין בּוֹ דֵּעָה יִסּוּרִין בָּאִין עָלָיו.
נז. מִי שֶׁאֵין בּוֹ דֵּעָה, לְסוֹף גּוֹלֶה.
נח. בַּת דִּינָא בָּטֵל דִּינָא.
נט. הַלּוֹמֵד תּוֹרָה לִשְׁמָהּ, מֵשִׂים שָׁלוֹם בְּפָמַלְיָא שֶׁל מַעְלָה וּבְפָמַלְיָא שֶׁל מַטָּה.
ס. הַקּוֹרֵא פָּסוּק בִּזְמַנּוֹ, מֵבִיא טוֹבָה לָעוֹלָם.
סא. יֵשׁ עִתִּים וּמְקוֹמוֹת מְזֻמָּנִים לְטוֹבָה וְהוּא הַדִּין לְהֶפֶךְ.
סב. לִפְעָמִים מִתְעַכֵּב הַדִּין עַל־יְדֵי רֹאשׁ הַדּוֹר וְלִפְעָמִים עַל־יְדֵי הַדּוֹר.
סג. עַל־יְדֵי הַשּׂוֹנְאִים יָכוֹל לֵידַע הַדִּין שֶׁלְּמַעְלָה.
סד. כְּשֶׁאָדָם מְסַפֵּר לַחֲבֵרוֹ צַעֲרוֹ, צָרִיךְ הַשּׁוֹמֵעַ לְהַחְכִּים בִּשְׁעַת הַשְּׁמִיעָה, שֶׁלֹּא יָבוֹא עָלָיו הַצַּעַר הַזֶּה.
סה. הָעוֹסֵק בַּתּוֹרָה בַּלַּיְלָה, הַקָּדוֹשׁ־בָּרוּךְ־הוּא מוֹשֵׁךְ עָלָיו חוּט שֶׁל חֶסֶד בַּיּוֹם.
סו. צָרִיךְ לִתֵּן מָמוֹן עַל פִּדְיוֹן.
סז. כָּל זְמַן שֶׁתּוּכַל לְהִנָּצֵל עַל־יְדֵי מָמוֹן, אַל תְּשַׁמֵּשׁ בִּתְפִלּוֹת.
סח. כְּשֶׁיֵּשׁ פְּלֻגְתָּא לְמַעְלָה בְּאֵיזֶה דָּבָר, הֵם סוֹמְכִין אֶת עַצְמָן עַל הַצַּדִּיק שֶׁבָּעוֹלָם הַזֶּה.
סט. בְּשָׁעָה שֶׁדָּנִים אֶת הָאָדָם לְמַעְלָה, דָּנִין שְׁמוֹ, וְלִפְעָמִים הַשְּׁלוּחִים מַחֲלִיפִין בְּשֵׁם אַחֵר, וְעַל־יְדֵי זֶה בָּא הַמָּוֶת אוֹ הַצָּרָה עַל אָדָם אַחֵר.
ע. מִי שֶׁאֵינוֹ מְבַקֵּשׁ רַחֲמִים עַל דּוֹרוֹ, עַל־יְדֵי זֶה נֶעֱנָשׁ.
עא. מִי שֶׁיֵּשׁ לוֹ חוֹלֶה אוֹ צַעַר בְּבֵיתוֹ, יֵלֵךְ אֵצֶל הֶחָכָם וִיבַקֵּשׁ עָלָיו רַחֲמִים אוֹ שֶׁיְּבָרֵךְ אוֹתוֹ.
עב. כְּשֶׁשּׁוֹמְעִין שֶׁאֶחָד מְקַטְרֵג עַל יִשְׂרָאֵל צְרִיכִין הַשּׁוֹמְעִין לְלַמֵּד בְּפִיהֶם זְכוּת עַל יִשְׂרָאֵל וּצְרִיכִין לִטְרֹחַ כְּדֵי לִמְצֹא זְכוּת.
עג. כְּשֶׁהַקָּדוֹשׁ־בָּרוּךְ־הוּא רוֹאֶה, שֶׁמְּקַנְּאִין לִכְבוֹדוֹ, עַל־יְדֵי זֶה מֵשִׁיב חֲרוֹן אַפּוֹ.
עד. עִקַּר הַפִּדְיוֹן אוֹ הַתְּפִלָּה אֵינוֹ אֶלָּא בַּיּוֹם.
עה. אֵין הַכֹּל כְּשֵׁרִין לַעֲשׂוֹת פִּדְיוֹן.
עו. מִי שֶׁרוֹצֶה לְהַמְתִּיק דִּינִים, אַל יִשְׁתֶּה יַיִן כָּל הַיּוֹם.
עז. בַּעֲנָוָה מְרַצִּין אֶת הַקָּדוֹשׁ־בָּרוּךְ־הוּא.
עח. כְּשֶׁיֵּשׁ דִּין יִתְפַּלֵּל בְּהִתְלַהֲבוּת.
עט. בִּנְיַן הַבַּיִת שֶׁל אֲבָנִים הוּא סַכָּנַת מִיתָה.
פ. הַצְּדָקָה מַמְתִּיק הַדִּין.
פא. הַמִּקְוֶה מַמְתִּיק הַדִּין.
פב. אַחַר הַגְּזַר־דִּין צָרִיךְ לְהַלְבִּישׁ אֶת הַתְּפִלָּה בְּסִפּוּרֵי מַעֲשִׂיּוֹת.
פג. עַל־יְדֵי פְּתִיחַת סֵפֶר תּוֹרָה נִמְתָּק הַדִּין וְנִתְיַשֵּׁב עַל מְקוֹמוֹ.
פד. עַל־יְדֵי הַשְּׁתִיקָה נִמְתָּק הַדִּין.
פה. הַצּוֹם וְשַׂק הֵם סְגֻלָּה לְבַטֵּל גְּזֵרָה.

ספר המדות

פו. לְהַמְתִּיק הַדִּין תֹּאמַר הַפָּרָשָׁה שֶׁל אַחַת־עֶשְׂרֵה יְרִיעוֹת עִזִּים (שְׁמוֹת כו,לו), וּקְטֹרֶת (שְׁמוֹת ל') וְאַחַת־עֶשְׂרֵה בְּרָכוֹת שֶׁבֵּרַךְ מֹשֶׁה אֶת הַשְּׁבָטִים (דְּבָרִים לג) וּמֶרְכָּבָה שֶׁל יְחֶזְקֵאל (יְחֶזְקֵאל א').

פז. וּפָרָשַׁת נְדָרִים (בְּמִדְבַּר ל') וּמִשְׁנָיוֹת שֶׁל מַסֶּכֶת שְׁבוּעוֹת.

פח. עַל־יְדֵי הַכְנָעָה מְבַטֵּל הַדִּין.

פט. עַל־יְדֵי שִׁיר־הַשִּׁירִים נִמְתָּקִים הַדִּינִים.

צ. מִי שֶׁאֶפְשָׁר לוֹ לַעֲסֹק בַּתּוֹרָה, וְאֵינוֹ עוֹסֵק, יִסּוּרִין בָּאִין עָלָיו.

צא. מַסֶּכֶת אָהֳלוֹת מְסֻגָּל לְהַמְתִּיק הַדִּין.

צב. מִי שֶׁמְּגַדֵּל כֶּלֶב, מְעוֹרֵר דִּין.

צג. לִפְעָמִים הַקָּדוֹשׁ־בָּרוּךְ־הוּא מַפִּיל אֶת הָרָשָׁע לְאֵיזֶהוּ צָרָה, שֶׁיֵּלֵךְ אֵצֶל הַצַּדִּיק וִיבַקְשׁוֹ לְהִתְפַּלֵּל עָלָיו.

צד. הַמְתָּקַת הַדִּינִים הוּא עַל־יְדֵי הַגּוֹרָל כְּמוֹ לַעֲזָאזֵל. (פֵּרוּשׁ דָּבָר זֶה שֶׁמָּעְתִּי מִפִּיו הַקָּדוֹשׁ בִּשְׁעַת כְּתִיבָתִי לְפָנָיו, שֶׁיִּקַּח שְׁנֵי מַטְבְּעוֹת וְיַפִּיל עֲלֵיהֶם גּוֹרָל, גּוֹרָל אֶחָד לַה' וְגוֹרָל אֶחָד לַעֲזָאזֵל. וְהַמַּטְבֵּעַ שֶׁעָלָה עָלֶיהָ הַגּוֹרָל לַה' יִתֵּן אוֹתָהּ לִצְדָקָה, וְהַשְּׁנִיָּה שֶׁעָלָה עָלֶיהָ הַגּוֹרָל לַעֲזָאזֵל יַשְׁלִיךְ אוֹתָהּ לְאִבּוּד, וְעַל־יְדֵי זֶה נִמְתָּק הַדִּינִים).

צה. לִפְעָמִים צַדִּיק הַדּוֹר בְּכַעֲסוֹ, שֶׁיִּכְעַס עָלֶיךָ מַמְתִּיק דִּינִים.

צו. כְּשֶׁקָּם מֶלֶךְ חָדָשׁ בָּאֻמּוֹת אוֹ שַׂר חָדָשׁ, אֲזַי הַדִּין נִתְעוֹרֵר.

צז. עַל־יְדֵי קֻשְׁיוֹת עֹרֶף כְּנֶגֶד הַתְּשׁוּבָה, מֵבִיא עַל עַצְמוֹ שֶׁבֶר גָּדוֹל בְּאֵין מַרְפֵּא.

צח. לֹא טוֹב לִשְׁנֵי בְנֵי־אָדָם שֶׁשְּׁמוֹתֵיהֶן שָׁוִים, שֶׁיָּדוּרוּ בְּדִירָה אֶחָת.

צט. עַל־יְדֵי עַצְבוּת מְעוֹרֵר הַדִּין.

ק. עַל־יְדֵי הַבּוּשָׁה נִמְתָּק הַדִּין.

קא. צָרִיךְ לְהוֹדִיעַ צַעֲרוֹ לָרַבִּים.

קב. כְּשֶׁנִּתָּן רְשׁוּת לַמַּשְׁחִית, אֵין מַבְחִין בֵּין צַדִּיק לְרָשָׁע, וְלֹא עוֹד אֶלָּא שֶׁמַּתְחִיל מֵהַצַּדִּיק.

קג. שִׁנּוּי מָקוֹם קוֹרֵעַ גְּזַר־דִּין.

קד. עַל־יְדֵי הָרַחֲמָנוּת מַמְתִּיק הַדִּין.

קה. לִפְעָמִים אָדָם מֵת מֵחֲמַת פַּחַד אוֹ מִיתָה אַחֶרֶת פִּתְאוֹמִית, תַּאֲמִין שֶׁזֶּה הָעֵת וְהַזְּמַן שֶׁלּוֹ.

קו. עַל־יְדֵי הַשִּׁפְלוּת יוּכַל לְבַטֵּל גְּזַר־דִּין.

קז. עַל־יְדֵי שִׁמּוּשׁ צַדִּיקִים נִמְתָּק הַדִּין.

קח. בִּזְכוּת בִּקּוּר־חוֹלִים אֵין מֵת מִתּוֹךְ יִסּוּרִין.

קט. כֵּיוָן שֶׁהִגִּיעַ מִדַּת־הַדִּין שֶׁל מַעְלָה עַל הָאָדָם, אַף־עַל־פִּי שֶׁעֲדַיִן אֵינָם שׁוֹלְטִין עָלָיו, יָכוֹל לְהַרְגִּישׁ אֶת מִדַּת־הַדִּין עַל־יְדֵי הַזְּבוּבִים שֶׁבַּבַּיִת.

חלק שני

א. מִי שֶׁעוֹסֵק לְהַמְתִּיק דִּינִים, עַל־יְדֵי זֶה בְּנָקֵל לוֹ לְקַדֵּשׁ הַשֵּׁם בְּלִי מוֹנֵעַ גַּם

עֵינָיו אֵינָם כֵּהוֹת.

ב. עַל־יְדֵי הַצָּרוֹת נַעֲשׂוּ עֲטָרוֹת.

ג. מִי שֶׁמְּקַבֵּל יִסּוּרִים בִּשְׁבִיל לְהָקֵל יִסּוּרִים מֵעַל יִשְׂרָאֵל, עַל־יְדֵי זֶה יִזְכֶּה לְרוּחַ־הַקֹּדֶשׁ.

ד. פָּרָשִׁיּוֹת הַמּוֹעֲדִים הַכְּתוּבִים בְּפָרָשַׁת פִּינְחָס – מְסֻגָּלִים בִּקְרִיאָתָם לְבַטֵּל דִּינִים, וּמְסֻגָּלִים לִזְכּוֹת בְּדִינֵי עַכּוּ"ם.

ה. עַל־יְדֵי צְדָקָה מַמְתִּיק הַדִּין שֶׁל לֶעָתִיד לָבוֹא, הַיְנוּ יוֹם הַדִּין שֶׁל עָתִיד לָבוֹא.

ו. מִי שֶׁיּוֹדֵעַ, כְּשֶׁרוֹאֶה, אֵיזֶהוּ דִּין עַל יִשְׂרָאֵל, לַהֲפֹךְ אֶת הַדִּין עַל אֶחָד מֵאֻמּוֹת בִּבְחִינַת "וְאֶתֵּן אָדָם תַּחְתֶּךָ", עַל־יְדֵי זֶה [כָּל] הַנִּבְרָאִים מַחֲזִירִים כֹּחָם וְנִכְלָלִים בּוֹ בְּזֶה הָאִישׁ, כְּדֵי לְחַדֵּשׁ כֹּחָם, גַּם עַל־יְדֵי זֶה נִפְתָּח הַשַּׁעַר שֶׁל מִינֵי מְשָׁלִים בָּעוֹלָם.

ז. אֵלּוּ גּוֹמְלֵי־חֲסָדִים, הָעוֹשִׂים חֶסֶד וְלִפְעָמִים גּוֹרְמִים עִם הַחֶסֶד לְרָעָה וְעוֹשִׂים עַצְמָן כְּאִלּוּ אֵינָם רוֹאִים הָרָעָה, הַצּוֹמַחַת מֵחַסְדָּם, וְזֶהוּ בְּחִינַת הָאַזְהָרָה שֶׁהִזְהִיר לַכֹּהֲנִים בְּחִינַת חֶסֶד "שֶׁלֹּא יַפְסִיעוּ פְּסִיעָה גַּסָּה", עַל־יְדֵי זֶה גּוֹרְמִים שֶׁהַדִּין שֶׁלְּמַעְלָה, חַס וְשָׁלוֹם, אֵינוֹ בְּמְתִינוּת. וְכֵן לְהֶפֶךְ, כְּשֶׁמְּדַקְדְּקִים בְּחַסְדָּם, שֶׁלֹּא יַצְמִיחַ רָעָה, עַל־יְדֵי זֶה הַדִּין בִּמְתִינוּת.

ח. מִי שֶׁבּוֹעֵט בְּיִסּוּרִין, כְּאִלּוּ אוֹמֵר לָאֵל: סוּר מִמֶּנִּי.

ט. כְּשֶׁאָדָם לוֹמֵד עַד שֶׁנִּתְיַגֵּעַ, בָּזֶה מַמְתִּיק דִּינִים וּמְעוֹרֵר רַחֲמִים, גַּם עַל־יְדֵי זֶה מְעוֹרֵר רַחֲמִים אֵצֶל אָבִיו בַּקֶּבֶר.

י. לְפַיֵּס מִדַּת הַדִּין אֵינוֹ בְּיָדַיִם רֵיקָנִיּוֹת.

יא. מִי שֶׁכֶּלֶב נְשָׁכוֹ, בְּיָדוּעַ שֶׁרַחֲמֵי הַשֵּׁם מְסֻלָּקִים מִמֶּנּוּ, גַּם בְּיָדוּעַ שֶׁנִּכְשַׁל בְּמַאֲכָלוֹת אֲסוּרוֹת.

יב. לִפְעָמִים מַסְתִּירִין אֶת הָאָדָם מִמִּדַּת־הַדִּין, בָּזֶה שֶׁהַצַּדִּיק מַגְבִּיהַּ וּמִתְפָּאֵר אֶת עַצְמוֹ עַל [וּמַשְׁפִּיל אֶת] זֶה הָאָדָם.

הצלחה

חלק ראשון

א. כָּל הַמּוֹצִיא מַעַשְׂרוֹתָיו כָּרָאוּי, אֵינוֹ מַפְסִיד כְּלוּם.

ב. תִּתְחַבֵּר לְמַצְלִיחַ וְתַצְלִיחַ.

ג. אֵין הַבְּרָכָה מְצוּיָה אֶלָּא בְּדָבָר הַסָּמוּי מִן הָעַיִן.

ד. הַצְלָחָה – סִיַּעְתָּא דִשְׁמַיָּא הִיא.

ה. מִי שֶׁנִּפְסְקָה לוֹ הַהַצְלָחָה וְאֵינוֹ מַצְלִיחַ, לֹא בִּמְהֵרָה יַצְלִיחַ.

ו. תֵּכֶף לְתַלְמִידֵי־חֲכָמִים בְּרָכָה בְּמַעֲשֵׂה יְדֵיהֶם.

ז. עֵסֶק הַתּוֹרָה הִיא סְגֻלָּה לְהַצְלָחָה.

ח. מִי שֶׁאֵינוֹ מְשַׁיֵּר פַּת עַל שֻׁלְחָנוֹ, אֵינוֹ רוֹאֶה סִימַן בְּרָכָה לְעוֹלָם.

ט. כֵּיוָן שֶׁלֹּא הִזְכִּיר אֶלָּא צַד אֶחָד הַטּוֹב וְלֹא הַהֶפֶךְ, אֵין זֶה נִחוּשׁ.

י. בַּיִת, תִּינוֹק וְאִשָּׁה הֵם סִימָן לְהַצְלָחָה.
יא. מִי שֶׁמְּגָרֵשׁ אֶת אִשְׁתּוֹ, אֵינוֹ מַצְלִיחַ.
יב. מִי שֶׁהַשָּׁעָה מַצְלַחַת לוֹ, לִבּוֹ רָם עָלָיו גַּם אֵימָתוֹ מֻטֶּלֶת עַל הַבְּרִיּוֹת.
יג. מִי שֶׁאֵינוֹ מְדַבֵּר דְּבָרִים בְּטֵלִים, מַצְלִיחַ בְּכָל מַעֲשָׂיו.
יד. מִי שֶׁאוֹמֵר תָּמִיד אֱמֶת, הוּא מַצְלִיחַ.
טו. עַל־יְדֵי וִדּוּי תַּצְלִיחַ.
טז. הַצְלָחָה בָּא, לְמִי שֶׁמַּאֲכִיל תַּלְמִיד־חָכָם עַל שֻׁלְחָנוֹ.
יז. כְּשֶׁאֵין לְךָ אֱמֶת, אֲזַי נִטָּל מִמְּךָ הַהַצְלָחָה וְנִתָּן לָאֻמּוֹת.
יח. לְהַצְלָחָה תִּשְׁמַע כְּשֶׁהַצַּדִּיק אוֹמֵר יִחוּד הַשֵּׁם, הַיְנוּ שְׁמַע יִשְׂרָאֵל.
יט. עַל־יְדֵי אֱמוּנַת חֲכָמִים בָּא הַצְלָחָה.

__**חלק שני**__
א. מִי שֶׁהוּא שָׂמֵחַ תָּמִיד, עַל־יְדֵי זֶה הוּא מַצְלִיחַ.
ב. צָרִיךְ לְכַבֵּד לָזֶה שֶׁהַשָּׁעָה מְשַׂחֶקֶת לוֹ.
ג. מִי שֶׁהוּא מֻצְלָח, הַזְּמַן בְּיָדוֹ.

__הרהורים__

__**חלק ראשון**__
א. עַל־יְדֵי עֲנָוָה יִנָּצֵל מֵהִרְהוּרֵי עֲבוֹדָה זָרָה.
ב. כְּשֶׁאַתָּה מִתְפַּלֵּל וְנוֹפֵל לְךָ הִרְהוּרֵי עֲבוֹדָה זָרָה תְּכַוֵּן בְּשֵׁם "אֱלֹקֵינוּ".
ג. מַחֲשָׁבוֹת טוֹבוֹת בָּאִים עַל־יְדֵי וִדּוּי, שֶׁמִּתְוַדִּים לִפְנֵי הַתַּלְמִיד־חָכָם.
ד. מִי שֶׁמְּסַפֵּר מַעֲשִׂיּוֹת שֶׁאֵרְעוּ לַצַּדִּיקִים, עַל־יְדֵי זֶה נִמְשָׁכִין לוֹ מַחֲשָׁבוֹת טוֹבוֹת.
ה. מִי שֶׁיֵּשׁ לוֹ מַחֲשָׁבוֹת רָעוֹת, יָדִין אֶת כָּל בְּנֵי־אָדָם לְכַף זְכוּת תָּמִיד.
ו. עַל־יְדֵי דִּמְעָה נִמְאָסִים כָּל הַתַּאֲווֹת.
ז. מִי שֶׁאֵינוֹ מַאֲמִין בַּצַּדִּיק, עַל־יְדֵי זֶה אֵין לִבּוֹ נָכוֹן עִם הַשֵּׁם יִתְבָּרַךְ.
ח. הַחֲגוֹרָה שֶׁחָגוּר בָּהּ אֵיזֶה צַדִּיק – כְּשֶׁתַּחְגֹּר בָּהּ הוּא סְגֻלָּה לְבַטֵּל הִרְהוּרִים.
ט. עַל־יְדֵי שֶׁקֶר נִתְחַלֵּל הַבְּרִית קֹדֶשׁ.
י. מִי שֶׁמְּקַדֵּשׁ אֶת עַצְמוֹ וְעוֹלֶה עַל מַחֲשַׁבְתּוֹ הִתְפָּאֲרוּת, כְּשֶׁיִּשְׁבֹּר הַהִתְפָּאֲרוּת, יַשִּׂיג וְיִקְנֶה הַתּוֹרָה.
יא. הַצְּעָקָה מְבַטֵּל אֶת הַפְּנִיּוֹת.
יב. עַל־יְדֵי לִמּוּד אַרְבָּעָה "שֻׁלְחָן־עָרוּךְ" יִתְבַּטֵּל הַפְּנִיּוֹת.
יג. כְּשֶׁתַּחֲשֹׁב אֵיזֶה תּוֹרָה שֶׁחִדַּשְׁתָּ, הוּא סְגֻלָּה לְבַטֵּל הַמַּחֲשָׁבוֹת זָרוֹת.
יד. מִי שֶׁיֵּשׁ לוֹ מַחֲשָׁבוֹת רָעוֹת, יְדַבֵּר לְעַצְמוֹ דִּבְרֵי בִזְיוֹנוֹת.
טו. אֲכִילָה וּשְׁתִיָּה מַטְרִידוֹת אֶת הַמַּחֲשָׁבָה.
טז. עַל־יְדֵי כַּעַס בָּא הִרְהוּרֵי עֲבוֹדָה זָרָה.
יז. כְּשֶׁמְּבַזֶּה אֶת הַמּוֹעֲדוֹת, בָּא לְהִרְהוּרֵי עֲבוֹדָה זָרָה.

יח. מִי שֶׁיּוֹשֵׁב בֵּין אַנְשֵׁי נָאוּף אוֹ בְּמָקוֹם שֶׁהָיָה בּוֹ נִאוּף, עַל־יְדֵי זֶה בָּא לְהִרְהוּרִים רָעִים.
יט. אֵין הַיֵּצֶר הָרָע תָּאֵב אֶלָּא לְדָבָר שֶׁהוּא אָסוּר לוֹ.
כ. הַתַּאֲווֹת – מְלֻבָּשׁ בָּהֶם חֶסֶד הַשֵּׁם יִתְבָּרַךְ.
כא. עַל־יְדֵי מְחִילַת עֲווֹנוֹת תִּזְכֶּה לְבַר־לֵבָב.
כב. עַל־יְדֵי הָרַחֲמָנוּת יִתְבַּטֵּל מִמְּךָ הַתַּאֲווֹת.
כג. עַל־יְדֵי עֵינַיִם הַלֵּב מִתְאַוֶּה.
כד. עַל־יְדֵי תַּאֲווֹת הַלֵּב אִי אֶפְשָׁר שֶׁלֹּא יִדָּבֵק בְּךָ מְאוּמָה.
כה. לְהִרְהוּרֵי זְנוּת סְגֻלָּה, שֶׁיִּשְׁתֶּה סַם הַמְשַׁלְשֵׁל.
כו. הַתְּפִלָּה שֶׁהִיא בְּכַוָּנַת הַלֵּב הִיא פּוֹתַחַת כָּל הַפְּתָחִים שֶׁל מַעְלָה.
כז. מִי שֶׁיֵּשׁ לוֹ הִרְהוּרֵי עֲבוֹדָה זָרָה, אַל יִשָּׂא אֶצְלוֹ שׁוּם זָהָב.
כח. עַל־יְדֵי שִׁכְרוּת בָּא הִרְהוּרֵי עֲבוֹדָה זָרָה.
כט. עַל־יְדֵי אַהֲבַת נָשִׁים הַכָּבוֹד נִטָּל מִמְּךָ. גַּם אִשְׁתְּךָ אֵינָהּ קוֹלֶטֶת הַזֶּרַע וּמַפֶּלֶת, וּבִשְׁעַת הַלֵּדָה הַתִּינוֹק מֵת.
ל. עַל־יְדֵי הַמַּחֲלֹקֶת בָּאִים הִרְהוּרֵי עֲבוֹדָה זָרָה. גַּם בַּיִת שֶׁיֵּשׁ בּוֹ מַחֲלֹקֶת יִהְיֶה בֵּית עֲבוֹדָה זָרָה.
לא. כְּשֶׁבָּאִים לָאָדָם מַחֲשָׁבוֹת זָרוֹת, יַגְבִּיהַּ קוֹלוֹ כְּאִלּוּ הוּא בּוֹכֶה, וּבָזֶה יָסוּרוּ מִמֶּנּוּ הַמַּחֲשָׁבוֹת זָרוֹת.
לב. עַל־יְדֵי שְׁבוּעוֹת וּקְלָלוֹת בָּאִים מַחֲשָׁבוֹת רָעוֹת.
לג. עַל־יְדֵי בִּטָּחוֹן לֹא יָבוֹאוּ לְךָ מַחֲשָׁבוֹת רָעוֹת.
לד. חֲרִיקַת הַשִּׁנַּיִם הוּא סְגֻלָּה לְבַטֵּל מַחֲשָׁבוֹת רָעוֹת.
לה. לְפִי הַמָּקוֹם שֶׁבַּתְּפִלָּה כֵּן הַנִּיצוֹצוֹת הַקְּדוֹשִׁים מַלְבִּישִׁים אֶת עַצְמָם בִּפְנִיּוֹת וּבָאִים לָאָדָם כְּדֵי לְתַקְּנָם.
לו. מַסֶּכֶת יָדַיִם הִיא סְגֻלָּה לְבַטֵּל מַחֲשָׁבוֹת רָעוֹת.
לז. מִי שֶׁתְּפִלָּתוֹ אֵינָהּ אֶלָּא בִּשְׁבִיל הַשְּׁכִינָה, לֹא יָבוֹא לוֹ מַחֲשָׁבוֹת זָרוֹת.
לח. עַל־יְדֵי שָׁלוֹם נִתְרוֹמֵם שְׁמוֹ יִתְבָּרַךְ.
לט. כְּשֶׁאִישׁ אוֹ אִשָּׁה חוֹשְׁבִים בִּשְׁעַת תַּשְׁמִישׁ בְּאֵיזֶה גּוֹי אוֹ בְּגוֹיָה, וְהַמַּחֲשָׁבָה הִיא בְּאַהֲבָה לְאֵיזֶה גּוֹי אוֹ גּוֹיָה, אֲזַי הַוָּלָד הַנּוֹלָד מִזֶּה הַתַּשְׁמִישׁ נִשְׁתַּמֵּד.
מ. הַצִּיצִית הֵם גָּדֵר לָעֶרְוָה.
מא. עַל־יְדֵי בִּקּוּר־חוֹלִים נִצּוֹל מִיֵּצֶר הָרָע.
מב. אֵין יֵצֶר הָרָע שׁוֹלֵט אֶלָּא בְּמָה שֶׁעֵינָיו רוֹאוֹת.
מג. בֶּן עֶשְׂרִים שָׁנָה וְלֹא נָשָׂא אִשָּׁה, כָּל יָמָיו בְּהִרְהוּרֵי עֲבֵרָה.
מד. מִי שֶׁעָבַר עֲבֵרָה, וְאַחַר־כָּךְ מְהַרְהֵר בָּהּ לַעֲשׂוֹת עוֹד אַף־עַל־פִּי שֶׁלֹּא עָשָׂה, נִפְרָעִין עַל הַהִרְהוּר.
מה. לִדְחוֹת אֶת הַיֵּצֶר הָרָע יֹאמַר: רַחֲמָנָא נִגְעַר בָּךְ בַּשָּׂטָן.
מו. הַחֶמְדָּה וְהַמַּחֲשָׁבָה רָעָה הָעוֹלָה עַל הַלֵּב פִּתְאוֹם, שֶׁאֵין בִּרְשׁוּת הָאָדָם לְהִמָּנַע מִמֶּנָּה, אֵין נֶעֱנָשִׁין עָלֶיהָ, אֶלָּא כַּאֲשֶׁר יְהַרְהֵר וְחוֹזֵר וּמְהַרְהֵר.
מז. לְרֹב מִדּוֹת הָרָעוֹת טוֹב לְהָקִיז דָּם.

מח. עַל־יְדֵי אֲכִילַת דָּגִים נִתְרַבֶּה הַתַּאֲוָה.
מט. מִי שֶׁאוֹכֵל בִּזְכוּת אָבוֹת, נוֹפְלִים לוֹ הִרְהוּרֵי עֲבוֹדָה זָרָה.
נ. עַל־יְדֵי מִשְׁכַּב־זָכָר בָּא לִידֵי הִרְהוּרֵי עֲבוֹדָה זָרָה.
נא. הַמְהַרְהֵר בְּכוּתִית, בָּא לִידֵי הִרְהוּרֵי עֲבוֹדָה זָרָה.
נב. הַמִּסְתַּכֵּל בָּעֶרְוָה, קַשְׁתּוֹ נִנְעֶרֶת.
נג. הַמְבַזֶּה אֶת הַמּוֹעֲדוֹת, כְּאִלּוּ עוֹבֵד עֲבוֹדָה זָרָה.
נד. מִי שֶׁיֵּשׁ לוֹ אֱמוּנָה, הַקָּדוֹשׁ־בָּרוּךְ־הוּא מֵגֵן עָלָיו, שֶׁלֹּא יָבוֹא לִידֵי הִרְהוּר וְאָזִיל לְהַהוּא עָלְמָא בְּלָא חֵטְא, וְהַקָּדוֹשׁ־בָּרוּךְ־הוּא מְסַיֵּעַ לוֹ.
נה. בִּזְמַן שֶׁעוֹסְקִים בַּתּוֹרָה וּבִגְמִילוּת־חֲסָדִים, יִצְרָם מָסוּר בְּיָדָם.
נו. מִי שֶׁיֵּשׁ לוֹ הֲנָאָה מִדִּבֵּר אֶפִּיקוֹרְסוּת, לְסוֹף שֶׁיִּכְפּוּ אוֹתוֹ לַעֲבוֹדָה זָרָה.
נז. כְּשֶׁיִּמְנַע עַצְמוֹ מֵעֲבֵרוֹת וִיבַקֵּשׁ כַּפָּרָה, זֶה יִגְרֹם שֶׁאֲפִלּוּ בְּמַחֲשָׁבָה לֹא יֶחֱטָא.
נח. הַבָּא עַל הַכּוּתִית, הוּא מַמְשִׁיךְ עַל עַצְמוֹ הַזֻּהֲמָה, וְאַחַר־כָּךְ כְּשֶׁבָּא עַל אִשְׁתּוֹ וְהוֹלִיד וָלָד, הַוָּלָד יִהְיֶה מוּמָר.
נט. אַבְנֵט – תִּקּוּן עַל הִרְהוּרִים.
ס. מִי שֶׁיֵּשׁ לוֹ הִרְהוּרֵי נָשִׁים, בִּטּוּלָם – עַל־יְדֵי שֶׁלֹּא יִגְנֹב דַּעַת הַבְּרִיּוֹת.
סא. גַּם עַל־יְדֵי צְדָקָה.

חלק שני

א. כְּשֶׁבָּא לְאָדָם הִרְהוּרֵי עֲבוֹדָה זָרָה, וְהוּא מְבַטֵּל אוֹתָם בְּמַחֲשֶׁבֶת אֱמוּנָתוֹ, אֲזַי נַעֲשֶׂה מֵהִרְהוּרָיו בְּחִינַת טַל שֶׁל בְּרָכָה. גַּם עַל־יְדֵי זֶה הַמֹּחַ שֶׁלּוֹ נִתְקַיֵּם וְאֵין נִתְבַּלְבֵּל לְעוֹלָם, אֲפִלּוּ כְּשֶׁנִּתְיַגֵּעַ הַמֹּחַ עַל־יְדֵי שֶׁמְּשׁוֹטֵט בְּאֵיזֶה עִיּוּן עָמֹק, אֲזַי הַקָּדוֹשׁ־בָּרוּךְ־הוּא מְזַמִּין לוֹ מַחֲשָׁבוֹת הַנּוֹתְנִים נַיְחָא לְמֹחוֹ.
ב. מִי שֶׁנִּשְׁמָר מֵהִרְהוּרֵי עֲבוֹדָה זָרָה, זוֹכֶה בְּכָל פַּעַם לְבִטָּחוֹן עַד שֶׁאֵינוֹ דּוֹאֵג מַה יֹּאכַל לְמָחָר, וְהוּא בְּמַדְרֵגַת "בָּרוּךְ ה' יוֹם יוֹם", וְעַל־יְדֵי זֶה הַקָּדוֹשׁ־בָּרוּךְ־הוּא, לֹא הִבִּיט אָוֶן וְלֹא רָאָה עָמָל בּוֹ, וְכָל הַנּוֹגֵעַ בּוֹ כְּאִלּוּ נוֹגֵעַ בְּבַת־עֵינוֹ.
ג. לְהִרְהוּרֵי עֲבוֹדָה זָרָה יַעֲלֶה עַל מַחֲשַׁבְתּוֹ וִיקַבֵּל עַל עַצְמוֹ, שֶׁיַּעֲסֹק בִּגְמִילוּת־חֲסָדִים וְעַל־יְדֵי זֶה יִתְבַּטֵּל מֵהִרְהוּרֵי עֲבוֹדָה זָרָה.
ד. עַל־יְדֵי הִרְהוּרֵי עֲבוֹדָה זָרָה נְשִׁימָתוֹ מִתְקַצֶּרֶת, וְאֵינוֹ נֶהֱנֶה מִבְּשׂוֹרוֹת טוֹבוֹת.
ה. כְּשֶׁבָּאִין לְאָדָם הִרְהוּרֵי עֲבוֹדָה זָרָה, יֵדַע שֶׁדָּנִין אוֹתוֹ לְמַעְלָה.
ו. לִמּוּד הַפּוֹסְקִים מְבַטְּלִים הִרְהוּרֵי עֲבוֹדָה זָרָה.
ז. עַל־יְדֵי הַעֲמָדַת דַּיָּנִים שֶׁאֵינָם הֲגוּנִים בָּא הִרְהוּרֵי עֲבוֹדָה זָרָה.
ח. כְּשֶׁבָּאִין לְאָדָם הִרְהוּרֵי עֲבוֹדָה זָרָה, יֵדַע שֶׁיָּבוֹא לִידֵי אֵיזֶהוּ חוֹלַאַת אוֹ לִידֵי אֵיזֶהוּ עֲלִילָה מֵהַשַּׂר.
ט. עַל־יְדֵי הִרְהוּרֵי עֲבוֹדָה זָרָה לְסוֹף נִצְרָךְ לִידֵי הִשְׁתַּמְּשׁוּת בְּשֵׁמוֹת הַקְּדוֹשִׁים.

ספר המדות

י. עַל־יְדֵי מַעֲשֵׂר נִתְבַּטְּלִים הִרְהוּרֵי זְנוּת.

יא. לִפְעָמִים עוֹלֶה בְּמַחֲשַׁבְתּוֹ שֶׁל אָדָם, וְחוֹשֵׁב בְּאֵיזֶהוּ חוֹלַאַת, וְזֶה סִבָּה מֵאֵת הַשֵּׁם יִתְבָּרַךְ, כְּדֵי שֶׁיִּזְכֹּר אֶת עַצְמוֹ לְתַקֵּן הַמַּחֲשָׁבָה רָעָה, שֶׁהַחוֹלַאַת בָּאָה עַל־יָדוֹ.

יב. הִרְהוּרֵי עֲבוֹדָה זָרָה וְהִרְהוּרֵי זְנוּת וּשְׁפִיכוּת־דָּמִים וְלָשׁוֹן־הָרָע, הֵם בָּאִים עַל מִי שֶׁרָגִיל בִּנְדָרִים, אֲבָל נִתְבַּטְּלִים עַל־יְדֵי הַמַּנְהִיג שֶׁבָּעִיר, הַמְסַדֵּר הַגְּבִיּוֹת וְהַמִּסִּים עַל כָּל אֶחָד וְאֶחָד לְפִי עֶרְכּוֹ שֶׁיּוּכַל לִסְבֹּל.

יג. כְּשֶׁאָדָם יוֹצֵא לַשּׁוּק וּמִתְיָרֵא, שֶׁלֹּא יָבוֹא לִידֵי הִרְהוּר עַל־יְדֵי רְאִיָּה, שֶׁיִּרְאֶה נָשִׁים יָפוֹת, יֹאמַר הַפָּסוּק: "הֵן אֶרְאֶלָּם צָעֲקוּ" וְכוּ', וְעַל־יְדֵי זֶה יִנָּצֵל מֵרְאוֹת.

יד. מִי שֶׁיֵּשׁ לוֹ הִרְהוּרֵי עֲבוֹדָה זָרָה, יֵדַע שֶׁיַּד אֻמּוֹת הָעוֹלָם יִשְׁלֹט בּוֹ.

טו. בְּעִיר שֶׁיֵּשׁ שָׁם יְרִידִים וְיוֹמָא דְשׁוּקָא גְּדוֹלִים, שָׁם הִרְהוּרֵי עֲבוֹדָה זָרָה בְּיוֹתֵר, וְהַסְּגֻלָּה לָזֶה שֶׁיַּעֲסֹק בְּיוֹמָא דְשׁוּקָא בַּתּוֹרָה, וְלֹא יָבוֹאוּ לוֹ הִרְהוּרֵי עֲבוֹדָה זָרָה.

טז. כְּשֶׁמְּבַטֵּל הִרְהוּרֵי עֲבוֹדָה זָרָה, עַל־יְדֵי זֶה מוֹחֲלִין לוֹ כָּל עֲווֹנוֹתָיו.

יז. הִסְתַּכְּלוּת לְמִזְרָח מְבַטֵּל הִרְהוּרֵי זְנוּת.

יח. הַבְּכִיָּה מְבַטֵּל הִרְהוּרֵי זְנוּת.

יט. בִּטּוּל הִרְהוּרֵי עֲבוֹדָה זָרָה, עַל־יְדֵי הִתְלַהֲבוּת.

כ. עַל־יְדֵי גְּנֵבוּת דַּעַת בָּא לִידֵי הִרְהוּרֵי זְנוּת עִם גּוֹיָה.

כא. מִי שֶׁבָּא לוֹ הִרְהוּרֵי זְנוּת עִם בַּת אֵל נֵכָר, בְּיָדוּעַ שֶׁיִּהְיֶה לוֹ אֵיזֶהוּ נְפִילָה אוֹ חוֹלַאַת יָבוֹא עַל אִשְׁתּוֹ וּבָנָיו.

כב. עַל־יְדֵי הִרְהוּרֵי עֲבוֹדָה זָרָה שׂוֹנְאִים בָּאִים וְנִתְרוֹמְמִים עַל אָדָם.

כג. לְבַטֵּל הִרְהוּרֵי זְנוּת, יְצַיֵּר דְּמוּת אָבִיו. עֵצָה עַל הִרְהוּרִים, לִכְעֹס עַל אֵיזֶה דָּבָר, וְרֶמֶז: "רִגְזוּ וְאַל תֶּחֱטָאוּ" (שָׁמַעְתִּי מֵרַבֵּנוּ, זִכְרוֹנוֹ לִבְרָכָה, בְּפֵרוּשׁ, שֶׁהַכַּוָּנָה לִרְגֹּז וְלִכְעֹס עַל עַצְמוֹ. וְזֶה מְרֻמָּז בְּדִבְרֵי רַבּוֹתֵינוּ, זִכְרוֹנָם לִבְרָכָה: לְעוֹלָם יַרְגִּיז אָדָם יֵצֶר טוֹב עַל יֵצֶר הָרָע שֶׁנֶּאֱמַר; "רִגְזוּ" וְכוּ', הַיְנוּ לִרְגֹּז וְלִכְעֹס עַל עַצְמוֹ, אֲבָל חָלִילָה לִכְעֹס מַמָּשׁ, כִּי עֲוֹן הַכַּעַס חָמוּר מְאֹד כַּיָּדוּעַ). גַּם סְגֻלָּה, לְנַתֵּק מִמְּקוֹמוֹ וְלֵילֵךְ לְמָקוֹם אַחֵר, גַּם טוֹב לִקְפֹּץ מִמְּקוֹמוֹ.

הרחקת רשעים

חלק ראשון

א. כְּשֶׁהַצַּדִּיק בָּא לְבֵית הָרָשָׁע, הַבַּיִת נִתְבָּרֵךְ, וְדַוְקָא שֶׁהַבַּיִת מְזֻמָּן לִבְרָכָה.

ב. הַרְחֵק מֵרְשָׁעִים, כְּדֵי שֶׁלֹּא תִּתָּפֵס בְּעָנְשָׁם.

ג. בִּשְׁבִיל אֵיבָה מַרְאִין אֵיזֶה קֵרְבוּת לָרְשָׁעִים.

ד. לִפְעָמִים כְּשֶׁעוֹשִׂין. אֵיזֶה טוֹבָה לְרָשָׁע גָּמוּר, בָּזֶה עוֹשִׂין נַחַת רוּחַ לַקָּדוֹשׁ בָּרוּךְ הוּא.

ה. אָסוּר לְסַפֵּר בְּשִׁבְחָן, אֲבָל מָקוֹם שֶׁיָּבוֹא מִשִּׁבְחָן שֶׁבַח לַצַּדִּיק מֻתָּר לְסַפֵּר

קְצָת.

ו. מִי שֶׁמְּלַמֵּד זְכוּת עַל רָשָׁע, גַּם הוּא נִקְרָא רָשָׁע.

ז. אֲפִילוּ עוֹשֶׂה אֵיזֶהוּ דָּבָר כַּדָּת וְכַדִּין, אֵין אָנוּ סוֹמְכִין עָלָיו.

ח. מִי שֶׁעָרֵב בְּעַד רָשָׁע, נוֹפֵל לִידֵי תַּאֲוַת נִיאוּף גַּם נוֹפֵל לַחֲלָשָׁה.

ט. רָשָׁע שֶׁשָּׁכַח אֶת הַשֵּׁם יִתְבָּרֵךְ לְגַמְרֵי, בְּיָדוּעַ שֶׁלֹּא יֵצֵא מִמֶּנּוּ זֶרַע כָּשֵׁר.

י. כְּשֶׁנּוֹפֵל שׂוֹנְאוֹ שֶׁל הַקָּדוֹשׁ בָּרוּךְ הוּא בְּיָדְךָ, אַל תְּרַחֲמֵהוּ.

יא. כְּשֶׁלֹּא תְּחַבֵּר אֶת עַצְמְךָ לְשַׁקְרָנִים, הַיְדוּעִים לְךָ, עַל יְדֵי זֶה תִּזְכֶּה לְהָבִין אֶת הַצְּבוּעִים.

יב. מִי שֶׁשּׂוֹנֵא אֶת הַמְּסִיתִים, בְּוַדַּאי לֹא יִדְבַּק בּוֹ דִּבְרֵיהֶם.

יג. עַל יְדֵי לִמּוּד תּוֹרָה נַעֲשָׂה רִחוּק בֵּין הָרְשָׁעִים הַמְקֹרָבִים.

יד. מִי שֶׁמְּרַחֵק אֶת עַצְמוֹ מֵרְשָׁעִים, הַקָּדוֹשׁ בָּרוּךְ הוּא עוֹשֶׂה לוֹ יְשׁוּעָה.

טו. הַפִּזּוּר שֶׁיֵּשׁ בֵּין הָרְשָׁעִים סִימָן לִישׁוּעָה.

טז. תַּרְחִיק מִלָּדוּר בְּבַיִת, שֶׁדָּר בּוֹ רָשָׁע.

יז. אַל תְּדַבֵּר עִם הַמְּסִיתִים אֲפִילוּ לְהוֹכִיחָם וּלְקָרְבָם.

יח. הִתְחַבְּרוּת רְשָׁעִים מַזִּיק לַעֲבוֹדַת הַשֵּׁם יִתְבָּרֵךְ.

יט. נָאֶה וּמִתְקַבֵּל לִקְדוֹשֵׁי ה', שֶׁיַּעֲשׂוּ מָסָךְ וּמָגֵן, עַד. שֶׁמִּמֶּנּוּ יִבְרַח כָּל אִישׁ מֵצִיק וְרָשָׁע.

<u>חלק שני</u>

א. מִי שֶׁאֵינוֹ מֵבִין רִשְׁעַת הָרְשָׁעִים הַצְּבוּעִים, הוּא מְתֹעָב.

ב. הַצְּבוּעִים גּוֹרְמִים כְּאֵב עֵינַיִם לַהֲמוֹן עַם, הַטּוֹעִים בָּם.

ג. צָרִיךְ אָדָם לִשְׁמֹר אֶת עַצְמוֹ, מִלְּנַשֵּׁק אֶת עַצְמוֹ עִם רְשָׁעִים, כִּי עַל יְדֵי הַנְּשִׁיקָה נַעֲשָׂה בֵּינֵיהֶם הִתְקַשְּׁרוּת גַּם לְאַחַר מִיתָה.

ד. יֵשׁ בְּנֵי אָדָם שֶׁהֵם מִינִים וְאֶפִּיקוֹרְסִים גְּדוֹלִים, אֲבָל הֵם אֵינָם מְגַלִּים אֶפִּיקוֹרְסוּת, וְאֵין בֶּן אָדָם יוֹדֵעַ לִשְׁמֹר אֶת עַצְמוֹ, אֲבָל עַל יְדֵי מִדַּת הַצְּנִיעוּת אָדָם נִצּוֹל מֵאֵלּוּ הָאֶפִּיקוֹרְסִים.

ה. הָרְשָׁעִים אֵינָם מְבַלְבְּלִים אוֹתָנוּ מֵעֲבוֹדָתֵנוּ בַּעֲבֵרוֹת שֶׁעוֹבְרִים, כְּמוֹ שֶׁמְּבַלְבְּלִים אוֹתָנוּ בְּמִצְווֹת שֶׁהֵם עוֹשִׂים, בִּשְׁבִיל זֶה: גּוֹי שֶׁשָּׁבַת חַיָּב מִיתָה.

<u>הריון</u>

<u>חלק ראשון</u>

א. עַל־יְדֵי שְׁקָרִים אִשָּׁה יֵשׁ לָהּ צַעַר בְּהֵרָיוֹן.

ב. סְגֻלָּה לְהֵרָיוֹן – שֶׁתִּשָּׂא אֶצְלָהּ עֵץ קָטָן מִגַּג שֶׁעַל קֶבֶר הַצַּדִּיק אוֹ מַגֶּנֶת וְלִתֵּן צְדָקָה.

ג. דָּגִים קְטַנִּים מַפְרִין וּמַרְבִּין.

ד. עֻבָּרוֹת וּמֵינִיקוֹת לֹא יֹאכְלוּ שׁוּמִין וּבְצָלִים.

ה. אִשָּׁה שֶׁשְּׂנוּאִין מַעֲשֵׂי רְשָׁעִים בְּעֵינֶיהָ, עַל־יְדֵי זֶה נִפְקֶדֶת.

ו. הַמְקַבֵּל גָּלוּת עַל עַצְמוֹ, הוּא סְגֻלָּה לְהֵרָיוֹן.
ז. אֲכִילַת בְּשַׂר בְּהֵמָה דַּקָּה וּשְׁתִיַּת שֶׁמֶן־זַיִת הִיא סְגֻלָּה לְהֵרָיוֹן.

חלק שני

א. אִשָּׁה שֶׁאֵינָהּ יְכוֹלָה לְהִתְעַבֵּר, תַּבִּיט עַל הַסַּכִּין שֶׁל מִילָה אַחַר הַמִּילָה.

התבודדות

חלק ראשון

א. מִי שֶׁמִּתְבּוֹדֵד אֶת עַצְמוֹ וּבוֹדֵל אֶת עַצְמוֹ מִבְּנֵי־אָדָם, מִזְדַּקְּקִין עָלָיו מִלְמַעְלָה.
ב. עַל־יְדֵי הִתְבּוֹדְדוּת וּמְפַנֶּה לִבּוֹ לְבַטָּלָה בָּא לְכַעַס.

חלק שני

א. הַשִּׂיחָה שֶׁאָדָם מֵשִׂיחַ בֵּינוֹ לְבֵין קוֹנוֹ, הַשִּׂיחָה הַזֹּאת נַעֲשֵׂית אַחַר־כָּךְ גְּאֻלָּה וִישׁוּעָה לְבָנָיו.

התנשאות

חלק ראשון

א. מִי שֶׁמַּטִּיל אֵימָה יְתֵרָה עַל הַצִּבּוּר שֶׁלֹּא לְשֵׁם שָׁמַיִם, אֵינוֹ רוֹאֶה בֵּן תַּלְמִיד־חָכָם.
ב. הַמַּתְחִיל בְּדָבָר מִצְוָה וְאֵינוֹ גּוֹמְרָהּ, מוֹרִידִין אוֹתוֹ מִגְּדֻלָּתוֹ.
ג. כְּשֶׁהַקָּדוֹשׁ־בָּרוּךְ־הוּא נִפְרָע מִשּׂוֹנְאֵי יִשְׂרָאֵל, מְמַנֶּה לָהֶם פַּרְנָסִים שֶׁאֵינָם טוֹבִים.
ד. מְנַשְּׂאִין אֶת בֶּן צַדִּיק, כְּשֶׁאֵינוֹ הוֹלֵךְ בְּדֶרֶךְ יָשָׁר, כְּדֵי שֶׁיֵּלֵךְ בְּדֶרֶךְ יָשָׁר.
ה. עַל־יְדֵי הַצְּדָקָה מִתְנַשֵּׂא.
ו. אֵין אָדָם עוֹלֶה לִגְדֻלָּה אֶלָּא־אִם־כֵּן מוֹחֲלִין לוֹ כָּל עֲווֹנוֹתָיו.
ז. כְּשֶׁמְּנַשְּׂאִין אֶת אָדָם חָשׁוּב, אֵין מוֹרִידִין אוֹתוֹ.
ח. עַל־יְדֵי חָכְמָה וְשִׁפְלוּת וּמְעֹרָב בֵּין הַבְּרִיּוֹת, דִּבּוּרוֹ נִתְקַיֵּם לְמַעְלָה.
ט. כְּשֶׁרוֹצִים לְנַשֵּׂא אֵיזֶה צַדִּיק וּלְפַרְסֵם אוֹתוֹ, אֲזַי הַקָּדוֹשׁ־בָּרוּךְ־הוּא שׁוֹלֵחַ מַחֲלֹקֶת בֵּין הָרְשָׁעִים.
י. כְּשֶׁאֶחָד מְבַזֶּה אוֹתְךָ, וְאַתָּה מְקַבֵּל בְּשִׂמְחָה, עַל־יְדֵי זֶה תִּזְכֶּה לְכָבוֹד וְהִתְנַשְּׂאוּת בְּשִׂמְחָה.
יא. מִי שֶׁאֵינוֹ מְקַבֵּל תּוֹכָחָה, עַל־יְדֵי זֶה אֵינוֹ נִתְגַּדֵּל.
יב. הִתְנַשְּׂאוּת בָּא לְמִי שֶׁמְּחַזֵּר תָּמִיד עַל לִמּוּדוֹ.
יג. הִתְנַשְּׂאוּת בָּא עַל־יְדֵי תּוֹכָחָה.
יד. מִי שֶׁה' אֱלֹקָיו, עִמּוֹ יִהְיֶה לוֹ עֲלִיָּה.

טו. עַל־יְדֵי שִׁנּוּי הַשֵּׁם נִשְׁתַּנֶּה הַמַּזָּל.

טז. עַל־יְדֵי הַנְּסִיעָה שֶׁנּוֹסְעִים מִכְּפָר לִכְפָר וּמֵעִיר לְעִיר, דְּבָרָיו אֵינָם נִשְׁמָעִים.

יז. מִי שֶׁמְּלַמֵּד זְכוּת עַל יִשְׂרָאֵל, זוֹכֶה לַעֲלִיָּה גְּדוֹלָה.

יח. מִי שֶׁיֵּשׁ לוֹ הִתְנַשְּׂאוּת וְיָרֵא שֶׁלֹּא יִצְטָרֵךְ לָמוּת מֵחֲמַת שֶׁהִגִּיעַ עֵת שֶׁל חֲבֵרוֹ לְקַבֵּל אֶת הַהִתְנַשְּׂאוּת הַזֹּאת, יָנוּס מֵהַהִתְנַשְּׂאוּת הַזֹּאת, אוֹ לַעֲשׂוֹת תַּחְבּוּלָה שֶׁיָּנוּס חֲבֵרוֹ מֵהָעִיר הַזֹּאת.

יט. כְּשֶׁבְּנֵי־אָדָם בָּאִים אֵצֶל אֶחָד וְאוֹמְרִים לוֹ: לַמְּדֵנוּ דֶּרֶךְ הַשֵּׁם, בְּיָדוּעַ שֶׁיִּתְנַשֵּׂא.

כ. אֵין אָדָם נַעֲשֶׂה מְפֻרְסָם אֶלָּא־אִם־כֵּן הַקָּדוֹשׁ־בָּרוּךְ־הוּא מוֹפִיעַ עָלָיו מִלְמַעְלָה.

כא. הַהִתְנַשְּׂאוּת בָּא עַל־יְדֵי הַבִּטָּחוֹן שֶׁבִּשְׁעַת צָרָה.

כב. מִי שֶׁיֵּשׁ לוֹ שֵׂכֶל, בְּוַדַּאי יָרוּם בִּמְהֵרָה.

כג. כְּשֶׁהַצַּדִּיק נִתְרוֹמֵם, אֲזַי הָעוֹלָם תְּמֵהִים עָלָיו.

כד. מִי שֶׁשּׂוֹנֵא גֶּזֶל, עוֹלֶה לִגְדֻלָּה.

כה. עַל־יְדֵי חָכְמָה אוֹ הַצְלָחָה נַעֲשֶׂה מְפֻרְסָם.

כו. אָדָם שֶׁאֻמּוֹת הָעוֹלָם נוֹתְנִין לוֹ מַתָּנוֹת, יֵדַע שֶׁהִתְנַשְּׂאוּת שֶׁלּוֹ נְכוֹנָה מֵאֵת הַשֵּׁם יִתְבָּרַךְ.

כז. עַל־יְדֵי אֲמִירַת תְּהִלִּים נִתְרוֹמֵם.

כח. כְּשֶׁנִּתְנַשֵּׂא אָדָם, הֲוֵי כְּאִלּוּ הַיּוֹם נוֹלָד.

כט. עַל־יְדֵי זְכִירַת שְׁמוֹת עֲבוֹדָה זָרָה אֵינוֹ מִתְנַשֵּׂא.

ל. עַל־יְדֵי לִמּוּד אַגָּדָה בַּלַּיְלָה מִתְנַשֵּׂא.

לא. הִתְנַשְּׂאוּת בָּא עַל־יְדֵי שֶׁשּׂוֹנְאִים שֶׁקֶר.

לב. עַל־יְדֵי אַהֲבַת צַדִּיקִים מִתְנַשֵּׂא.

לג. עַל־יְדֵי עֲבוֹדוֹת בְּדַעַת, לֹא כְּמִצְוַת אֲנָשִׁים מְלֻמָּדָה, בְּוַדַּאי יִתְנַשֵּׂא.

לד. הִתְנַשְּׂאוּת בָּא עַל־יְדֵי דִּבּוּרִים.

לה. גַּם עַל־יְדֵי הַכְנָעָה.

לו. עַל־יְדֵי קִדּוּשׁ־הַשֵּׁם הָאָדָם נִתְרוֹמֵם.

לז. הִתְנַשְּׂאוּת בָּא עַל־יְדֵי רַחֲמָנוּת.

לח. עַל־יְדֵי אֱמוּנָה הוּא מוֹשֵׁל עַל בַּעֲלֵי־גַאֲוָה.

לט. מִי שֶׁמַּעֲמִיד דַּיָּן שֶׁאֵינוֹ הָגוּן, לְסוֹף שֶׁיִּפֹּל בְּיַד שׁוֹפְטֵי אֻמּוֹת.

מ. עַל־יְדֵי תּוֹכָחָה לְשֵׁם שָׁמַיִם זוֹכֶה לְהִתְנַשְּׂאוּת.

מא. עַל־יְדֵי בִּנְיָן שֶׁבּוֹנֶה בְּאֶרֶץ יִשְׂרָאֵל, זוֹכֶה לְהִתְנַשְּׂאוּת.

מב. עַל־יְדֵי כְּבוֹד הַתּוֹרָה זוֹכֶה לְהִתְנַשְּׂאוּת.

מג. לָאו בְּכָל עֵת יָכוֹל אָדָם לְהַנְהִיג נְשִׂיאוּתוֹ, כִּי לִפְעָמִים בָּא עֵת, שֶׁאֵין לָעֵת הַזֹּאת חִיּוּת כִּי־אִם מִנָּשִׂיא אַחֵר.

מד. מִי שֶׁנִּשָּׂא אוֹתוֹ הַקָּדוֹשׁ־בָּרוּךְ־הוּא, תִּנְהַג בּוֹ כָּבוֹד וְתֵלֵךְ אֶצְלוֹ.

מה. הִתְנַשְּׂאוּת שֶׁל הָאָדָם הִיא טוֹבַת הַשָּׁעָה.

חלק שני

א. מִי שֶׁנִּכְנָס בִּתְחוּמוֹ שֶׁל חֲבֵרוֹ, גְּדֻלָּתוֹ נִתְמַעֵט.

ב. אֵין הַקָּדוֹשׁ־בָּרוּךְ־הוּא נוֹתֵן גְּדֻלָּה לְאָדָם, עַד שֶׁבּוֹדְקוֹ בְּדָבָר קָטָן.

ג. עַל־יְדֵי בִּלְבּוּל הַדַּעַת נִתְקַלְקֵל הַיִּרְאָה. גַּם עַל־יְדֵי בִּלְבּוּל הַדַּעַת מֶמְשַׁלְתּוֹ נוֹפֶלֶת.

ד. עַל־יְדֵי זְרִיזוּת זוֹכֶה לִהְיוֹת רוֹעֶה נֶאֱמָן. וְסִימָן לַדָּבָר: לֵךְ אֶל נְ'מָ'לָ'ה' עָצֵל וּכְתִיב: מִשָּׁם רוֹעֶה אֶבֶן יִשְׂרָאֵל.

ה. כְּשֶׁנּוֹתְנִין מָמוֹן לְהַשַּׂר בִּשְׁבִיל אֵיזֶהוּ הִתְמַנּוּת, שֶׁיַּעֲבִיר אֶת חֲבֵרוֹ וִימַנֶּה אוֹתוֹ, זֶהוּ כְּמוֹ כִּשּׁוּף.

ו. הִרְהוּרֵי עֲבוֹדָה זָרָה וְהִרְהוּרֵי זְנוּת וּשְׁפִיכַת־דָּמִים וּלְשׁוֹן הָרָע, הֵם בָּאִים עַל מִי שֶׁרָגִיל בִּנְדָרִים, אֲבָל נִתְבַּטְּלִים עַל־יְדֵי הַמַּנְהִיג שֶׁבָּעִיר, הַמְסַדֵּר הַגְּבִיּוֹת וְהַמִּסִּים עַל כָּל אֶחָד וְאֶחָד לְפִי עֶרְכּוֹ, שֶׁיּוּכַל לִסְבֹּל.

ז. כְּשֶׁאֵיזֶה רָשָׁע נִתְגַּדֵּל, אֲזַי קָשֶׁה לְחַדֵּשׁ אֵיזֶהוּ סְבָרָה בַּפּוֹסְקִים. גַּם דִּבְרֵי הַדַּיָּנִים אֵינָם נִשְׁמָעִים בְּאָזְנֵי הַבַּעֲלֵי־דִינִים.

ח. אָדָם כָּשֵׁר צָרִיךְ לְהַקְטִין אֶת עַצְמוֹ, כְּשֶׁרוֹאֶה מֶמְשֶׁלֶת הָרָשָׁע.

ט. מִי שֶׁנּוֹטֵל שְׂרָרָה לְעַצְמוֹ, עַל־יְדֵי זֶה בִּתּוֹ נַעֲשֵׂית זוֹנָה.

י. מִי שֶׁמַּנִּיחַ צָרְכֵי צִבּוּר וְעוֹסֵק בְּצָרְכֵי עַצְמוֹ, כְּאִלּוּ לוֹקֵחַ שֹׁחַד.

יא. עַל־יְדֵי וִדּוּי דְּבָרִים זוֹכֶה לְהִתְנַשְּׂאוּת.

יב. עַל־יְדֵי קְדֻשַּׁת הַשֵּׁם יִתְבָּרֵךְ, הַהִתְנַשְּׂאוּת שֶׁל רָאשֵׁי הַדּוֹר בְּתֹקֶף וָעֹז, וְעַל־יְדֵי זֶה נֶחְשָׁב בְּעֵינֵי כל הַמִּצְוָה שֶׁל הַכְנָסַת אוֹרְחִים, וְעַל־יְדֵי זֶה הַלּוֹמְדִים זוֹכִים שֶׁהֲלָכָה כְּמוֹתָם.

ודוי דברים

א. עַל־יְדֵי וִדּוּי דְּבָרִים גּוֹרְמִים שֶׁהַקָּדוֹשׁ־בָּרוּךְ־הוּא מַזְמִין מְלַמְּדֵי תִּינוֹקוֹת, שֶׁלּוֹמְדִין בֶּאֱמוּנָה.

ב. גַּם גּוֹרְמִים, שֶׁנִּתְקָנִים הַדְּרָכִים מִמִּכְשׁוֹלוֹת.

ג. עַל־יְדֵי וִדּוּי דְּבָרִים זוֹכִים לְהִתְנַשְּׂאוּת.

ד. מִי שֶׁאֵינוֹ מִתְוַדֶּה עַל עֲוֹנוֹתָיו, מוֹרָא בָּא עָלָיו.

ותרן

א. מִי שֶׁהוּא וַתְּרָן, אֵין עֲוֹנוֹתָיו יְכוֹלִין לְהַכְרִיעַ זְכֻיּוֹתָיו.

זיפן

א. עַל־יְדֵי זִיּוּף בָּא לְעֹנֶשׁ בֵּית הָאֲסוּרִים.

ב. עַל־יְדֵי זִיּוּף הוּא מִתְחַבֵּר עִם הַמִּתְנַגְּדִים.

זכות אבות

חלק ראשון

א. עַל־יְדֵי טְבִילַת מִקְוֶה מַזְכִּירִין זְכוּת אָבוֹת.

חלק שני

א. עַל־יְדֵי מְפַלְגֵי וַחֲרִיפֵי הַדּוֹר מְאִירִין אֶת הַיִּרְאָה, וְעַל־יְדֵי הַיִּרְאָה מִתְנוֹצֵץ זְכוּת אָבוֹת, וְעַל־יְדֵי הִתְנוֹצְצוּת הָאָבוֹת נִתְעוֹרֵר תְּשׁוּבָה בָּעוֹלָם.

ב. בְּפֶתַח בֵּיתוֹ שֶׁל אָדָם נִכָּר, אִם תַּמּוּ זְכוּת אֲבוֹתָיו אוֹ אִם חָלָה זְכוּת אֲבוֹתָיו.

ג. הַגּוֹמֵל חֲסָדִים, אֵין צָרִיךְ לִזְכוּת אָבוֹת.

זכירה

א. מִי שֶׁמְּבַיֵּשׁ פְּנֵי חֲבֵרוֹ, נַעֲשֶׂה שַׁכְחָן.

ב. עַל־יְדֵי דְּאָגָה בָּא שִׁכְחָה.

ג. עַל־יְדֵי לִמּוּד בְּפֶה מָלֵא בָּא זְכִירָה.

ד. עַל־יְדֵי צַעַר בָּא שִׁכְחָה.

ה. כְּשֶׁתְּצַיֵּר לְפָנֶיךָ צוּרַת אָבִיךָ וְאִמְּךָ, תָּבוֹא לִזְכִירָה.

ו. עַל־יְדֵי מִצְוֹת מַעֲשִׂיּוֹת הָאָדָם נִתַּר מִמִּדַּת שִׁכְחָה וְנִקְשַׁר בְּמִדַּת זְכִירָה.

ז. עַל־יְדֵי נִאוּף מְאַבֵּד הַזִּכָּרוֹן.

ח. עַל־יְדֵי כְּזָבִים בָּא שִׁכְחָה.

ט. מִי שֶׁאֵין לוֹ זִכָּרוֹן, יַחֲזִיר אֶת בְּנֵי־אָדָם בִּתְשׁוּבָה.

י. מִי שֶׁאֵין לוֹ זִכָּרוֹן, בְּיָדוּעַ שֶׁלֹּא תִּקֵּן חַטְּאוֹת נְעוּרִים.

יא. מִי שֶׁהוּא שַׁכְחָן, יִתֵּן צְדָקָה.

יב. מִי שֶׁאֵין לוֹ זִכָּרוֹן, יְקַדֵּשׁ אֶת עַצְמוֹ בִּקְדֻשָּׁה גְּדוֹלָה.

יג. עַל־יְדֵי שִׁפְלוּת תִּזְכֶּה לְזִכָּרוֹן.

יד. עַל־יְדֵי עַצְבוּת בָּא שִׁכְחָה.

טו. הַמַּצִּיעַ תַּלְמוּדוֹ בִּצְנָעָה, אֵינוֹ מְשַׁכֵּחַ.

זקנים

א. זְקֵנִים מַעֲמִידִים אֶת יִשְׂרָאֵל וַעֲצָתָם טוֹבָה לָנוּ.

ב. לְפִי הַזְּקֵנִים שֶׁבַּדּוֹר כֵּן הַפַּרְנָסָה.

ג. אִם הַזְּקֵנִים אֵינָם חֲכָמִים סִימָן לַדָּבָר – שֶׁעִקַּר חֲשִׁיבוּתָם הוּא אֵצֶל נָשִׁים הַיְלָדוֹת.

זריזות

א. עַל־יְדֵי זְרִיזוּת זוֹכֶה לִהְיוֹת רוֹעֶה נֶאֱמָן, וְסִימָן לַדָּבָר: לֵךְ אֶל **נ'מָ'לָ'ה'**

עָצֵל, וּכְתִיב: מִשָׁ'ם רוֹעֶ'ה אֶבֶ'ן יִשְׂרָאֵ'ל.

חדושין דאוריתא

א. לְפִי הַחִדּוּשׁ שֶׁאָדָם מְחַדֵּשׁ בַּתּוֹרָה, כֵּן נִמְשָׁךְ לוֹ הֶאָרָה מִקְּדֻשַּׁת אֶרֶץ־יִשְׂרָאֵל.

ב. עַל־יְדֵי אַסְמַכְתּוֹת נִשְׁפָּע פַּרְנָסָה גְּדוֹלָה לָעוֹלָם. וְזֶה כִּי יֵשׁ כַּמָּה דְּבָרִים, שֶׁלֹּא מָצִינוּ לוֹ מִקְרָא מִן הַתּוֹרָה, וְטָרְחוּ חֲכָמֵינוּ, זִכְרוֹנָם לִבְרָכָה, לִמְצֹא לָהֶם אַסְמַכְתָּא בְּעָלְמָא.

ג. עַל יְדֵי חִדּוּשִׁין דְּאוֹרַיְתָא נִתְגַּלֶּה הַשְׁגָּחַת הַשֵּׁם יִתְבָּרֵךְ יוֹתֵר לִבְנֵי־אָדָם.

ד. כְּשֶׁאֶחָד מִבְּנֵי־יִשְׂרָאֵל נִתְפָּס בִּתְפִיסָה, עַל־יְדֵי זֶה לְפִי בְּחִינָתוֹ נִסְתְּמוּ מַעְיְנוֹת הַחָכְמָה מֵחַכְמֵי הַדּוֹר, וּלְהֶפֶךְ כְּשֶׁיּוֹצֵא מֵהַתְּפִיסָה.

ה. עַל־יְדֵי חִדּוּשִׁין דְּאוֹרַיְתָא נִתּוֹסָף גֵּרִים.

ו. כְּשֶׁאָדָם רוֹצֶה לְהַשִּׂיג אֵיזֶהוּ הַשָּׂגָה בַּתּוֹרָה, אֲזַי נִתְעוֹרֵר עָלָיו קִטְרוּג גָּדוֹל, וְאָז הוּא בְּסַכָּנָה גְּדוֹלָה וְצָרִיךְ לְהִתְלַבֵּשׁ אֶת עַצְמוֹ בְּקָלַסְתֵּר פָּנִים שֶׁל אַבְרָהָם וְאָז נִצּוֹל מֵהַקִּטְרוּג.

ז. מְחַדְּשֵׁי אוֹרַיְתָא צְרִיכִים לִלְמֹד קֹדֶם הַחִדּוּשׁ פּוֹסְקִים וְגַם אַחַר־כָּךְ. וְהַלִּמּוּד פּוֹסְקִים הוּא הַשְּׁמִירָה שֶׁל הַחִדּוּשִׁין, שֶׁלֹּא יִגַּע בָּהֶן זָר. גַּם כְּשֶׁרוֹצֶה לַעֲשׂוֹת צְדָקָה צָרִיךְ לַעֲשׂוֹת כֵּן כְּמוֹ בְּחִדּוּשִׁין.

ח. הַחִדּוּשִׁין דְּאוֹרַיְתָא וְהַצְּדָקָה, כָּל אֶחָד מְעוֹרֵר אֶת חֲבֵרוֹ.

ט. לְפִי הַחִדּוּשִׁין דְּאוֹרַיְתָא כֵּן נִתְחַדֵּשׁ חִדּוּשִׁין בְּמַעֲשֵׂה בְרֵאשִׁית.

י. לָאו כָּל הַחִדּוּשִׁין שֶׁאָדָם מְחַדֵּשׁ בַּתּוֹרָה מֻתָּר לוֹ לִכְתֹּב, כִּי יֵשׁ שֶׁלֹּא נִתַּן לִכְתֹּב אַף־עַל־פִּי שֶׁנִּתְּנוּ לִדְרֹשׁ. וּמִי שֶׁיּוֹדֵעַ אֵיזֶהוּ לִכְתֹּב וְאֵיזֶהוּ לֹא, הוּא יוֹדֵעַ וּמַכִּיר יְהוּדִי אֶחָד בֵּין אֶלֶף [אֲלָפִים] מִן הָאֻמּוֹת.

יא. צָרִיךְ אָדָם לִשְׁמֹר מִלּוֹמַר דִּבְרֵי תוֹרָה בְּעֵת וּבְמָקוֹם שֶׁאֵינָם נִשְׁמָעִים, וַאֲפִלּוּ בְּעֵת וּבְמָקוֹם שֶׁנִּשְׁמָעִים, צָרִיךְ לִשְׁקֹל אוֹתָם כַּמָּה יֹאמַר, שֶׁלֹּא יִהְיֶה בִּבְחִינַת "כָּל רוּחוֹ יוֹצִיא כְּסִיל". כִּי עַל־יְדֵי זֶה מֵבִיא חוֹלַאַת שֶׁקּוֹרִין "גֶישְׁווִילִיכְץ", כִּי הַחוֹלַאַת הַזֹּאת בָּא עַל־יְדֵי הִתְגַּבְּרוּת הַמַּיִם שֶׁבַּגּוּף, וְזֶה "לַעֲשׂוֹת לָרוּחַ מִשְׁקָל וּמַיִם תִּכֵּן בְּמִדָּה".

יב. עַל־יְדֵי חִדּוּשִׁין דְּאוֹרַיְתָא זוֹכֶה לְטַלִּית נָאָה.

יג. הַצַּדִּיק מִתְיַגֵּעַ אֶל אֵיזֶהוּ חֵפֶץ אוֹ עַל אֵיזֶהוּ דְּבַר תּוֹרָה לְהַשִּׂיגָהּ, וְאַחַר־כָּךְ בָּא זֶה הַדָּבָר לְאָדָם פָּחוּת בְּלִי יְגִיעָה וְעָמָל, וְכָל זֶה כִּי כְּבָר הַפֶּתַח פָּתוּחַ.

יד. כְּשֶׁאֵיזֶהוּ רָשָׁע נִתְגַּדֵּל, אֲזַי קָשֶׁה לְחַדֵּשׁ אֵיזֶהוּ סְבָרָא בַּפּוֹסְקִים. גַּם דִּבְרֵי הַדַּיָּנִים אֵינָם נִשְׁמָעִים בְּאָזְנֵי הַבַּעֲלֵי־דִינִים.

טו. כְּשֶׁמְּגַלֶּה אֵיזֶהוּ טַעַם מִטַּעֲמֵי הַתּוֹרָה, עַל־יְדֵי זֶה רוּחַ הַבְּרִיּוֹת נוֹחָה הֵימֶנּוּ.

טז. קְטַנֵּי אֲמָנָה – קָשֶׁה לָהֶם לְהַשִּׂיג חִדּוּשִׁין דְּאוֹרַיְתָא.

ספר המדות

חיתון

א. מִי שֶׁקָּשֶׁה לוֹ לִמְצֹא זִוּוּגוֹ יֹאמַר בְּכַוָּנָה שִׁירַת הַיָּם.
ב. קִדּוּשׁ לְבָנָה – סְגֻלָּה שֶׁיִּמְצָא אָדָם אֶת זִוּוּגוֹ. וְסִימָן לַדָּבָר: "**לְבָנָה**" – **בְּ**'תוּלָה **נְ**'שֵׂאת **לְ**'יוֹם **הָ**'רְבִיעִי.
ג. עַל־יְדֵי חִתּוּן עִם תַּלְמִיד־חָכָם בָּאִים טוֹבוֹת וּבְרָכוֹת לָאָדָם.
ד. עַל־יְדֵי חִתּוּן עִם תַּלְמִיד־חָכָם נִצּוֹל מֵעֹנֶשׁ הַבָּא, עַל־יְדֵי שֶׁיָּעַץ עֵצוֹת רָעוֹת עַל חֲבֵרוֹ.
ה. עַל־יְדֵי חִתּוּן עִם תַּלְמִיד־חָכָם עַל־יְדֵי זֶה נִתְמַנִּים דַּיָּנִים כְּשֵׁרִים.
ו. מִי שֶׁקָּשֶׁה לוֹ לִמְצֹא זִוּוּגוֹ, יַרְגִּיל אֶת עַצְמוֹ לִקְרוֹת בְּקָרְבְּנוֹת הַנְּשִׂיאִים.
ז. הַשִּׁדּוּךְ שֶׁדּוֹבְרִים אַף־עַל־פִּי שֶׁאֵינוֹ נִגְמָר הַשִּׁדּוּךְ בְּעַצְמוֹ, גַּם זֶה מִן הַשָּׁמַיִם, וְהַשִּׁדּוּךְ לְחוּד עוֹשֶׂה רֹשֶׁם בּוֹ וּבָהּ.
ח. הַכִּסּוּי שֶׁמְּכַסִּין פְּנֵי הַכַּלָּה קֹדֶם הַחֻפָּה יֵשׁ לָהּ כֹּחַ הַהוֹלָדָה.
ט. עַל־יְדֵי הַתְּפִלָּה יָכוֹל לְשַׁנּוֹת זִוּוּגוֹ הַנִּכְרָז בַּשָּׁמַיִם.
י. מִי שֶׁשּׁוֹמֵר אֶת עַצְמוֹ מִלָּלוּן וְגַם לָדוּר שְׁנֵי זוּגוֹת בְּבַיִת אֶחָד, עַל־יְדֵי זֶה זוֹכֶה לְחַתְנוּתָא כֹּהֲנִים וּבְנֵי־אָדָם חֲשׁוּבִים גְּדוֹלִים.
יא. כְּשֶׁאָדָם נוֹשֵׂא אִשָּׁה אַחַר מִיתַת אִשָּׁה הָרִאשׁוֹנָה, אִשְׁתּוֹ הָרִאשׁוֹנָה מִצְטַעֶרֶת בַּקֶּבֶר.

חלום

חלק ראשון

א. לַחֲלוֹם רָע תֹּאמַר בַּבֹּקֶר: הַחֲלוֹמוֹת שָׁוְא יְדַבֵּרוּ.
ב. לַחֲלוֹם טוֹב תֹּאמַר בִּלְשׁוֹן תְּמִיהָה: וְכִי חֲלוֹמוֹת שָׁוְא יְדַבֵּרוּ וְהָא כְּתִיב: "בַּחֲלוֹם אֲדַבֶּר בּוֹ".
ג. הַצָּנוּעַ בְּבֵית־הַכִּסֵּא – חֲלוֹמוֹתָיו מְיֻשָּׁבִין עָלָיו.
ד. עַל־יְדֵי הַדִּבּוּר רָע עַל אֵיזֶה צַדִּיק מֵת מַרְאִין לוֹ חֲלוֹמוֹת מְבַהֲלִין.
ה. מִי שֶׁרוֹאֶה חֲלוֹמוֹת מְבַהֲלִין, זֶה סִימָן לְבֵן אוֹ תַּלְמִיד שֶׁיַּקְדִּיחַ תַּבְשִׁילוֹ בָּרַבִּים.

חלק שני

א. מִי שֶׁרוֹצֶה שֶׁיִּתְקַיְּמוּ חֲלוֹמוֹתָיו, יִכְתֹּב אוֹתָם בְּפִנְקָסוֹ וְאֶת הַיּוֹם וְאֶת הַשָּׁעָה וְאֶת הַמָּקוֹם.

חן

חלק ראשון

א. עַל־יְדֵי צְדָקָה זוֹכֶה לְחֵן.
ב. עַל־יְדֵי שִׁפְלוּת זוֹכֶה לְחֵן.

ג. לְחֵן יַכְנִיס אוֹרְחִים.

ד. גַּם יִשְׁמֹר אֶת עַצְמוֹ מִמַּאַכְלֵי אִסּוּר, וְיִשְׁמֹר אֶת פִּיו מִדִּבּוּר אָסוּר.

ה. מִי שֶׁמְּפַזֵּר מְעוֹתָיו בִּשְׁבִיל לִקְנוֹת לְעַצְמוֹ רַב לִלְמֹד מִמֶּנּוּ, עַל־יְדֵי זֶה יִמְצָא חֵן.

ו. כְּשֶׁתַּעֲבִיר עַל מִדּוֹתֶיךָ, תִּמְצָא חֵן.

ז. עַל־יְדֵי תּוֹכָחָה תִּשָּׂא חֵן.

ח. שֶׁמֶן־זַיִת מְסֻגָּל לְחֵן.

ט. סְגֻלָּה לְחֵן תִּכְתֹּב עַל קְלַף; כֶּסֶף וְזָהָב חֶסֶד וֶאֱמֶת אַלּוּף.

י. עַל־יְדֵי הַיִּרְאָה מִתַּלְמִיד־חָכָם תִּזְכֶּה לְחֵן.

יא. דִּבּוּרִים הַיּוֹצְאִים בְּנִיחוּתָא נִתְקַבְּלִים אֵצֶל בְּנֵי־אָדָם.

יב. יֵשׁ דָּגִים שֶׁהֵם מְסֻגָּלִים לְחֵן.

יג. עֵסֶק הַתּוֹרָה בַּדֶּרֶךְ נוֹתֶנֶת חֵן.

חלק שני

א. כְּשֶׁאָדָם בָּא לְעִיר לָדוּר, יִשְׁלַח בָּשָׂר לַעֲנִיֵּי הָעִיר, וְעַל־יְדֵי זֶה יִשָּׂא חֵן בְּעֵינֵי שָׂרֵי הָעִיר.

חנפה

חלק ראשון

א. עַל־יְדֵי הַחֲנֻפָּה בָּא לִידֵי נִבּוּל־פֶּה, וְהוּא הַדִּין לְהֶפֶךְ.

ב. עַל־יְדֵי חֲנֻפָּה נַעֲשֵׂית אִשְׁתּוֹ אַלְמָנָה וּבָנָיו יְתוֹמִים וְאֵין מְרַחֵם עֲלֵיהֶם.

ג. עַל־יְדֵי חֲנֻפָּה בָּא פַּחַד.

ד. מִי שֶׁהוֹלֵךְ בַּשּׁוּק וְנוֹפֵל, בְּיָדוּעַ שֶׁיֵּשׁ בּוֹ חֲנֻפָּה.

ה. עַל־יְדֵי חֲנֻפָּה בָּא כְּאֵב־לֵב.

ו. מִי שֶׁבִּטְחוֹנוֹ עַל אֲחֵרִים, בָּא לִידֵי חֲנֻפָּה.

ז. מִי שֶׁשּׁוֹמֵר אֶת עַצְמוֹ מֵחֲנֻפָּה, עַל־יְדֵי זֶה בָּא לוֹ יְשׁוּעָה.

ח. מֻתָּר לְהַחֲנִיף לָרְשָׁעִים בָּעוֹלָם־הַזֶּה.

ט. עַל־יְדֵי חֲנֻפָּה נִתְעוֹרֵר הַדִּין.

י. גַּם תְּפִלָּתוֹ אֵינוֹ נִשְׁמַעַת וּמָאוּס בְּעֵינֵי כֹּל.

חלק שני

א. עַל־יְדֵי חֲנֻפָּה בָּא לִידֵי כְּפִירָה.

חקירה

א. עַל־יְדֵי הַחֲקִירוֹת בְּעוֹלַם הַתֹּהוּ, הַיְנוּ מַה לְּמַעְלָה מַה לְּמַטָּה וְכוּ', עַל־יְדֵי זֶה גּוֹרֵם קְלָלָה, וְהַשּׁוֹמֵר אֶת עַצְמוֹ מֵחֲקִירוֹת הָאֵלּוּ גּוֹרֵם בְּרָכָה.

ב. עַל־יְדֵי הַחֲקִירָה בְּמָה לְמַעְלָה וּמָה לְמַטָּה וְכוּ', עַל־יְדֵי זֶה מְזוֹנוֹתָיו בִּיגִיעָה רַבָּה.
ג. הַמַּעֲמִיק בְּעִיּוּנוֹ בְּמַעֲשֵׂי מֶרְכָּבָה, נִסְתַּלֵּק קֹדֶם זְמַנּוֹ.

טבע

א. בְּרִיאוּת הַגּוּף וְחַיָּיו וְטִבְעוֹ שֶׁל אָדָם, הַכֹּל הוֹלֵךְ לְפִי טֶבַע וְחַיֵּי וּבְרִיאוּת אָבִיו וְאִמּוֹ.
ב. מִי שֶׁשַּׂעֲרוֹתָיו מְרֻבִּין שֶׁלֹּא עַל־פִּי הַטֶּבַע, זֶה עָלוּל לִנְזָקִים הַרְבֵּה וְלִפְגָעִים רָעִים מֵהַסִּטְרָא־אַחֲרָא, סְגֻלָּתוֹ שֶׁיִּקְרָא הַפָּרָשָׁה שֶׁקּוֹרִין בְּיוֹם־כִּפּוּר.

טהרה

א. אִשָּׁה כְּשֵׁרָה מְטַהֶרֶת הַבַּיִת מִצָּרַעַת.

טלטול

א. עַל־יְדֵי הַטִּלְטוּל זוֹכִין לְשֵׁם טוֹב.
ב. עַל־פִּי רֹב הַיְרֵאִים – פַּרְנָסָתָם בָּא עַל־יְדֵי טִלְטוּלִים.
ג. לִפְעָמִים הַצַּדִּיק בָּא לְטִלְטוּלִים, כְּדֵי שֶׁיָּבוֹא לָעוֹלָם הַבָּא וְיִזְכֹּר כָּל הַמְּקוֹמוֹת שֶׁהָיָה בָּהֶם, וְעַל־יְדֵי זֶה יָבוֹאוּ טוֹבוֹת לְאֵלּוּ הַמְּקוֹמוֹת.
ד. לָאו בְּכָל מָקוֹם אָדָם זוֹכֶה לְסַגֵּל תּוֹרָה וּמַעֲשִׂים טוֹבִים. בִּשְׁבִיל זֶה הַקָּדוֹשׁ־בָּרוּךְ־הוּא מְסַבֵּב סִבּוּבִים, שֶׁיֵּצֵא זֶה הָאָדָם מִמָּקוֹם הַזֶּה לְמָקוֹם אַחֵר.
ה. לִפְעָמִים נִתְחַיֵּב אָדָם אֵיזֶהוּ גָּלוּת וְנִתְחַלֵּף לוֹ עַל אֵיזֶהוּ חוֹלַאַת.

יחוס

א. אֵין כֹּחַ הַקְּלָלָה חָל עַל מְיֻחָס.
ב. אֲפִלּוּ אִשָּׁה צַדֶּקֶת כְּשֶׁהִיא אֵינָהּ מְיֻחֶסֶת, עַל־יְדֵי זֶה מוֹלֶדֶת בָּנִים שֶׁאֵינָם מְהֻגָּנִים.
ג. קָשֶׁה לִפְנֵי הַקָּדוֹשׁ־בָּרוּךְ־הוּא לְהַעֲבִיר וּלְבַטֵּל גְּדוֹלֵי הַיִּחוּס.

יראה

חלק ראשון

א. מִי שֶׁאֵינוֹ חָכָם בְּעֵינֵי עַצְמוֹ, יָכוֹל לָבוֹא לְיִרְאָה.
ב. מִי שֶׁמְּקָרֵב אֶל הַזָּקֵן וְסוֹבֵל כַּעֲסוֹ, עַל־יְדֵי זֶה זוֹכֶה לְיִרְאָה.

ג. כְּשֶׁנִּזְדַּמֵּן לְיָדוֹ אֵיזֶה גְּמִילוּת־חֶסֶד, וְאֵינוֹ גּוֹמֵל, עַל־יְדֵי זֶה נוֹפֵל מִיִּרְאָתוֹ.
ד. מִי שֶׁמְּמַעֵט בְּשִׂיחָה, יִזְכֶּה לְיִרְאָה.
ה. מִי שֶׁמְּדַבֵּר וּמֵסִית אֶת חֲבֵרוֹ לְיִרְאַת־שָׁמַיִם, כָּל הַדִּבּוּרִים שֶׁמּוֹצִיא מִפִּיו, בְּשָׁעָה שֶׁמְּדַבֵּר עִם חֲבֵרוֹ, נַעֲשֶׂה מִמֶּנּוּ סֵפֶר.
ו. מִי שֶׁיֵּשׁ בּוֹ יִרְאַת־שָׁמַיִם דְּבָרָיו נִשְׁמָעִין.
ז. בְּכִיָּה עַל מִיתַת אָדָם כָּשֵׁר הִיא חֲשׁוּבָה כְּמוֹ יִרְאַת־שָׁמַיִם.
ח. יִרְאַת־הַשֵּׁם תּוֹסִיף לָאָדָם יוֹתֵר מִמַּה שֶּׁמַּזָּלוֹ מְחַיֵּב וְהוּא הַדִּין לְהֵפֶךְ.
ט. עַל־יְדֵי שִׁמּוּשׁ צַדִּיקִים יָבוֹא לְיִרְאַת־שָׁמַיִם וְהוּא הַדִּין לְהֵפֶךְ.
י. הַבּוּשָׁה מֵבִיא לִידֵי יִרְאַת־חֵטְא.
יא. זְכוּת הַיִּרְאָה עַד אֶלֶף דּוֹר.
יב. מִי שֶׁאֵינוֹ מַנִּיחַ בֵּן אוֹ תַּלְמִיד, זֶה נִקְרָא לֹא יְרֵא־אֱלֹקִים.
יג. הַכִּסּוּי שֶׁל הָרֹאשׁ מֵבִיא לִידֵי יִרְאָה.
יד. אָדָם שֶׁהֶמוֹן עַם מִתְבָּרְכִין בּוֹ, בְּיָדוּעַ שֶׁיֵּשׁ בּוֹ יִרְאַת־שָׁמַיִם.
טו. מִי שֶׁיֵּשׁ בּוֹ יִרְאַת־שָׁמַיִם, יָכוֹל לְשַׁבֵּר אֶת לֵב הַמִּתְגָּאִין.
טז. וּמַמְשִׁיךְ אֶת הַשְּׁכִינָה בָּעוֹלָם.
יז. וּבָא לִידֵי הַכְנָעָה.
יח. גַּם הַמֵּסִית לֹא יָכוֹל לְהָסִית אוֹתוֹ.
יט. מִי שֶׁדָּבוּק תָּמִיד בְּיִרְאַת הַשֵּׁם יִתְבָּרַךְ, הַקָּדוֹשׁ־בָּרוּךְ־הוּא עוֹשֶׂה לוֹ נִסִּים.
כ. מִי שֶׁמְּקֻשָּׁר תָּמִיד בְּיִרְאַת־הַשֵּׁם, וְאֵינוֹ שָׁכוּחַ מִמֶּנּוּ, מוֹחֲלִין לוֹ כָּל עֲווֹנוֹתָיו.
כא. מִי שֶׁיֵּשׁ בּוֹ יִרְאַת־שָׁמַיִם, בְּוַדַּאי יִשְׁמַע לְקוֹל הַצַּדִּיקִים.
כב. גַּם יָבוֹא לְמִדַּת הַבִּטָּחוֹן.
כג. עַל־יְדֵי יִרְאָה הַקָּדוֹשׁ־בָּרוּךְ־הוּא נוֹתֵן לוֹ שָׁלוֹם.
כד. מִי שֶׁאֵין בּוֹ יִרְאָה, אֵינוֹ הוֹלֵךְ בְּדֶרֶךְ הַשֵּׁם.
כה. עַל־יְדֵי יִרְאָה, יָבוֹא לֶאֱמֶת.
כו. מִי שֶׁיֵּשׁ בּוֹ יִרְאָה אֵינוֹ נוֹפֵל מִגְּדֻלָּתוֹ וְהוֹלֵךְ וְגָדֵל.
כז. מִי שֶׁיֵּשׁ לוֹ חָכְמַת אֱלֹקִים בְּלִבּוֹ, הָעָם יִירְאוּ מִלְּפָנָיו.
כח. מִי שֶׁיֵּשׁ בּוֹ יִרְאָה, כְּשֶׁבָּא פַּחַד לָעוֹלָם הוּא לֹא יִפְחַד, אֲבָל גַּם יִשְׂמַח.
כט. מִי שֶׁיֵּשׁ בּוֹ יִרְאָה, בְּוַדַּאי, יַכְנִיעַ אֶת עַצְמוֹ לִפְנֵי הַצַּדִּיק.
ל. עַל־יְדֵי גַּאֲוָה אֵין יִרְאָה.
לא. לְיִרְאָה תֵּלֵךְ לַמִּקְוֶה.
לב. עַל־יְדֵי קְדֻשַּׁת הַשֵּׁם תָּבוֹא לְיִרְאָה.
לג. הַפְּשָׁעִים מְסִירִין אֶת הַיִּרְאָה מִנֶּגֶד עֵינָיו.
לד. מִי שֶׁאֵינוֹ נוֹתֵן אֶל לִבּוֹ יוֹם הַמִּיתָה, עַל־יְדֵי זֶה אֵין לוֹ יִרְאָה.
לה. כְּשֶׁאָדָם נוֹפֵל מִיִּרְאָתוֹ, בְּיָדוּעַ שֶׁדָּנִין אוֹתוֹ לְמַעְלָה.
לו. עַל־יְדֵי מַתָּנָה שֶׁנּוֹתְנִין לַצַּדִּיקִים זוֹכִין לְיִרְאָה.
לז. גַּם שַׁ"י [שְׁלֹשׁ מֵאוֹת וָעֶשֶׂר] טְבִילוֹת מְסֻגָּלִין לְיִרְאָה.
לח. הַחֵשֶׁק שֶׁחוֹשֵׁק הָאָדָם לַעֲשׂוֹת מִצְוָה הוּא סִימָן שֶׁיֵּשׁ לוֹ יִרְאָה.

חלק שני

א. עַל־יְדֵי הַיִּרְאָה וְהַחֶסֶד נִצּוֹל מֵאֵשׁ וְזוֹכֶה לְפַרְנָסָה.

ב. מְקוֹם הַהוֹרָאָה הִיא מוֹעֶלֶת לְיִרְאָה.

ג. עַל־יְדֵי לִמּוּד "שֻׁלְחָן־עָרוּךְ" בָּאִים לְיִרְאָה.

ד. עַל־יְדֵי מִפְלְגֵי וַחֲרִיפֵי הַדּוֹר מְאִירִין אֶת הַיִּרְאָה, וְעַל־יְדֵי הַיִּרְאָה מִתְנוֹצֵץ זְכוּת אָבוֹת, וְעַל־יְדֵי הִתְנוֹצְצוּת הָאָבוֹת נִתְעוֹרֵר תְּשׁוּבָה בָּעוֹלָם.

ה. יֵשׁ כֹּחַ בְּיַד הַיָּחִיד לִפְרֹק עֹל שָׁמַיִם, וְאֵין בְּיַד הָרַבִּים לִפְרֹק עֹל שָׁמַיִם.

ו. הַקּוֹל הַיּוֹצֵא מִבַּר־דַּעַת שֶׁבִּקְדֻשָּׁה מְסֻגָּל לְיִרְאָה.

ז. עַל־יְדֵי בִּלְבּוּל הַדַּעַת נִתְקַלְקֵל הַיִּרְאָה, גַּם עַל־יְדֵי בִּלְבּוּל הַדַּעַת מֶמְשַׁלְתּוֹ נוֹפֶלֶת.

ח. הָרִבִּית מַפְסִיד הַיִּרְאָה.

ט. אֵלּוּ הַמְקָרְבִים לְיִרְאֵי־הַשֵּׁם, גַּם הֵם זוֹכִים לְיִרְאָה וּלְדַעַת.

ישועה

א. אֵין עוֹשִׂין נֵס אֶלָּא לְמִי שֶׁיֵּשׁ לוֹ מְסִירוּת־נֶפֶשׁ עַל קִדּוּשׁ־הַשֵּׁם.

ב. הַשָּׂמֵחַ בְּיִסּוּרִין, מֵבִיא יְשׁוּעָה.

ג. עַל־יְדֵי הִתְבּוֹדְדוּת בָּא יְשׁוּעָה.

ד. עַל־יְדֵי נִסָּיוֹן עוֹשִׂין לוֹ נֵס.

ה. עַל־יְדֵי צְדָקָה בָּא יְשׁוּעָה.

ו. עַל־יְדֵי צְנִיעוּת שֶׁל אָדָם מַחֲזִירִין לוֹ כָּל הַטּוֹבוֹת, שֶׁנָּטַל אָדָם אַחֵר בִּתְפִלּוֹתָיו.

ז. אֵין עוֹשִׂין נֵס לְנוֹאֵף.

ח. אַל תִּסְמֹךְ עַל הַנֵּס, כָּל זְמַן שֶׁאֶפְשָׁר לְךָ לְהִנָּצֵל בְּמָמוֹן אוֹ בְּדָבָר אַחֵר.

ט. קֹדֶם שֶׁעוֹשֶׂה הַקָּדוֹשׁ־בָּרוּךְ־הוּא נֵס לָאָדָם, הָאָדָם הַזֶּה נוֹפֵל לְרָעָה, וְהַכֹּל לְפִי גֹּדֶל הַנֵּס.

י. מִי שֶׁאֵינוֹ מַזְכִּיר שֵׁם עֲבוֹדָה זָרָה, הַקָּדוֹשׁ־בָּרוּךְ־הוּא עוֹשֶׂה לוֹ טוֹבוֹת.

יא. מִי שֶׁצָּרִיךְ לְאֵיזֶה יְשׁוּעָה, יְשַׂמַּח אֶת הַצַּדִּיק.

יב. עַל־יְדֵי בִּטָּחוֹן הָאָדָם נִפְלָט מִצָּרוֹתָיו.

יג. עַל־יְדֵי צְדָקָה תִּזְכֶּה, שֶׁלֹּא תִּצְטָרֵךְ לִישׁוּעַת אָדָם.

יד. עַל־יְדֵי בִּטָּחוֹן תִּזְכֶּה לְהָבִין, שֶׁיְּשׁוּעָתְךָ מֵאֵת הַקָּדוֹשׁ־בָּרוּךְ־הוּא וְלֹא מֵאָדָם.

טו. גַּם עַל־יְדֵי אֱמֶת תִּזְכֶּה לָזֶה.

טז. כְּשֶׁאָדָם בָּא לְאֵיזֶה נִסָּיוֹן, יֵדַע כְּשֶׁיַּעֲמוֹד בְּזֶה הַנִּסָּיוֹן, שֶׁהַקָּדוֹשׁ־בָּרוּךְ־הוּא יַעֲשֶׂה לוֹ נֵס.

יז. עַל־יְדֵי בִּטָּחוֹן יִזְכֶּה לִשְׂמֹחַ בְּחֶסֶד הַשֵּׁם יִתְבָּרַךְ.

יח. עַל־יְדֵי לִמּוּד בַּעֲמִידָה מֵפֵר עֲצַת הָאֻמּוֹת.

יט. עַל־יְדֵי תַּעֲנִית הָאָדָם נִצּוֹל מִמִּיתָה.

כ. עַל־יְדֵי בִּטָּחוֹן יַעֲשֶׂה לְךָ חֶסֶד.
כא. עַל־יְדֵי עֲנָוָה בָּא יְשׁוּעָה.
כב. מִי שֶׁמִּתְפַּלֵּל בְּשִׂמְחָה, יִזְכֶּה לִשְׂמֹחַ בִּישׁוּעָתוֹ.
כג. הַנֵּס בָּא עַל־יְדֵי אֱמֶת.
כד. הַנֵּס בָּא עַל־יְדֵי יִרְאָה.
כה. מִי שֶׁמּוֹדִיעַ דֶּרֶךְ ה' לָרַבִּים, עַל־יְדֵי זֶה אֲפִלּוּ כְּשֶׁהוּא בֵּין הַגּוֹיִם, הַקָּדוֹשׁ־בָּרוּךְ־הוּא מוֹשִׁיעַ לוֹ.
כו. מִי שֶׁמִּתְפַּלֵּל כָּל הַיּוֹם, עַל־יְדֵי זֶה מְקַבֵּל [יִזְכֶּה לְקַבֵּל] יְשׁוּעָה.
כז. כְּשֶׁיִּשְׂרָאֵל דּוֹבְרֵי אֱמֶת, עַל־יְדֵי זֶה נִשְׁפָּע לָהֶם הַחֶסֶד מִן הַשָּׁמַיִם.
כח. עַל־יְדֵי הַנִּגּוּנִים שֶׁאַתָּה מְשׁוֹרֵר, אַתָּה מְעוֹרֵר אֶת הַקָּדוֹשׁ־בָּרוּךְ־הוּא, שֶׁיִּסְתַּכֵּל בָּאֻמָּה הַזּוֹ, שֶׁאַתָּה מְשׁוֹרֵר אֶת הַנִּגּוּן שֶׁלָּהּ לָמָּה הִיא מְשֻׁעְבֶּדֶת בְּךָ.

כבוד

חלק ראשון

א. כְּשֶׁרוֹצִין לִדְחוֹת אֵיזֶה אָדָם מֵעֲבוֹדַת אֱלֹקוּת, נוֹתְנִים לוֹ כָּבוֹד כְּדֵי לְטָרְדוֹ.
ב. מִי שֶׁדּוֹבֵר עַל צַדִּיק, לְסוֹף שֶׁנִּתְבַּזֶּה בְּעֵינֵי כֹּל.
ג. מִי שֶׁמְּבַזֶּה אֶת עַצְמוֹ בְּכָל יוֹם בְּעֵינֵי עַצְמוֹ, עַל־יְדֵי זֶה יִזְכֶּה שֶׁשְּׁמוֹ אֵינוֹ שָׁכוּחַ מִפִּי הַבְּרִיּוֹת, וּבְנֵי אָדָם יִקְרְאוּ אֶת בְּנֵיהֶם בִּשְׁמוֹ.
ד. תִּקּוּן חֲצוֹת הוּא סְגֻלָּה לְכָבוֹד.
ה. מִי שֶׁהַקָּדוֹשׁ־בָּרוּךְ־הוּא נִתְרוֹמֵם עַל יָדוֹ לְמַעְלָה, הוּא נַעֲשֶׂה מְפֻרְסָם.
ו. מִי שֶׁפּוֹגֵעַ בִּכְבוֹד שֶׁל צַדִּיקִים, עַל־יְדֵי זֶה נוֹפֵל לַחֲלִשָׁה.
ז. חִבּוּק הַסֵּפֶר תּוֹרָה מְסֻגָּל לְכָבוֹד.
ח. עַל־יְדֵי עֲנָוָה בָּא כָּבוֹד.
ט. לִפְעָמִים יֵשׁ לָאָדָם כָּבוֹד וּגְדֻלָּה בִּשְׁבִיל זְכוּת שֶׁל אֶחָד מִבְּנֵי בֵּיתוֹ.
י. מִי שֶׁאוֹמֵר לֹא חָטָאתִי, הוּא מְבֻזֶּה בְּעֵינֵי כֹּל.
יא. רֹב הַבִּזְיוֹנוֹת הַבָּאִים עַל הָאָדָם הֵם בִּשְׁבִיל חַטֹּאות נְעוּרִים.
יב. צִמָּאוֹן הַמֻּפְלָג הוּא סִימָן לִירִידַת הַכָּבוֹד.
יג. מִי שֶׁמַּצִּיל סֵפֶר־תּוֹרָה מִשּׁוּם דָּבָר הַמְּאַבֵּד אוֹתוֹ, זוֹכֶה לְכָבוֹד.
יד. אִישׁ נִכְבָּד – דְּבָרָיו קַיָּמִים.
טו. כְּשֶׁאַתָּה נוֹתֵן כָּבוֹד לְאָדָם, תִּתֵּן כָּבוֹד גַּם לִמְשַׁמְּשׁוֹ.
טז. כְּשֶׁנֶּחְטָטִים הַמֵּתִים, בְּיָדוּעַ שֶׁרָצָה הַקָּדוֹשׁ־בָּרוּךְ־הוּא לְהָבִיא אֵיזֶה בִּזָּיוֹן עַל הַחַיִּים, וְנִתְהַפֵּךְ הַדָּבָר.
יז. מִי שֶׁעוֹבֵר עַל צִוּוּי שֶׁל הַצַּדִּיק, הוּא נוֹפֵל מֵחֲשִׁיבוּתוֹ.
יח. עַל־יְדֵי רְדִיפַת הַכָּבוֹד בָּא לִידֵי הִרְהוּרֵי עֲבוֹדָה זָרָה.
יט. אָדָם שֶׁהוּא בַּחֲשִׁיבוּת אֵין צָרִיךְ לְבַזּוֹתוֹ, אַף־עַל־פִּי שֶׁהוּא רָשָׁע.
כ. צָרִיךְ לִתֵּן כָּבוֹד לַמַּלְכוּת, אַף־עַל־פִּי שֶׁהוּא עוֹבֵד עֲבוֹדָה זָרָה.
כא. עַל־יְדֵי כָּבוֹד שֶׁמְּכַבְּדִין אֶת הַתּוֹרָה, אָדָם נִצּוֹל מִשּׂוֹנְאָיו.

ספר המדות

כב. כְּבוֹד הַנֵּס לָבוֹא בְּהַצְנֵעַ.
כג. מִי שֶׁהוּא מְבֻזֶּה, בְּיָדוּעַ שֶׁהוּא אוֹהֵב כְּזָבִים.
כד. הַבְּגָדִים שֶׁל הָאָדָם מְכַבְּדִין אֶת הָאָדָם.
כה. הַכָּבוֹד תּוֹלֶה בַּנֶּפֶשׁ.
כו. הַכָּבוֹד תּוֹלֶה בִּרְצוֹן הַלֵּב.
כז. כְּשֶׁאַתָּה נִרְדָּף, תִּזְכֶּה לְכָבוֹד בָּעוֹלָם הַזֶּה.
כח. עַל־יְדֵי בִּקּוּר־חוֹלִים הַכֹּל מִתְכַּבְּדִין בּוֹ.
כט. מִתְכַּבֵּד בִּקְלוֹן חֲבֵרוֹ, לֹא יִזְכֶּה לְסֵפֶר, שֶׁיִּקָּרֵא עַל שְׁמוֹ.

חלק שני

א. בְּנֵי אָדָם הַמְכַבְּדִין זֶה אֶת זֶה, בְּיָדוּעַ שֶׁהֵם מְהֻגָּנִים וְכֵן לְהֶפֶךְ.
ב. כָּל הַכָּבוֹד שֶׁל כָּל הַמַּלְכֻיּוֹת נִכְלָלִים בְּאַרְבַּע מַלְכֻיּוֹת, וְעַל־יְדֵי מַעֲשֵׂה מְנוֹרָה וְקִדּוּשׁ הַחֹדֶשׁ וּקְטֹרֶת וּשְׁמִירָה מִן מַאֲכָלִים טְמֵאִים, כָּל הָאַרְבַּע מַלְכֻיּוֹת מַחֲזִירִים אֶת הַכָּבוֹד שֶׁבְּתוֹכָם לְהַשֵּׁם יִתְבָּרַךְ.
ג. בָּזֶה שֶׁיּוֹצְאִין לִקְרַאת אָדָם חָשׁוּב, נִתְעוֹרְרִין עֲשָׂרָה מַאֲמָרוֹת, שֶׁבָּהֶם נִבְרָא הָעוֹלָם. גַּם עַל־יְדֵי קֻרְבַת הָרְחוֹקִים גַּם־כֵּן.
ד. צָרִיךְ לְכַבֵּד לָזֶה, שֶׁהַשָּׁעָה מְשַׂחֶקֶת לוֹ.

כישוף

א. בָּנִים הַנּוֹלָדִים עַל־יְדֵי הַלְּחָשִׁים שֶׁל שְׁמוֹת הַטֻּמְאָה אוֹ עַל־יְדֵי כִּשּׁוּף, הֵם יִהְיוּ נוֹאֲפִים.
ב. וְכָל הָעוֹסֵק בִּשְׁמוֹת הַטֻּמְאָה, הוּא נִזּוֹק בְּכָל דָּבָר.
ג. אֵין הַכִּשּׁוּף מַזִּיק אֶלָּא לְבַעֲלֵי־גַאֲוָה.

כעס

א. מִי שֶׁשּׁוֹמֵר אֶת עַצְמוֹ מִכַּעַס, שׂוֹנְאָיו אֵינָם שׁוֹלְטִים עָלָיו.
ב. גַּם יִשְׁכֹּן בְּבֵיתוֹ, לֹא יָדוּרוּ אֲחֵרִים בִּמְקוֹמוֹ.
ג. עַל־יְדֵי הַכַּעַס נִתְבַּזֶּה.
ד. לֹא תִּרְתַּח וְלֹא תֶּחֱטָא.
ה. כָּל הַכּוֹעֵס – חָכְמָתוֹ וּנְבוּאָתוֹ מִסְתַּלֶּקֶת, וַאֲפִלּוּ פּוֹסְקִין לוֹ גְּדֻלָּה מִן הַשָּׁמַיִם, מוֹרִידִין אוֹתוֹ מִגְּדֻלָּתוֹ.
ו. הַקָּדוֹשׁ־בָּרוּךְ־הוּא אוֹהֵב לְמִי שֶׁאֵינוֹ כּוֹעֵס וּלְמִי שֶׁאֵינוֹ מַעֲמִיד עַל מִדּוֹתָיו.
ז. הָרַתְחָן – חַיָּיו אֵינָם חַיִּים.
ח. גַּם כָּל מִינֵי גֵיהִנֹּם שׁוֹלְטוֹת בּוֹ.
ט. וְתַחְתּוֹנִיּוּת שׁוֹלֶטֶת בּוֹ.
י. שְׁכִינָה אֵינָהּ חֲשׁוּבָה כְּנֶגְדּוֹ.

יא. וּמְשַׁכֵּחַ תַּלְמוּדוֹ.
יב. וּמוֹסִיף טִפְּשׁוּת.
יג. וּבְיָדוּעַ שֶׁעֲווֹנוֹתָיו מְרֻבִּים מִזְּכֻיּוֹתָיו.
יד. כַּעַס אַחַר אֲכִילָה מַזִּיק מְאֹד.
טו. כַּעַס שֶׁל אִשָּׁה מַחֲרִיב אֶת הַבַּיִת.
טז. עַל־יְדֵי כַּעַס בְּשָׂרוֹ נִכְחָשׁ.
יז. סְגֻלָּה לְכַעַס שֶׁיֹּאכַל פַּת שַׁחֲרִית.
יח. אָדָם שֶׁאֵין מִתְלוֹנֵן עַל הַבְּרִיּוֹת, יְהֵא יָקָר בְּעֵינֵי הַבְּרִיּוֹת.
יט. עַל־יְדֵי שֶׁקֶר בָּא כַּעַס.
כ. מִי שֶׁהוּא כַּעֲסָן, יִדֹּר נֶדֶר וִישַׁלֵּם תֵּכֶף, עַל־יְדֵי זֶה יְבֻטַּל מִמֶּנּוּ הַכַּעַס.
כא. מִי שֶׁמִּסְתַּכֵּל בִּפְנֵי שַׁקְרָן, בָּא לִידֵי כַּעַס.
כב. עַל־יְדֵי קִנְאָה בָּא לְכַעַס.
כג. עַל־יְדֵי כַּעַס מְגָרֶה עַל עַצְמוֹ דִּינִים.
כד. עַל־יְדֵי כַּעַס מוֹלִיד בָּנִים שׁוֹטִים.
כה. עַל־יְדֵי כַּעַס נִתְקַצְּרוּ יָמָיו.
כו. סְגֻלָּה לְכַעַס – שֶׁתַּשְׁפִּיל גֵּאִים.
כז. כְּשֶׁלֹּא יִהְיֶה לְךָ כַּעַס, עַל־יְדֵי זֶה תּוּכַל בְּהִסְתַּכְּלוּתְךָ לְהַכְנִיעַ בַּעֲלֵי־גַּאֲוָה.
כח. מִי שֶׁהוּא כַּעֲסָן, בְּיָדוּעַ שֶׁהוּא אוֹהֵב כָּבוֹד, וַאֲפִלּוּ כָּל הַמִּצְווֹת שֶׁעוֹשֶׂה, אֵינוֹ עוֹשֶׂה אֶלָּא בִּשְׁבִיל כָּבוֹד.
כט. הַכּוֹעֵס עַל עָנִי מְכֻבָּד, כְּאִלּוּ הִקְנִיט אֶת הַשֵּׁם יִתְבָּרַךְ.
ל. גַּם נִתְאַלֵּם.
לא. וְנַעֲשֶׂה מְצֹרָע.
לב. מִי שֶׁמְּשַׁבֵּר אֶת מִדַּת הַכַּעַס, יִזְכֶּה לְשֵׁם טוֹב.
לג. לִפְעָמִים בָּא כַּעַס עַל־יְדֵי מַשָּׂא כְּבֵדָה.
לד. עַל־יְדֵי כַּעַס בָּא עַצְבוּת.
לה. כַּעַס בָּא עַל־יְדֵי הִתְבּוֹדְדוּת שֶׁאֵינוֹ כָּרָאוּי.
לו. עַל־יְדֵי הַקְפָּדָה אֵין שָׁלוֹם.
לז. עַל־יְדֵי אֲכִילָה נִסְתַּלֵּק הַכַּעַס.
לח. תִּשְׁמֹר אֶת עַצְמְךָ מִכַּעַס, בַּיּוֹם שֶׁנַּעֲשָׂה לְךָ יְשׁוּעָה.
לט. עַל־יְדֵי צְדָקָה נִתְבַּטֵּל הַכַּעַס.
מ. עַל־יְדֵי הַכַּעַס אִשָּׁה מְקַשָּׁה לֵילֵד.
מא. הַכַּעַס מַפְחִיד אֶת הָאָדָם.
מב. הַכַּעַס מַזִּיק לְהָרְאוּת.

לימוד

חלק ראשון

א. מִי שֶׁעוֹשֶׂה תַּעֲנוּג לָאָב וּמְשַׂמֵּחַ אוֹתוֹ, עַל־יְדֵי זֶה יִהְיֶה לוֹ חֵשֶׁק וְאַהֲבָה

לְלְמד.

ב. כְּשֶׁאַתָּה רוֹצֶה לְהַחֲיוֹת אֵיזֶה דָּבָר בַּאֲמִירַת תּוֹרָתְךָ, אַל תִּדְרשׁ מֵעִנְיָנִים רָעִים, אֶלָּא תִּדְרשׁ פְּסוּקִים וְעִנְיָנִים שֶׁל טוֹב.

ג. כְּשֶׁאָדָם אוֹמֵר חִדּוּשֵׁי אוֹרַיְתָא, עַל־יְדֵי זֶה מְשַׂמֵּחַ אֶת הַשֵּׁם יִתְבָּרַךְ.

ד. כְּשֶׁהָרָשָׁע אוֹמֵר תּוֹרָה, תֵּדַע שֶׁהוּא מַכְשִׁיל אוֹתָם הַשּׁוֹמְעִים תּוֹרָתוֹ.

ה. מִי שֶׁהוּא מְבַטֵּל אֶת חֲבֵרוֹ מֵהַלִּמּוּד, בְּיָדוּעַ שֶׁהוּא סָר מִדֶּרֶךְ ה'.

ו. לִמּוּד הַתּוֹרָה – אֲפִלּוּ מִתְנַמְנֵם הוּא טוֹב.

ז. עַל־יְדֵי קַבָּלַת הַיִּסּוּרִים בְּאַהֲבָה אֵינוֹ מְשַׁכֵּחַ תַּלְמוּדוֹ.

ח. כָּל מַה שֶּׁלָּמַד אָדָם בָּעוֹלָם הַזֶּה וְהָיָה נִמְנַע אֶצְלוֹ לַעֲמֹד עַל אֲמִתַּת כַּוָּנַת הַלִּמּוּד בִּשְׁלֵמוּת, יִזְכֶּה לְהָבִין עַל אֲמִתָּתָהּ בָּעוֹלָם הַבָּא.

ט. עַל־יְדֵי קִימָה בִּפְנֵי תַּלְמִיד־חָכָם זוֹכִין לְתוֹרָה

י. כָּל יְדִיעָה בְּמִשְׁפְּטֵי הַתּוֹרָה, הֵן מִצְווֹת שֶׁבֵּין אָדָם לַחֲבֵרוֹ הֵן מִצְווֹת שֶׁבֵּין אָדָם לַקּוֹנוֹ, הַיְדִיעָה הַזֹּאת בְּעַצְמָהּ הִיא הַצְלָחַת הַנֶּפֶשׁ.

יא. הַסֵּפֶר שֶׁנִּכְתַּב בִּדְיוֹ שֶׁל שֶׁמֶן־זַיִת הוּא מְסֻגָּל לְלִמּוּד.

יב. יִרְאָה מִתַּלְמִיד־חָכָם מְסֻגָּל לְלִמּוּד.

יג. הָעוֹסֵק בַּתּוֹרָה בַּלַּיְלָה – שְׁכִינָה כְּנֶגְדּוֹ.

יד. מַה יַּעֲשֶׂה אָדָם וְיֶחְכַּם, יַרְבֶּה בִּישִׁיבָה וִימַעֵט בִּסְחוֹרָה וִיבַקֵּשׁ רַחֲמִים, כִּי הָא בְּלָא הָא לָא סַגֵּי.

טו. הַדִּבּוּר בְּקוֹל רָם מֵבִיא הֶרְגֵּשׁ וּתְנוּעָה לְכָל הָאֵיבָרִים.

טז. הַלּוֹמֵד בְּקוֹל רָם מַאֲרִיךְ יָמִים, וְתַלְמוּדוֹ מִתְקַיֵּם בְּיָדוֹ.

יז. מִי שֶׁאֵין בּוֹ גַּסּוּת, לִמּוּדוֹ מִתְקַיֵּם בְּיָדוֹ.

יח. גַּם מִי שֶׁמְּלַמֵּד לַאֲחֵרִים.

יט. הַשּׁוֹמֵעַ מִפִּי הָרַב, מִסְתַּיֵּעַ מִלְּתָא טְפֵי.

כ. גָּדוֹל תַּלְמוּד תּוֹרָה מֵהַקְרָבַת תְּמִידִין.

כא. הָאוֹמֵר: שְׁמוּעָה זוֹ נָאָה וְזוֹ אֵינָהּ נָאָה, מְאַבֵּד הוֹנָהּ שֶׁל תּוֹרָה.

כב. מִיגְמַר בְּעַתִּיקָא קָשֶׁה מֵחֲדְתָּא.

כג. הַשּׁוֹכֵחַ דָּבָר אֶחָד מִתַּלְמוּדוֹ, גּוֹרֵם גָּלוּת לְבָנָיו וּמוֹרִידִין אוֹתוֹ מִגְּדֻלָּתוֹ.

כד. תַּלְמִיד־חָכָם, שֶׁאֵין תּוֹכוֹ כְּבָרוֹ נִקְרָא תּוֹעֵבָה.

כה. תַּלְמִיד־חָכָם – בְּנֵי עִירוֹ מְצֻוִּין לַעֲשׂוֹת מְלַאכְתּוֹ.

כו. בִּשְׁבִיל בִּטּוּל תּוֹרָה נַעֲשָׂה כִּבְיָכוֹל מָךְ.

כז. גָּדוֹל תַּלְמוּד תּוֹרָה מֵהַצָּלַת נְפָשׁוֹת וּמִבִּנְיַן בֵּית־הַמִּקְדָּשׁ וּמִכִּבּוּד אָב וָאֵם.

כח. עַל־יְדֵי קְדֻשָּׁה זוֹכֶה לְבִינָה.

כט. שְׁלֹשָׁה הַקָּדוֹשׁ־בָּרוּךְ־הוּא בּוֹכֶה עֲלֵיהֶן בְּכָל יוֹם, וְאֶחָד מֵהֶם, עַל מִי שֶׁאֶפְשָׁר לוֹ לַעֲסֹק בַּתּוֹרָה וְאֵינוֹ עוֹסֵק.

ל. עַל־יְדֵי בִּינָה זוֹכֶה לִתְשׁוּבָה.

לא. אָסוּר לְלַמֵּד אֶת הָרָשָׁע דְּבַר פֶּלֶא.

לב. גָּדוֹל יָכוֹל לִלְמֹד מֵרָשָׁע, אֲבָל קָטָן לֹא.

לג. הֶרְגֵּל הַלִּמּוּד הוּא עוֹלֶה לְמַעְלָה עַל קִיּוּם כָּל הַמִּצְווֹת.

ספר המדות

לד. מִי שֶׁאֵין לוֹ אִשָּׁה, שָׁרוּי בְּלֹא טוֹבָה [תּוֹרָה].

לה. אֵינוֹ דּוֹמֶה הַלּוֹמֵד מִפִּי עַצְמוֹ לַלּוֹמֵד מִפִּי הָרַב.

לו. לֹא נִיחָא לְהַקָּדוֹשׁ־בָּרוּךְ־הוּא, שֶׁיִּהְיוּ דָּנִים אֶת יִשְׂרָאֵל לְכַף חוֹב.

לז. מִי שֶׁאוֹהֵב תַּלְמִיד־חָכָם, הַתּוֹרָה מְחַזֶּרֶת עָלָיו וְעַל זַרְעוֹ.

לח. יִלְמַד אָדָם אֲפִלּוּ בְּלֹא הֲבָנָה.

לט. תּוֹעֶלֶת גָּדוֹל לִרְאוֹת פֶּה הָרַב בִּשְׁעַת הַלִּמּוּד.

מ. תּוֹעֶלֶת גָּדוֹל לִלְמֹד אֵצֶל נְהָרוֹת.

מא. הָעוֹסֵק בַּתּוֹרָה בַּלַּיְלָה, כְּאִלּוּ עוֹסֵק בָּעֲבוֹדָה.

מב. הָעוֹסֵק בְּהִלְכוֹת עֲבוֹדָה, כְּאִלּוּ נִבְנֶה בֵּית־הַמִּקְדָּשׁ בְּיָמָיו.

מג. הַלּוֹמֵד תּוֹרָה לְתַלְמִיד שֶׁאֵינוֹ הָגוּן, נוֹפֵל לְגֵיהִנֹּם וַהֲוֵי כְּזוֹרֵק אֶבֶן לְמַרְקוּלִיס.

מד. הַתּוֹרָה בְּעַצְמָהּ נִתְּנָה לְכָל יִשְׂרָאֵל, אֲבָל הַפִּלְפּוּל לֹא נִתַּן אֶלָּא לְמשֶׁה בִּלְבָד, וְהוּא בְּטוֹבַת עַיִן נָתַן לְכָל יִשְׂרָאֵל.

מה. כְּשֶׁעוֹשֶׂה אָדָם אֶת עַצְמוֹ הֶפְקֵר לְלַמֵּד תּוֹרָתוֹ לַכֹּל, הַתּוֹרָה נִתְּנָה לוֹ בְּמַתָּנָה.

מו. אֵין הַתּוֹרָה מִתְקַיֶּמֶת אֶלָּא לְמִי שֶׁמַּעֲמִיד אֶת עַצְמוֹ עָרוֹם עָלֶיהָ, וּבְמִי שֶׁמֵּשִׂים אֶת עַצְמוֹ כְּמִי שֶׁאֵינוֹ יוֹדֵעַ.

מז. הַלִּמּוּד קוֹדֵם לְיִרְאַת חֵטְא, וְיִרְאַת חֵטְא קוֹדֵם לְעִיּוּן.

מח. עַל־יְדֵי פַּת שַׁחֲרִית תַּלְמוּדוֹ מִתְקַיֵּם בְּיָדוֹ וְזוֹכֶה לִלְמֹד וּלְלַמֵּד.

מט. תּוֹרָה צְרִיכָה דַּוְקָא לִהְיוֹת בְּדִבּוּר, כִּי הַלִּמּוּד שֶׁהוּא בְּמַחֲשָׁבָה לְבַד נִשְׁתַּכַּח, וְאֵין בָּא לִידֵי מַעֲשֶׂה.

נ. הַלּוֹמֵד וְאֵינוֹ חוֹזֵר, דּוֹמֶה לְזוֹרֵעַ וְאֵינוֹ קוֹצֵר.

נא. הַחוֹזֵר תַּלְמוּדוֹ – הַתּוֹרָה מְבַקֶּשֶׁת מֵאֵת הַשֵּׁם יִתְבָּרֵךְ שֶׁיְּגַלֶּה לוֹ טַעֲמֵי הַתּוֹרָה וּסְתָרֶיהָ.

נב. מִי שֶׁאֵין לוֹ עֵת קָבוּעַ לִלְמֹד, הוּא בָּא לְהִרְהוּרֵי זְנוּת.

נג. מִי שֶׁאֵין חוֹזֵר תַּלְמוּדוֹ, קָשֶׁה לוֹ לְגַדֵּל בָּנִים.

נד. הַלּוֹמֵד תּוֹרָה לִשְׁמָהּ, מֵשִׂים שָׁלוֹם בְּפָמַלְיָא שֶׁל מַעְלָה וְשֶׁל מַטָּה, וּמֵגֵן עַל כָּל הָעוֹלָם כֻּלּוֹ, וּכְאִלּוּ בָּנָה פַּלְטְרִין שֶׁל מַעְלָה וְשֶׁל מַטָּה וּמְקָרֵב אֶת הַגְּאֻלָּה.

נה. הַמְלַמֵּד בֶּן חֲבֵרוֹ תּוֹרָה, מַעֲלֶה עָלָיו הַכָּתוּב, כְּאִלּוּ עֲשָׂאוֹ וּכְאִלּוּ עֲשָׂאָהּ לְדִבְרֵי תוֹרָה וּכְאִלּוּ עֲשָׂאוֹ לְעַצְמוֹ.

נו. הַמַּשְׁחִיר פָּנָיו [עַל דִּבְרֵי תוֹרָה] בָּעוֹלָם הַזֶּה, הַקָּדוֹשׁ־בָּרוּךְ־הוּא מַבְהִיק פָּנָיו לָעוֹלָם הַבָּא.

נז. הַמַּרְעִיב עַצְמוֹ עַל דִּבְרֵי תוֹרָה, הַקָּדוֹשׁ־בָּרוּךְ־הוּא מַשְׂבִּיעוֹ לָעוֹלָם הַבָּא.

נח. הַקּוֹרֵא בִּסְפָרֵי מִינִין, נִקְרָא אֶפִּיקוֹרוֹס.

נט. הַקּוֹרֵא פָּסוּק בִּזְמַנּוֹ, מֵבִיא טוֹבָה לָעוֹלָם.

ס. כְּשֶׁיֵּשׁ שְׁנֵי פְּסוּקִים, מֵאֶחָד אַתָּה יָכוֹל לִדְרֹשׁ זְכוּת וָטוֹב וּמֵאֶחָד אַתָּה יָכוֹל לִדְרֹשׁ לְהֶפֶךְ, תִּדְרֹשׁ הַפָּסוּק שֶׁהוּא לִזְכוּת וּלְטוֹב.

סא. מִי שֶׁאֵין לוֹ הֲבָנָה בְּלִמּוּדוֹ, יֵשֵׁב אֵצֶל צַדִּיק, גַּם עַל־יְדֵי זֶה יִזְכֶּה לִלְמֹד

תּוֹרָה לִשְׁמָהּ. אוֹ יִשְׁתַּדֵּל לַעֲשׂוֹת אֵיזֶה תַּעֲנוּג לַצַּדִּיק אוֹ יִלְמַד בְּשִׂמְחָה אוֹ יְקַבֵּל אֶת הַשַּׁבָּת בְּשִׂמְחָה אוֹ יְקַבֵּל הַצַּדִּיק בְּשִׂמְחָה.

סב. עַל־יְדֵי לִמּוּד בְּעִיּוּן יוּכַל לְהִתְפַּלֵּל.

סג. מִי שֶׁאֵינוֹ יָכוֹל לִלְמֹד מֵחֲמַת מְנִיעוֹת, יִפְרשׁ מִמַּשְׁקֶה הַמְשַׁכֵּר.

סד. עַל־יְדֵי בִּטּוּל תּוֹרָה יָבוֹא לְבִטּוּל תְּפִלָּה וְהוּא הַדִּין לְהֶפֶךְ.

סה. מִי שֶׁאֵין יָכוֹל לִלְמֹד כִּי אֵין לוֹ פְּנַאי וְלוֹמֵד בְּשַׁבָּת וְרֹאשׁ־חֹדֶשׁ, בָּזֶה הוּא מַעֲצִיר אֶת רוּחַ הַטֻּמְאָה.

סו. כְּשֶׁאֵין מֵבִין אֶת לִמּוּדוֹ, בְּיָדוּעַ שֶׁדִּינִים שׁוֹרִין עָלָיו.

סז. בְּנָקֵל לְהָבִין אֵיזֶהוּ עִנְיָן כְּשֶׁהוּא בְּמָקוֹם גָּבוֹהַּ, דְּהַיְנוּ בְּהַר אוֹ מָקוֹם אַחֵר.

סח. הִתְעוֹרְרוּת בַּבֹּקֶר לִלְמֹד – מְסֻגָּל לְחוּשׁ הַשְּׁמִיעָה.

סט. עַל־יְדֵי לִמּוּד תִּינוֹקוֹת שֶׁל בֵּית־רַבָּן נִתְרַבֶּה הַשָּׁלוֹם.

ע. צָרִיךְ לְהִתְפַּלֵּל, שֶׁיִּזְכֶּה לְתַלְמִידִים הֲגוּנִים.

עא. עַל־יְדֵי דְּרוּשֵׁי הַתּוֹרָה לְטוֹבָה יָכוֹל לְהָבִיא יְשׁוּעָה.

עב. עַל־יְדֵי רֹחַב־לֵב יָכוֹל לְהָבִין דָּבָר מִתּוֹךְ דָּבָר.

עג. מִי שֶׁאֵין לוֹ חֲשָׁקוֹת לִלְמֹד, אַל יְדַבֵּר עַל שׁוּם אָדָם שׁוּם דָּבָר רָע.

עד. אַל תִּלְמַד אֶלָּא אֵצֶל יְרֵא־שָׁמַיִם.

עה. עַל־יְדֵי תּוֹרָה תִּזְכֶּה לְשָׁלוֹם.

עו. כְּשֶׁתֹּאמַר תּוֹרָה לְפִי מַדְרֵגָתְךָ וְלֹא לְמַעְלָה מִמַּדְרֵגָתְךָ, עַל־יְדֵי זֶה הַקָּדוֹשׁ־בָּרוּךְ־הוּא יְקַיֵּם צִוּוּיֶךָ.

עז. עַל־יְדֵי הַכְּפִירוֹת אֵין לְאָדָם חֲשָׁקוֹת לִלְמֹד.

עח. עַל־יְדֵי צְדָקָה לִשְׁמָהּ תִּזְכֶּה לְתוֹרָה לִשְׁמָהּ.

עט. עַל־יְדֵי קִימַת חֲצוֹת יִזְכֶּה לְהָבִין אֶת הַתּוֹרָה וְלִדְרֹשׁ אוֹתָהּ.

פ. מִי שֶׁפָּסַק מִדִּבְרֵי תוֹרָה לִדְבָרִים בְּטֵלִים, תִּקּוּנוֹ – שֶׁיָּקוּם חֲצוֹת.

פא. מִי שֶׁשּׂוֹנֵא אֶת הַשֶּׁקֶר כְּמוֹ תּוֹעֵבָה, יִהְיֶה לוֹ חֵשֶׁק לִלְמֹד.

פב. הַסֵּפֶר שֶׁאָדָם רָשָׁע לָמַד מִמֶּנּוּ, אַל תִּלְמַד מִמֶּנּוּ, כִּי הָאוֹתִיּוֹת הֵם יַרְשִׁיעוּ אוֹתְךָ.

פג. כְּשֶׁאַתָּה שׁוֹמֵעַ תּוֹרָה אוֹ מוּסָר מֵאֶחָד וְלֹא נִתְכַּבֵּד בְּלִבְּךָ, יָדוּעַ שֶׁהוּא אֱוִיל.

פד. הַתּוֹרָה – שֶׁיֵּשׁ לְךָ הוֹצָאוֹת עָלֶיהָ, עַל־יְדֵי זֶה לֹא יִהְיֶה שָׁכוּחַ מִמְּךָ.

פה. מִי שֶׁרוֹדֵף אַחַר תַּאֲווֹת לִבּוֹ, עַל־יְדֵי זֶה תִּמְצָא אוֹתוֹ בְּכָל פָּסוּק מִפְּסוּקֵי הַתּוֹרָה לִגְנַאי.

פו. מִי שֶׁפּוֹרֵשׁ אֶת עַצְמוֹ מִן הַתּוֹרָה, נִתְחַבֵּר לַשָּׂטָן.

פז. שְׁנֵי תַּלְמִידֵי־חֲכָמִים הַמְּכַבְּדִין זֶה לָזֶה בַּהֲלָכָה לִשְׁמָהּ וּבַעֲנָוָה, הַקָּדוֹשׁ־בָּרוּךְ־הוּא מַצְלִיחַ לָהֶם, וְעוֹלִים לִגְדֻלָּה וְזוֹכִין לְתוֹרָה, שֶׁנִּתְּנָה בְּיָמִין וְזוֹכִין לִדְבָרִים, שֶׁנִּתָּנִין בִּימִינָהּ שֶׁל תּוֹרָה.

פח. תַּלְמִיד־חָכָם נוֹקֵם וְנוֹטֵר כְּנָחָשׁ, הַדָּבֵק בּוֹ, שֶׁסּוֹפְךָ לֵהָנוֹת מִתַּלְמוּדוֹ.

פט. אָסוּר לִלְמֹד מִן הַמַּמְשִׁיךְ לַעֲבוֹדָה זָרָה, וְהַלּוֹמֵד מִמֶּנּוּ חַיָּב מִיתָה.

צ. תּוֹרָה בְּלֹא מִצְוֹת הוּא כְּמוֹ הֲדַס, שֶׁיֵּשׁ בּוֹ רֵיחַ וְאֵין בּוֹ טַעַם.

צא. בְּמִי אַתָּה מוֹצֵא סִדְרֵי תוֹרָה, בְּמִי שֶׁמַּשְׁכִּים וּמַעֲרִיב עֲלֵיהֶם בְּבֵית־

ספר המדות

הַמִּדְרָשׁ וּמַשְׁחִיר אֶת פָּנָיו עֲלֵיהֶם כָּעוֹרֵב וּמֵשִׂים עַצְמוֹ אַכְזָרִי עַל בָּנָיו כָּעוֹרֵב.

צב. אֵין מִן הַכֹּל זוֹכֶה אָדָם לִלְמֹד, בִּשְׁבִיל זֶה הוֹלְכִים לְמֶרְחַקִּים לִלְמֹד.

חלק שני

א. יֵשׁ יִסּוּרִים הַבָּאִים עַל הָאָדָם וְנִקְבָּע לָהֶם זְמַן לְפִי חִיּוּב סִדּוּר הַכּוֹכָבִים, הַמְחַיְּבִים כָּל אֵלּוּ הַיִּסּוּרִים, אֲבָל עַל־יְדֵי הָרָצוֹן וְהַתַּאֲוָה שֶׁנִּתְעוֹרֵר אֵצֶל הַתַּלְמִידִים בְּשָׁעָה שֶׁהִגִּיעַ עִתָּם הַקָּבוּעַ לָהֶם לֵילֵךְ אֵצֶל הָרַב לִלְמֹד, עַל־יְדֵי זֶה נִתְבַּטְּלִים הַיִּסּוּרִים קֹדֶם הַזְּמַן הַקָּצוּב לָהֶם.

ב. הַתּוֹרָה וְהַמַּעֲשֵׂר וְהַשַּׁבָּת הֵם נוֹתְנִים חַיִּים גַּשְׁמִיִּים גַּם־כֵּן.

ג. עַל־יְדֵי לִמּוּד "שֻׁלְחָן עָרוּךְ" בָּאִים לְיִרְאָה.

ד. מִי שֶׁלִּמּוּדוֹ בַּתּוֹרָה בְּמֹחַ זַכִּים, שֶׁאֲכִילָתוֹ כָּל־כָּךְ בִּקְדֻשָּׁה, שֶׁנִּזּוֹן מִמָּזוֹן, שֶׁהַמַּלְאָכִים נִזּוֹנִין מִמֶּנּוּ, עַל־יְדֵי זֶה שׂוֹנְאָיו נִדּוֹנִין בְּחֶנֶק. וְסִימָן לַדָּבָר: "וַיְהִי בַּיּוֹם הַשְּׁלִישִׁי בִּהְיוֹת הַבֹּקֶר"; "וּבַבֹּקֶר הָיְתָה שִׁכְבַת הַטָּל"; "וַיְהִי בְּאַשְׁמֹרֶת הַבֹּקֶר".

ה. עַל־יְדֵי מֻפְלְגֵי וַחֲרִיפֵי הַדּוֹר מְאִירִין אֶת הַיִּרְאָה, וְעַל־יְדֵי הַיִּרְאָה מִתְנוֹצֵץ זְכוּת אָבוֹת, וְעַל־יְדֵי הִתְנוֹצְצוּת הָאָבוֹת נִתְעוֹרֵר תְּשׁוּבָה בָּעוֹלָם.

ו. לִמּוּד הַפּוֹסְקִים מְבַטְּלִין הִרְהוּרֵי עֲבוֹדָה זָרָה.

ז. כְּשֶׁהוֹלֵךְ מֵרַב לְרַב, אָז צָרִיךְ לְחַזֵּק אֱמוּנָתוֹ בְּאַחְדוּת הַשֵּׁם יִתְבָּרַךְ, כִּי הַלִּמּוּד מֵהַרְבֵּה מְלַמְּדִים מַזִּיק לֶאֱמוּנַת הַיִּחוּד. וְכֵן הָרַב שֶׁיֵּשׁ לוֹ אֱמוּנַת הַיִּחוּד, הוּא יָכוֹל לְהָאִיר לְכָל תַּלְמִיד וְתַלְמִיד כְּפִי כֹּחוֹ, וְכָל תַּלְמִיד אֵינוֹ שׁוֹמֵעַ אֶלָּא מַה שֶּׁצָּרִיךְ לוֹ וְלֹא יוֹתֵר.

ח. הָרַב הַמְלַמֵּד אֶת תַּלְמִידָיו בְּזֶה הַדֶּרֶךְ, הַיְנוּ שֶׁלֹּא יַשְׁמִיעַ אוֹתָם אֶלָּא לְכָל אֶחָד יַשְׁמִיעַ מַה שֶּׁצָּרִיךְ לוֹ לֹא פָּחוֹת וְלֹא יוֹתֵר, עַל־יְדֵי זֶה זוֹכֶה, שֶׁמְּגַלִּין פָּנִים הַנָּאִים וְהַמְשֻׁבָּחִים שֶׁבַּתּוֹרָה.

ט. כְּשֶׁהַתַּלְמִיד שׁוֹמֵעַ תּוֹרָה מֵהָרַב וְנִתְבַּטֵּל רְצוֹנוֹ כְּנֶגֶד רְצוֹן הָרַב, בָּזֶה יֵדַע שֶׁשָּׁמַע, כִּי כְּשֶׁלֹּא נִתְבַּטֵּל רְצוֹנוֹ אַף־עַל־פִּי שֶׁשּׁוֹמֵעַ אֵינוֹ שׁוֹמֵעַ. גַּם כְּשֶׁנִּתְבַּטֵּל הַרְגָּשׁוֹתָיו בִּשְׁעַת הַשְּׁמִיעָה, יֵדַע גַּם־כֵּן שֶׁשּׁוֹמֵעַ.

י. בְּשָׁעָה שֶׁהַתַּלְמִיד בָּא לִשְׁמֹעַ תּוֹרָה מִפִּי הָרַב, אֲזַי גַּם הָרָע שֶׁל הַתַּלְמִיד, הַיְנוּ הַקְּלִפּוֹת שֶׁנִּבְרְאוּ עַל־יְדֵי הָרָע שֶׁלּוֹ, בָּאִים גַּם־כֵּן לִשְׁמֹעַ וְלִינֹק, אֲבָל עַל־יְדֵי שֶׁכָּל תַּלְמִיד אֵינוֹ שׁוֹמֵעַ אֶלָּא הַשַּׁיָּךְ לְנִשְׁמָתוֹ כַּנִּזְכָּר לְעֵיל, עַל־יְדֵי זֶה בּוֹרְחִים הַקְּלִפּוֹת וְאֵינָם יְכוֹלִים לִשְׁמֹעַ. אֲבָל יֵשׁ קְלִפָּה דַּקָּה שֶׁהִיא קְרוֹבָה לִקְדֻשָּׁה, וְהִיא אֵינָהּ בּוֹרַחַת אֶלָּא כְּשֶׁיֵּשׁ בַּתּוֹרָה יְשׁוּעַת יִשְׂרָאֵל, אֲזַי הִיא גַּם־כֵּן בּוֹרַחַת. וְסִימָן לַדָּבָר: "וַיְשַׁלַּח מֹשֶׁה אֶת חוֹתְנוֹ", לְמַאן דְּאָמַר יִתְרוֹ קֹדֶם מַתַּן־תּוֹרָה בָּא וְהָלַךְ לוֹ.

יא. הַמּוֹצִיא דִּבְרֵי־תוֹרָה בְּפִיו, נִצּוֹל מִדִּין סְקִילָה.

יב. לָאו בְּכָל מָקוֹם אָדָם זוֹכֶה לְסַגֵּל תּוֹרָה וּמַעֲשִׂים טוֹבִים, בִּשְׁבִיל זֶה הַקָּדוֹשׁ־בָּרוּךְ־הוּא מְסַבֵּב סִבּוֹבִים, שֶׁיֵּצֵא זֶה הָאָדָם מִמָּקוֹם הַזֶּה לְמָקוֹם אַחֵר.

יג. כְּשֶׁאָדָם לוֹמֵד עַד שֶׁנִּתְיַגֵּעַ, בָּזֶה מַמְתִּיק דִּינִים וּמְעוֹרֵר רַחֲמִים, גַּם עַל־יְדֵי

זֶה מְעוֹרֵר רַחֲמִים אֵצֶל אָבִיו בַּקֶּבֶר.

יד. עַל־יְדֵי תּוֹרָה בָּא לֶאֱמוּנָה, וְעַל־יְדֵי אֱמוּנָה בָּא לְקִדּוּשׁ־הַשֵּׁם.

טו. זַכֵּי הָרְאוּת יְכוֹלִין לְהַכִּיר אֶת הָאָדָם, מִי רַבּוֹ שֶׁלִּמְּדוֹ תּוֹרָה. וְדַוְקָא כְּשֶׁמַּכִּירִין אֶת תֹּאַר פְּנֵי הָרַב, כִּי עַל־יְדֵי הַהֲלָכוֹת שֶׁלָּמַד מֵרַבּוֹ, נַעֲשֶׂה פְּנֵי הַתַּלְמִיד כְּתֹאַר פְּנֵי הָרַב, כִּי הַהֲלָכָה הוּא חָכְמָתוֹ הַמֵּאִיר תֹּאַר פָּנָיו (חָכְמַת אָדָם תָּאִיר פָּנָיו), וּכְשֶׁמְּקַבֵּל הַהֲלָכָה מְקַבֵּל חֵלֶק מִתֹּאַר פָּנָיו, וּלְפִי רִבּוּי הַהֲלָכוֹת כֵּן נִתְרַבֶּה חֶלְקֵי תֹּאַר פָּנָיו.

טז. עַל־יְדֵי קְדֻשַּׁת הַשֵּׁם יִתְבָּרַךְ הַהִתְנַשְּׂאוּת שֶׁל רָאשֵׁי הַדּוֹר בְּתֹקֶף וָעֹז, וְעַל־יְדֵי זֶה נֶחְשָׁב בְּעֵינֵי כֹּל הַמִּצְוָה שֶׁל הַכְנָסַת־אוֹרְחִים, וְעַל־יְדֵי זֶה הַלּוֹמְדִים זוֹכִים שֶׁהֲלָכָה כְּמוֹתָם.

יז. מִי שֶׁמַּחְמִיר לַאֲחֵרִים וּמֵקֵל לְעַצְמוֹ וְאוֹמֵר עַל מַה שֶּׁלֹּא שָׁמַע שֶׁשָּׁמַע, עַל־יְדֵי זֶה אֵינוֹ זוֹכֶה לִרְאוֹת בְּיֹפִי הַמֶּלֶךְ, כִּי הַקְּלִפָּה שֶׁל אֱדוֹם שֶׁהִיא יִרְאָה רָעָה, מַחְשִׁיךְ מְאוֹר עֵינָיו מִלְּהִסְתַּכֵּל בְּיֹפִי פְּנֵי הַמֶּלֶךְ.

ליצנות

א. עַל־יְדֵי לֵיצָנוּת יִהְיֶה לוֹ נוֹשִׁים הַרְבֵּה וְהֵם יִמְשְׁלוּ בּוֹ. גַּם נִכְשָׁל בְּנִאוּף, גַּם אִשְׁתּוֹ מוֹשֶׁלֶת בּוֹ.

ב. עַל־יְדֵי לֵיצָנוּת הוֹלֵךְ וְנוֹפֵל. גַּם בָּא לְמִדַּת שֶׁקֶר, וָנָע וָנָד מִמָּקוֹם לְמָקוֹם.

ג. עַל־יְדֵי חֲנֻפָּה בָּא לֵיצָנוּת.

ד. עַל־יְדֵי לֵיצָנוּת בָּאִים יִסּוּרִים.

ה. עַל־יְדֵי לֵיצָנוּת אֵין לוֹ חָכְמָה.

ו. הַלֵּיצָנוּת הִיא מְתַעֶבֶת אֶת הָאָדָם עַל הַקָּדוֹשׁ־בָּרוּךְ־הוּא וְעַל הַבְּרִיּוֹת.

ז. עַל־יְדֵי לֵיצָנוּת בָּא שְׂרֵפָה.

ח. הַלּוֹעֵג עַל דִּבְרֵי חֲכָמִים, נִדּוֹן בְּצוֹאָה רוֹתַחַת.

ט. כָּל לֵיצָנוּתָא אֲסִירָא חוּץ מִלֵּיצָנוּתָא דַּעֲבוֹדָה זָרָה.

י. קָשֶׁה לֵיצָנוּת, שֶׁתְּחִלָּתוֹ יִסּוּרִין וְסוֹפוֹ כְּלָיָה.

יא. הַמִּתְלוֹצֵץ – מְזוֹנוֹתָיו מִתְמַעֲטִין וְנוֹפֵל בְּגֵיהִנֹּם וּמֵבִיא כְּלָיָה לָעוֹלָם.

לשון הרע

חלק ראשון

א. הַמְסַפֵּר לָשׁוֹן הָרָע, הַקָּדוֹשׁ־בָּרוּךְ־הוּא אוֹמֵר לְשַׂר שֶׁל גֵּיהִנֹּם: אֲנִי עָלָיו מִלְמַעְלָה וְאַתָּה עָלָיו מִלְּמַטָּה. וְתַקָּנָתוֹ – יַעֲסֹק בַּתּוֹרָה וְיַשְׁפִּיל דַּעְתּוֹ גַּם עַל־יְדֵי זֶה לֹא יָבוֹא לִידֵי לָשׁוֹן הָרָע.

ב. עַל־יְדֵי לָשׁוֹן הָרָע מַגְדִּיל עֲווֹנוֹתָיו כְּנֶגֶד שָׁלֹשׁ עֲבֵרוֹת.

ג. מִלְּתָא דְּמִתְאַמְרָה בְּאַפֵּי מָרָא אוֹ בְּאַפֵּי תְּלָתָא, לֵית בַּהּ מִשּׁוּם לִשָּׁנָא בִּישָׁא.

ד. הַאי לִשָּׁנָא בִּישָׁא, אַף־עַל־גַּב דִּלְקַבּוּלֵי לָא מִבָּעֵי, לְמֵיחַשׁ מִיבָּעֵי.

ספר המדות

ה. מִי שֶׁדּוֹבֵר רָע עַל יִשְׂרָאֵל, לְסוֹף שֶׁיֶּחֱלֶה עַל פִּיו.
ו. כְּשֶׁאֵין אַהֲבָה בֵּין יִשְׂרָאֵל נַעֲשִׂים הוֹלְכֵי רָכִיל, וְעַל־יְדֵי הוֹלְכֵי רָכִיל נַעֲשִׂים לֵצִים.
ז. בְּנֵי־אָדָם שֶׁאוֹהֲבִים זֶה אֶת זֶה, מֻתָּר לוֹמַר זֶה לָזֶה מֵאֵיזֶה דָּבָר שֶׁשָּׁמַע מֵאֵיזֶה אָדָם, גַּם חֲבֵרוֹ מֻתָּר לְקַבֵּל דְּבָרָיו וְאֵין בּוֹ מִשּׁוּם לִשָּׁנָא בִּישָׁא.
ח. עַל־יְדֵי לָשׁוֹן הָרָע אֵין לָאָדָם חֵשֶׁק לִלְמֹד, גַּם מְבַזֶּה אֶת הַצַּדִּיק.
ט. מִלָּשׁוֹן הָרָע נִצּוֹל עַל־יְדֵי אֱמֶת.
י. כְּשֶׁשּׁוֹמֵר אֶת עַצְמוֹ מִלָּשׁוֹן הָרָע, עַל־יְדֵי זֶה לֹא יַחֲרֹשׁ רָעָה עַל חֲבֵרוֹ.
יא. מִי שֶׁאֵין מְקַבֵּל לָשׁוֹן הָרָע עַל צַדִּיק, עַל־יְדֵי זֶה יִזְכֶּה לְהִמָּנוֹת עִם הַצַּדִּיקִים.
יב. גַּסּוּת מֵבִיא אֶת הָאָדָם לְדַבֵּר בִּגְנוּת בְּנֵי־אָדָם.
יג. לָשׁוֹן הָרָע אֵין אוֹמְרוֹ, עַד שֶׁכּוֹפֵר בָּעִקָּר וְחוֹטֵא בַּשָּׁמַיִם וּבָאָרֶץ.
יד. מֻתָּר לוֹמַר לָשׁוֹן הָרָע עַל בַּעַל הַמַּחֲלֹקֶת.
טו. מוֹצִיא שֵׁם רָע עַל חֲבֵרוֹ, אֵין לוֹ מְחִילָה עוֹלָמִית.
טז. עַל־יְדֵי לָשׁוֹן הָרָע אֵין מְקַבֵּל פְּנֵי הַשְּׁכִינָה.
יז. הַמְסַפֵּר בְּלָשׁוֹן הָרָע וְהַמְקַבְּלוֹ, רָאוּי לְהַשְׁלִיכוֹ לַכְּלָבִים.
יח. תִּקּוּן לְלָשׁוֹן הָרָע – אֲמִירַת הַקְּטֹרֶת.
יט. עַל־יְדֵי לָשׁוֹן הָרָע נְגָעִים בָּאִים עָלָיו וּמַגְדִּיל עֲווֹנוֹת עַד לַשָּׁמַיִם וְרָאוּי לְסָקְלוֹ בָּאֶבֶן.

חלק שני

א. עַל־יְדֵי לָשׁוֹן הָרָע נִתְפָּס בִּתְפִיסָה.

מוהל

א. צָרִיךְ לַחֲזֹר אַחַר מוֹהֵל צַדִּיק וִירֵא־שָׁמַיִם, כִּי כְּשֶׁהַמּוֹהֵל אֵינוֹ טוֹב, יָכוֹל לִהְיוֹת שֶׁלֹּא יִהְיֶה מוֹלִיד, חַס וְשָׁלוֹם, הַנִּמּוֹל עַל־יָדוֹ. גַּם עַל־יְדֵי שֶׁהַמּוֹהֵל אֵינוֹ טוֹב, עַל־יְדֵי זֶה בָּא הַתִּינוֹק, חַס וְשָׁלוֹם, לִידֵי חֳלִי נוֹפֵל.
ב. אִשָּׁה שֶׁאֵינָהּ יְכוֹלָה לְהִתְעַבֵּר, תַּבִּיט עַל הַסַּכִּין שֶׁל מִילָה אַחַר הַמִּילָה.
ג. הַמּוֹהֵל נוֹתֵן הֲבָנָה לַנִּמּוֹל בְּלִמּוּד הַתּוֹרָה.
ד. מִצְוַת מִילָה – יֵשׁ לָהּ כֹּחַ שֶׁיֵּשׁ לְבִגְדֵי כֹּהֵן גָּדוֹל.
ה. מִי שֶׁנּוֹלַד מָהוּל, בְּיָדוּעַ שֶׁכֹּחַ הַמְדַמֶּה שֶׁלּוֹ טוֹב וְיָפֶה.
ו. מִי שֶׁגּוֹמֵל חֶסֶד, שֵׁם אֲשֶׁר יִקְרָא יִתְקַיֵּם, בִּשְׁבִיל זֶה קֹדֶם שֶׁיִּקְרָא שֵׁם לַתִּינוֹק, יִגְמֹל חֶסֶד, וְעַל־יְדֵי זֶה יִתְקַיֵּם הַשֵּׁם.

ממון

חלק ראשון

א. הַמִּתְלוֹצֵץ – מְזוֹנוֹתָיו מִתְמַעֲטִין.

ב. לְשׁוֹן חֲכָמִים מֵבִיא עֹשֶׁר.

ג. אֵין הָעֹשֶׁר מִתְקַיֵּם, מִפְּנֵי שֶׁאֵין מְרַחֲמִים עַל הַבְּרִיּוֹת.

ד. הָעוֹמֵד בְּנִסָּיוֹן שֶׁל נִאוּף, יִזְכֶּה לְעֹשֶׁר גָּדוֹל בֵּין הַשּׂוֹנְאִים שֶׁלּוֹ.

ה. גְּדוֹלָה מְלָאכָה שֶׁהִזְהִיר עָלֶיהָ הַקָּדוֹשׁ־בָּרוּךְ־הוּא, שֶׁיַּעֲשֶׂה אֵיזֶה מְלָאכָה.

ו. כְּגוֹן: אָנוּ – לוֹוִין וְאוֹכְלִין.

ז. הָרוֹצֶה שֶׁיִּתְעַשֵּׁר, יַעֲסֹק בִּבְהֵמָה דַּקָּה וּבְחוֹרָשִׁין.

ח. אֲכִילָה וּשְׁתִיָּה יִהְיֶה פָּחוֹת מִמַּה שֶּׁיֵּשׁ לוֹ, וְיִלְבַּשׁ וְיִתְכַּסֶּה כַּמָּה שֶׁיֵּשׁ לוֹ, וִיכַבֵּד אִשְׁתּוֹ וּבָנָיו יוֹתֵר מִמַּה שֶּׁיֵּשׁ לוֹ.

ט. קָשֶׁה עֲנִיּוּת בְּבֵיתוֹ שֶׁל אָדָם יוֹתֵר מֵחֲמִשִּׁים מַכּוֹת.

י. אֵין אִשְׁתּוֹ שֶׁל אָדָם מֵתָה אֶלָּא־אִם־כֵּן מְבַקְשִׁין מִמֶּנּוּ מָמוֹן וְאֵין לוֹ.

יא. הַכֹּחַ שֶׁיֵּשׁ לָאֻמּוֹת לִגְזֹל אֶת יִשְׂרָאֵל, עַל־יְדֵי שֶׁלּוֹמְדִים [תּוֹרָה נְבִיאִים וּכְתוּבִים] תַּנַ"ךְ.

יב. הַיַּיִן מֵבִיא עֲנִיּוּת.

יג. כָּל אָדָם שֶׁיֵּשׁ בּוֹ דֵּעָה, לְסוֹף מִתְעַשֵּׁר.

יד. הַגּוֹזֵל אֶת חֲבֵרוֹ, עַל־יְדֵי זֶה מְטַמְּאִין אוֹתוֹ בְּטֻמְאַת קֶרִי.

טו. כְּשֶׁבָּא לָאָדָם אֵיזֶה הֲבָנָה חֲדָשָׁה, בְּיָדוּעַ שֶׁכָּרוּךְ בַּעֲקֵבוֹ מָמוֹן רַב.

טז. מָמוֹן שֶׁל יִשְׂרָאֵל שֶׁנָּפַל בְּיַד עַכּוּ"ם מִיַּד טָהֵר.

יז. מִי שֶׁבָּנָיו וּבְנוֹתָיו מֻטָּלִין בָּרָעָב, עַל־יְדֵי זֶה נִצּוֹל מִדִּין שְׂרֵפָה שֶׁבְּאַרְבַּע מִיתוֹת בֵּית־דִּין.

יח. מִי שֶׁפּוֹרֵץ גֶּדֶר שֶׁל רַבָּנָן, נַעֲשֶׂה עָנִי.

יט. מִי שֶׁמְּשַׁבֵּר תַּאֲוַת אֲכִילָה, זוֹכֶה לְדִירָה נָאָה.

כ. קָשִׁים מְזוֹנוֹתָיו שֶׁל אָדָם כִּקְרִיעַת יַם־סוּף וְיוֹתֵר מִן הַגְּאֻלָּה וְכִפְלַיִם כַּיּוֹלֵדָה.

כא. כֵּיוָן שֶׁנִּתְמַנָּה אָדָם פַּרְנָס עַל הַצִּבּוּר נִתְעַשֵּׁר.

כב. קְטֹרֶת מְעַשֶּׁרֶת.

כג. אַל יְדְאַג אָדָם לוֹמַר, פְּלוֹנִי יְקַפַּח פַּרְנָסָתִי, כִּי עַל־כָּרְחָם יוֹשִׁיבוּךְ בִּמְקוֹמְךָ וּבְשִׁמְךָ יִקְרָאוּךָ.

כד. עַל אַרְבָּעָה דְבָרִים נִכְסֵי בַּעֲלֵי־בָתִּים יוֹרְדִים לְטִמְיוֹן: עַל עוֹשְׁקֵי שְׂכַר שָׂכִיר וְכוֹבְשֵׁי שְׂכַר שָׂכִיר וְעַל שֶׁפּוֹרְקִין עֹל מֵעַל צַוְּארֵיהֶן וְנוֹתְנִין עַל חַבְרֵיהֶן וְעַל גַּסּוּת־הָרוּחַ.

כה. שִׁנּוּי הַמָּקוֹם וְשִׁנּוּי הַשֵּׁם טוֹבִים לְפַרְנָסָה.

כו. אֵין הַגְּשָׁמִים נֶעֱצָרִין אֶלָּא עַל בִּטּוּל תְּרוּמוֹת וּמַעַשְׂרוֹת וּמְסַפְּרֵי לָשׁוֹן הָרָע וְעַזֵּי פָנִים וּבִטּוּל תּוֹרָה וַעֲווֹן גָּזֵל.

כז. הַתִּקּוּן לְמָטָר – יַרְבֶּה בִּתְפִלָּה.

כח. עַל־יְדֵי אֱמוּנָה נִתְרַבֶּה פַּרְנָסָה.

כט. כְּשֶׁיֵּשׁ שֹׂבַע בָּעוֹלָם, אֲזַי הַחֲלָשׁוֹת נִתְמַעֲטִים.

ל. אֵין הַגְּשָׁמִים נֶעֱצָרִין אֶלָּא עַל פּוֹסְקֵי צְדָקָה בָּרַבִּים וְאֵינָם נוֹתְנִים.

לא. מְאִיסוּתָא דְבֵיתָא מֵבִיא לִידֵי עֲנִיּוּת.

ספר המדות

לב. שְׁלֹשָׁה דְּבָרִים מְבִיאִין אֶת הָאָדָם לִידֵי עֲנִיּוּת: הַמַּשְׁתִּין בִּפְנֵי מִטָּתוֹ עָרוֹם וְהַמְזַלְזֵל בִּנְטִילַת־יָדַיִם וּמִי שֶׁאִשְׁתּוֹ מְקַלַּלְתּוֹ בְּפָנָיו.

לג. הַמַּעֲשֵׂר מְסֻגָּל לַעֲשִׁירוּת דַּוְקָא בְּאֶרֶץ־יִשְׂרָאֵל.

לד. כְּבוֹד הַתּוֹרָה וּכְבוֹד שַׁבָּת מְסֻגָּל לַעֲשִׁירוּת.

לה. כַּזַּיִת מָרוֹר שֶׁאוֹכְלִין בְּפֶסַח, מְסֻגָּל לְפַרְנָסָה.

לו. לִכְתֹּב סֵפֶר תּוֹרָה מְסֻגָּל לְפַרְנָסָה.

לז. בַּת־כֹּהֵן לְיִשְׂרָאֵל אוֹ בַּת־תַּלְמִיד־חָכָם לְעַם־הָאָרֶץ, מְבִיאָתוֹ לִידֵי עֲנִיּוּת.

לח. לְהִשְׁתַּתֵּף עִם מִי שֶׁהַשָּׁעָה מְשַׂחֶקֶת לוֹ טוֹב לְהַצְלָחָה.

לט. מִי שֶׁאוֹהֵב אֶת הַשֵּׁם יִתְבָּרַךְ בַּאֲכִילָתוֹ וּבִשְׁתִיָּתוֹ וּשְׁאָר תַּעֲנוּגִים, זוֹכֶה לְפַרְנֵס אֶת עַמִּים רַבִּים.

מ. מִי שֶׁשּׂוֹנֵא מָמוֹן, זוֹכֶה לַאֲרִיכוּת־יָמִים.

מא. מִי שֶׁמְּחַפֵּשׂ אַחַר אוֹצָרוֹת, הוּא מְקָרֵב מִיתָתוֹ.

מב. מִי שֶׁלֹּא תִּקֵּן חַטְּאוֹת נְעוּרִים, נַעֲשֶׂה רָשׁ.

מג. מִי שֶׁמְּיַגֵּעַ אֶת עַצְמוֹ יוֹמָם וָלַיְלָה אַחַר פַּרְנָסָה, וְאֵינוֹ מוֹצֵא אֶת פַּרְנָסָתוֹ, תַּקָּנָתוֹ – שֶׁיַּחֲזִיר בְּנֵי־אָדָם בִּתְשׁוּבָה.

מד. מִי שֶׁמְּשַׁבֵּר אֵיזֶה כְּלִי שֶׁלֹּא בְּמִתְכַּוֵּן, בְּיָדוּעַ שֶׁהוּא חוֹטֵא.

מה. מִי שֶׁלָּהוּט אַחַר עֲבוֹדַת אֲדָמָה, בְּוַדַּאי אֵין בּוֹ תּוֹעֶלֶת.

מו. בְּכָל אֲשֶׁר תַּעֲשֶׂה תְּבַקֵּשׁ אֶת הַצַּדִּיק, שֶׁיִּתְפַּלֵּל עָלֶיךָ.

מז. הַשִּׂמְחָה תְּמִידִית מְסֻגָּל לְהַצְלָחָה.

מח. דֶּרֶךְ־אֶרֶץ צָרִיךְ חִזּוּק.

מט. הַמְשַׁתֵּף שֵׁם שָׁמַיִם בְּצַעֲרוֹ, כּוֹפְלִים לוֹ פַּרְנָסָתוֹ; גַּם פַּרְנָסָתוֹ מְעוֹפֶפֶת לוֹ כְּצִפּוֹר.

נ. בַּעֲוֹן בִּטּוּל תְּרוּמוֹת וּמַעַשְׂרוֹת הַשָּׂכָר אָבַד, וּבְנֵי אָדָם רָצִים אַחַר פַּרְנָסָתָם, וְאֵינָם מַגִּיעִים.

נא. מָטָר בִּשְׁבִיל יָחִיד וּפַרְנָסָה בִּשְׁבִיל רַבִּים. וְיָחִיד דְּאָלִים זְכוּתֵהּ כְּרַבִּים דָּמֵי.

נב. עַל־יְדֵי קִדּוּשׁ עַל הַיַּיִן בָּא מָטָר וְנִשְׁמַע תְּפִלָּתוֹ.

נג. הַמְקַיֵּם סֵפֶר תּוֹרָה שֶׁל אָבִיו בְּבֵיתוֹ, זוֹכֶה לְעֹשֶׁר.

נד. מָטָר בִּזְכוּת אָדָם אֶחָד וְשָׂדֶה אַחַת וְעֵשֶׂב אֶחָד, וּבִזְכוּת הָאָרֶץ וְחֶסֶד וְיִסּוּרִין.

נה. הַגְּשָׁמִים נֶעֱצָרִין בִּשְׁבִיל עֲבוֹדָה זָרָה וּבִשְׁבִיל נָאוּף וּבִשְׁבִיל צַדִּיק, שֶׁלֹּא נִסְפַּד כַּהֲלָכָה וּבִשְׁבִיל מְקַפְּחֵי פַּרְנָסַת אֲחֵרִים.

נו. עַל־יְדֵי עֲנִיּוּת נִצּוֹל מִדִּינָהּ שֶׁל גֵּיהִנֹּם.

נז. עַל־יְדֵי שִׁמּוּשׁ שֵׁמוֹת הַקְּדוֹשִׁים בָּא עֲנִיּוּת וּמִיתָה, וַאֲפִלּוּ עַל מִי שֶׁיֵּשׁ בְּיָדוֹ לִמְחוֹת וְאֵינוֹ מוֹחֶה.

נח. כְּשֶׁיֵּשׁ לוֹ צַעֲקַת לְגִימָא עַל חֲבֵירוֹ וְדוֹמֵם, הַקָּדוֹשׁ־בָּרוּךְ־הוּא עוֹשֶׂה לוֹ דִּין.

נט. כְּשֶׁרוֹאֶה אָדָם שֶׁמְּזוֹנוֹתָיו מְצֻמְצָמִין, יַעֲשֶׂה מֵהֶם צְדָקָה.

ס. דְּאָגָה וְטִרְדָּא עַל מְזוֹנוֹתָיו מַכְחִישִׁין כֹּחוֹ שֶׁל אָדָם.

סא. עַל־יְדֵי נִאוּף בָּא עֲנִיּוּת.

סב. לִפְעָמִים כְּשֶׁאֵין לַצַּדִּיק מַזָּל עַל פַּרְנָסָה, אָז מְקִימִים עָלָיו אֵיזֶה מִתְנַגְּדִים, וְעַל־יְדֵי זֶה נוֹתְנִים לוֹ פַּרְנָסָתָם הָרָאוּי לָהֶם.

סג. הָעוֹסֵק בְּבִנְיָן מִתְמַסְכֵּן.

סד. הַצְּנִיעוּת מְסֻגָּל לַעֲשִׁירוּת.

סה. מִשֶּׁרַבּוּ הַצָּרֵי־עַיִן, רַבּוּ הַמְקַפְּחִים פַּרְנָסָתוֹ שֶׁל אָדָם.

סו. מְזוֹנוֹת שֶׁל אָדָם נִתְמַעֵט, כְּשֶׁאֵין דָּן אֶת הָאָדָם לְכַף זְכוּת.

סז. גַּם כְּשֶׁמְּעָרֵב מַיִם בְּמַשְׁקָיו.

סח. גַּם כְּשֶׁאָדָם שׁוֹמֵעַ לַעֲצַת הַמֵּסִית.

סט. גַּם כְּשֶׁעָבַר עֲבֵרָה לְהַכְעִיס, נַעֲשֶׂה עָנִי, וְהָעוֹלָם אֵין מַאֲמִינִים לוֹ שֶׁהוּא עָנִי.

ע. מִי שֶׁעוֹסֵק בִּשְׁמוֹת הַטֻּמְאָה וּבִכְשָׁפִים, נַעֲשֶׂה עָנִי.

עא. הַחֹלַאת שֶׁל כְּחִישַׁת הַבָּשָׂר, הַנִּקְרָא דַּאר, הַבָּא עַל אֶחָד מִבְּנֵי־הַבַּיִת הוּא סִימָן לְדַלּוּת.

עב. כְּשֶׁאֵיזֶה בּוּשָׁה בָּאָה עַל הָאָדָם הוּא סִימָן לְדַלּוּת.

עג. מִי שֶׁהוּא שׂוֹנֵא מָמוֹן, מְלַמְּדִין אוֹתוֹ מִלְמַעְלָה הַדֶּרֶךְ, שֶׁיֵּלֵךְ בָּהּ.

עד. לִפְעָמִים מִיתַת כָּרֵת נִתְחַלֵּף עַל עֲנִיּוּת.

עה. עָנִי הוּא מְבֻלְבָּל כְּשִׁכּוֹר.

עו. עַל־יְדֵי אוֹנָאָה נַעֲשֶׂה עָנִי.

עז. מִי שֶׁעוֹשֶׂה מַעֲשָׂיו בִּמְהִירוּת בְּלִי יִשּׁוּב־הַדַּעַת, נַעֲשֶׂה בַּעַל־חוֹב.

עח. מִי שֶׁמְּקַפֵּחַ פַּרְנָסָה לְאֶחָד, כְּאִלּוּ הֲרָגוֹ.

עט. לְעוֹלָם יַחֲזִיק אָדָם בְּנַחֲלַת אֲבוֹתָיו, וְאַל יִמְכֹּר וְאַל יַחֲלִיף אוֹתָם.

פ. מִי שֶׁהוּא תָּאֵב לְמָמוֹן, הוּא נוֹפֵל מִמַּדְרֵגָתוֹ.

פא. עַל־יְדֵי כְּפִירָה בָּא דַּלּוּת.

פב. מִי שֶׁהוּא עָנִי, יִשְׁתַּדֵּל לְסַפֵּק מָזוֹן לְדוֹרְשֵׁי הַשֵּׁם.

פג. אֱמוּנָה הוּא טוֹב לְפַרְנָסָה.

פד. כְּאֵב עֵינַיִם הוּא סִימָן לַעֲנִיּוּת.

פה. עַל־יְדֵי הַכְנָעָה בַּהֲמוֹתָיו שֶׁל אָדָם נִתְרַבָּה.

פו. עַל־יְדֵי צְדָקָה זוֹכִין לְפַרְנָסָה.

פז. מִי שֶׁנּוֹתֵן מָמוֹן לִמְכַשְּׁפִים, עַל־יְדֵי זֶה תּוֹלִין לוֹ פַּרְנָסָתוֹ בְּבַיִת שֶׁל נָכְרִים.

פח. דִּבּוּרָיו שֶׁל הַצַּדִּיק מְבִיאִין פַּרְנָסָה.

פט. הָעַצְבוּת מַפְסִיד הַפַּרְנָסָה.

צ. עַל־יְדֵי צְדָקָה יִהְיֶה לְךָ הַרְחָבָה.

צא. הַרְבֵּה שֵׁנָה מֵבִיא אֶת הָאָדָם לִידֵי עֲנִיּוּת.

צב. הָעוֹסֵק בְּתוֹרָה וּבִצְדָקָה, זוֹכֶה לַעֲשִׁירוּת.

צג. אוֹקִירוּ לִנְשַׁיְכוּ, כִּי הֵיכָא דְּתִתְעַתְּרוּ.

צד. אֵין הַבְּרָכָה מְצוּיָה בְּתוֹךְ בֵּיתוֹ שֶׁל אָדָם אֶלָּא בִּשְׁבִיל כְּבוֹד אִשְׁתּוֹ.

צה. הַמַּלְוֶה בְּרִבִּית, נְכָסָיו מִתְמוֹטְטִין וְאֵינָן עוֹלִין.

צו. עַל־יְדֵי שֶׁמְּבַטְּלִין זֶמֶר שֶׁל שְׂחוֹק, בָּא זוֹל.

צז. מִי שֶׁאֵין לוֹ פַּרְנָסָה, יַעֲסֹק בַּתּוֹרָה וְאַחַר כָּךְ יִתְפַּלֵּל עַל פַּרְנָסָה, בְּוַדַּאי יִתְקַבֵּל תְּפִלָּתוֹ.

צח. אֵין לָאָדָם לִמְכֹּר מִקְחוֹ הָרִאשׁוֹן.

צט. מִי שֶׁיּוֹרֵד לְפַרְנָסַת חֲבֵרוֹ, נִקְרָא רָשָׁע.

ק. לֹא יָבוֹא שׁוּם אֶחָד לְהַזִּיק אֶת חֲבֵרוֹ אִם לֹא מִגַּאֲוַת לִבּוֹ.

קא. נְשִׁירָה קָשָׁה לַעֲנִיּוּתָא.

קב. עָשִׁיר הוּא בְּחִינַת זָכָר, וְעָנִי הוּא בְּחִינַת נוּקְבָא.

קג. כְּאֵב עֵינַיִם סִימָן לְהֶזֵּק.

קד. לְכָל הַדְּבָרִים הֵן חָכְמָה אוֹ עֹשֶׁר אוֹ בָּנִים, צָרִיךְ עֵסֶק בְּדֶרֶךְ הַטֶּבַע, וִיבַקֵּשׁ רַחֲמִים, שֶׁיַּצְלִיחַ בִּדְבַר הָעֵסֶק.

<u>חלק שני</u>

א. שָׁנָה שֶׁהִיא שְׁנַת מַשָּׂא־וּמַתָּן הוּא סִימָן טוֹב לִבְרִיאוּת הַגּוּף.

ב. מִי שֶׁלָּהוּט אַחַר עֲבוֹדַת אֲדָמָה, בָּא לִידֵי אֶחָד מִשְּׁלֹשָׁה; אוֹ לִידֵי שְׁפִיכוּת־דָּמִים אוֹ לִידֵי צָרַעַת אוֹ לִידֵי שִׁכְרוּת.

ג. עַל־יְדֵי הַיִּרְאָה וְהַחֶסֶד נִצּוֹל מֵאֵשׁ וְזוֹכֶה לְפַרְנָסָה.

ד. עַל־יְדֵי שֶׁהַדִּין־תּוֹרָה הוֹלֵךְ וְנִתְמַעֵט, עַל־יְדֵי זֶה הַפַּרְנָסָה מִתְמַעֶטֶת וְכֵן לְהֵפֶךְ.

ה. עַל־יְדֵי אַסְמַכְתּוֹת נִשְׁפָּע פַּרְנָסָה גְּדוֹלָה לָעוֹלָם. וְזֶה כִּי יֵשׁ כַּמָּה דְּבָרִים, שֶׁלֹּא מָצִינוּ לָהֶם מִקְרָא מִן הַתּוֹרָה, וְטָרְחוּ חֲכָמֵינוּ, זִכְרוֹנָם לִבְרָכָה, לִמְצֹא לָהֶם אַסְמַכְתָּא בְּעָלְמָא.

ו. לִפְעָמִים הַקָּדוֹשׁ־בָּרוּךְ־הוּא מִתְפָּאֵר בִּכְשֵׁרִים שֶׁבָּאֻמּוֹת כְּנֶגֶד הַשָּׂטָן, כְּדֵי שֶׁיּוּכַל לִתֵּן פַּרְנָסָה לְיִשְׂרָאֵל בְּלִי קִטְרוּג.

ז. עַל־יְדֵי הִשְׁתּוֹקְקוּת שֶׁאָדָם מִשְׁתּוֹקֵק לִקְבוּרַת אֶרֶץ־יִשְׂרָאֵל, עַל־יְדֵי זֶה נִשְׁפָּע פַּרְנָסָה גְּדוֹלָה.

ח. לִסְעֻדַּת מִצְוָה יַטְרִיחַ אָדָם אֶת עַצְמוֹ אֲפִלּוּ בִּבְקִיעַת עֵצִים, וִיכַוֵּן בִּבְקִיעַת עֵצִים שֶׁהוּא בּוֹקֵעַ וּמַפְרִיד הָרַע מֵהַטּוֹב שֶׁבְּעֵץ־הַדַּעַת, וְעַל־יְדֵי זֶה יִזְכֶּה לְפַרְנָסָה.

ט. עַל־יְדֵי תְּשׁוּבָה הַפַּרְנָסָה בְּנָקֵל.

י. מִי שֶׁמְּקַיֵּם – "יְהִי מָמוֹן חֲבֵרְךָ חָבִיב עָלֶיךָ כְּשֶׁלָּךְ" – עַל־יְדֵי זֶה זוֹכֶה לְהִתְפַּלֵּל בְּכַוָּנַת הַלֵּב.

יא. גָּדוֹל הַנֶּהֱנֶה מִיגִיעַ כַּפּוֹ, שֶׁהוּא מַכִּיר בִּכְבוֹדוֹ שֶׁל מָקוֹם מַה שֶּׁאֵין הַמַּלְאָכִים יוֹדְעִים.

יב. לְפִי הַשִּׁנּוּיִים שֶׁנַּעֲשׂוּ בַּמַּלְאָכִים, הַיְנוּ לִפְעָמִים יוֹשְׁבִים, לִפְעָמִים עוֹמְדִים, לִפְעָמִים נָשִׁים, לִפְעָמִים אֲנָשִׁים וְכֵן שְׁאָר הַשִּׁנּוּיִים, כֵּן

הַשֶּׁפַע הַבָּא מִן הַשָּׁמַיִם נִשְׁתַּנֶּה, לִפְעָמִים אֵשׁ, לִפְעָמִים מַיִם, לִפְעָמִים אֲבָנִים וְכֵן שְׁאָר הַשְּׁפָעוֹת, וְכָל אֵלּוּ הַשִּׁנּוּיִים נַעֲשִׂים בָּעוֹלָם וּבָאָדָם. גַּם נִשְׁתַּנֶּה רְצוֹנוֹ לְפִי הַשִּׁנּוּיִים, לִפְעָמִים רוֹצֶה כָּךְ וְלִפְעָמִים רוֹצֶה רָצוֹן אַחֵר.

יג. הַפַּרְנָסָה לְפִי הַזִּוּוּג.

יד. לְפִי הַזְּקֵנִים שֶׁבַּדּוֹר כֵּן הַפַּרְנָסָה.

טו. הָרִבִּית מַפְסִיד הַיִּרְאָה.

טז. הַמַּלְוֶה בְּרִבִּית, אֵינוֹ מוֹצֵא מִי שֶׁיְּלַמֵּד עָלָיו זְכוּת.

יז. מִי שֶׁשּׁוֹמֵר אֶת עַצְמוֹ מִלַּעֲבֹר עַל "לֹא תַחְמֹד", עַל־יְדֵי זֶה נִצּוֹל מִכַּעַס וּמִגַּאֲוָה וּמֵחֶסְרוֹן אֱמוּנָה, הַבָּאָה עַל־יְדֵי כַּעַס וְגַאֲוָה.

יח. עַל־יְדֵי מַשָּׂא־וּמַתָּן בֶּאֱמוּנָה נִתְבַּטְּלִים הַקְּלָלוֹת.

יט. מִי שֶׁצָּרִיךְ לִלְווֹת מֵאֲחֵרִים, הוּא דּוֹמֶה לִבְהֵמָה.

כ. מִי שֶׁהוּא סַרְסוּר, כְּשֶׁרוֹצֶה לְסַרְסֵר, שֶׁיִּקְנֶה אָדָם גָּדוֹל אֵיזֶהוּ דָּבָר מֵאָדָם פָּחוּת וְרוֹאֶה שֶׁאֵין דְּבָרָיו נִכְנָסִין בְּאָזְנֵי הָאָדָם הַפָּחוּת, שֶׁיִּמְכֹּר אֶת הַדָּבָר לָאָדָם הַגָּדוֹל, אֲזַי יִתְפַּלֵּל הַסַּרְסוּר, שֶׁיִּכָּנְסוּ דְּבָרָיו בְּאָזְנֵי הַפָּחוּת וְיִמְכֹּר לָאָדָם הֶחָשׁוּב.

כא. מִי שֶׁהוּא שׁוֹלֵט בְּיִצְרוֹ, בָּנָיו אֵינָם יוֹצְאִים לְתַרְבּוּת רָעָה, וְעַל־יְדֵי זֶה מָמוֹנוֹ נִתְבָּרֵךְ, וְעַל־יְדֵי זֶה לֹא יָבוֹא לִידֵי נִסָּיוֹן.

כב. הַדְּרָכִים מְבִיאִין אֶת הָאָדָם לְלָשׁוֹן הָרָע וַעֲבוֹדָה זָרָה וְגִלּוּי־עֲרָיוֹת וּשְׁפִיכוּת־דָּמִים, וְאֵלּוּ הָעֲבֵרוֹת מַפְסִידִין הַפַּרְנָסָה.

כג. עַל־יְדֵי הַמָּמוֹן שֶׁנּוֹתֵן לַעֲנִיֵּי אֶרֶץ־יִשְׂרָאֵל, עַל־יְדֵי זֶה מָמוֹנוֹ נִתְקַיֵּם בְּיָדוֹ.

כד. הַשְּׂרֵפוֹת בָּאִים לָעוֹלָם בִּשְׁבִיל מְעוֹת עֲבוֹדָה זָרָה לְכַלּוֹת אוֹתָם.

כה. כְּשֶׁקָּם מֶלֶךְ חָדָשׁ אוֹ שַׂר חָדָשׁ, אֲזַי נִתְחַדֵּשׁ וְנִשְׁתַּנֶּה הַפַּרְנָסָה.

כו. מִי שֶׁעִסְקוֹ וּמַשָּׂאוֹ־וּמַתָּנוֹ עִם הָאֻמּוֹת בְּעֵת חַגָּם אוֹ אֲפִלּוּ שֶׁלֹּא בְּעֵת חַגָּם, אֶלָּא שֶׁפַּרְנָסָתוֹ שֶׁמַּעֲמִיד דְּבָרִים לַעֲבוֹדָה זָרָה שֶׁלָּהֶם, עַל־יְדֵי זֶה אִשְׁתּוֹ שׁוֹפַעַת דָּם תֵּכֶף סָמוּךְ לִטְבִילָתָהּ.

כז. מִי שֶׁעוֹשֶׂה פֵּרוּד בֵּין אִישׁ לְאִשְׁתּוֹ, הַיְנוּ שֶׁהוֹלֵךְ לָאִישׁ וּמְיַפֶּה אֶת הָאִשָּׁה בִּפְנֵי הַבַּעַל, וְהוֹלֵךְ אֶל הָאִשָּׁה וּמְגַנֶּה אֶת בַּעְלָהּ בְּעֵינֶיהָ, עַד שֶׁנַּעֲשֶׂה פֵּרוּד בֵּינֵיהֶם, עַל־יְדֵי זֶה נַעֲשֶׂה טָרוּד בִּמְזוֹנוֹתָיו.

כח. מִי שֶׁסְּחוֹרוֹתָיו וְנַחֲלוֹתָיו מְפֻזָּרִים וְאֵינָם בְּמָקוֹם אֶחָד, לִפְעָמִים נִצּוֹל עַל־יְדֵי זֶה מִקְּרִיעָה עַל מֵתוֹ.

כט. הַסּוֹחֵר הַגָּדוֹל שֶׁבָּעִיר הוּא הַנֵּר שֶׁבָּעִיר.

מסור

א. מִי שֶׁאוֹמֵר מְסִירוֹת עַל חֲבֵרוֹ, לְסוֹף שֶׁיְּהֵא מְטֻלְטָל, וְשׂוֹנְאִים קָמִים עָלָיו, וְרוֹאֶה בְּעַצְמוֹ מַה שֶּׁרָצָה לִרְאוֹת עַל חֲבֵרוֹ, וְכָל הַנִּסְמָכִין עָלָיו נוֹפְלִים, וּמִשְׁפַּחַת הַנִּרְדָּף לוֹקְחִין גְּדֻלָּתוֹ.

ב. מִי שֶׁמּוֹסֵר אֶת הַצַּדִּיק, יוֹרֵד מִנְּכָסָיו.
ג. מֻתָּר לַהֲרֹג אֶת הַמָּסוּר.
ד. אָסוּר לִמְסֹר אֲפִלּוּ אֶת הָרָשָׁע לַהֲרִיגָה.

מפורסם

א. יֵשׁ מְפֻרְסָמִים, שֶׁעִקַּר הַפִּרְסוּם שֶׁלָּהֶם נַעֲשָׂה עַל־יְדֵי הַמַּחֲלֹקֶת.
ב. הַנִּסָּיוֹן הוּא בִּשְׁבִיל לְגַדֵּל וּלְפַרְסֵם אֶת הָאָדָם.
ג. עַל־יְדֵי הַמְּרִיבָה גּוֹרְמִים שֶׁהַתַּלְמִידִים הַקְּטַנִּים נִתְפַּרְסְמִים קֹדֶם זְמַנָּם. וְזֶהוּ בְּחִינַת הַפָּלַת נְפָלִים, שֶׁהַוָּלָד יוֹצֵא לָאֲוִיר עוֹלָם קֹדֶם זְמַנּוֹ, וְעַל־יְדֵי זֶה גּוֹרֵם עֲנִיּוּת וְלִפְעָמִים גּוֹרֵם מִיתוֹת חַס וְשָׁלוֹם.

מפלת

חלק ראשון

א. עַל־יְדֵי פַּחַד הָאִשָּׁה מַפֶּלֶת.
ב. סְגֻלָּה לְמַפֶּלֶת נְפָלִים שֶׁתִּשָּׂא אֶצְלָהּ מַגְנֵט, גַּם תִּשָּׂא אֶצְלָהּ חֲתִיכַת עֵץ מִקֶּבֶר הַצַּדִּיק, גַּם יִתֵּן צְדָקָה.
ג. אִשָּׁה שֶׁהִיא מַפֶּלֶת, תִּשָּׂא אֶצְלָהּ מֵי טַל.
ד. סְגֻלָּה לְמַפֶּלֶת – שֶׁתִּמְכֹּר עֻבָּרָהּ
ה. בַּעֲוֹן שִׂנְאַת־חִנָּם הָאִשָּׁה מַפֶּלֶת נְפָלִים.
ו. עַל־יְדֵי תַּאֲוַת אֲכִילָה וּשְׁתִיָּה שֶׁלָּהּ הִיא מַפֶּלֶת.

חלק שני

א. אִשָּׁה הַמַּפֶּלֶת נְפָלִים, לֹא תֵּלֵךְ בְּקִשּׁוּטֵי זָהָב.
ב. הַטְּחִינָה שֶׁל קֶמַח וְהַלִּישָׁה שֶׁל הַמַּצּוֹת שֶׁל פֶּסַח הוּא סְגֻלָּה לְאִשָּׁה, שֶׁמַּפֶּלֶת נְפָלִים.

מריבה

חלק ראשון

א. אֵין תְּקוּמָה בְּמִלְחָמָה עַל־יְדֵי הַעֲבָרַת הַשְּׁבוּעָה.
ב. מִי שֶׁרוֹדֵף אֶת חֲבֵרוֹ, הַקָּדוֹשׁ־בָּרוּךְ־הוּא מֵבִיא עָלָיו רָעָה, כְּדֵי שֶׁיִּשְׁכַּח אֶת חֲבֵרוֹ מִלִּרְדּוֹף אוֹתוֹ.
ג. עַל־יְדֵי קְרִיאַת הַלֵּל יוֹשִׁיעַ לְךָ הַקָּדוֹשׁ־בָּרוּךְ־הוּא מֵאוֹיְבֶיךָ.
ד. עַל־יְדֵי כְּבוֹד הַתּוֹרָה אָדָם נִצּוֹל מִשּׂוֹנְאָיו.
ה. קֹדֶם הַמִּלְחָמָה צָרִיךְ תְּפִלָּה לַה' יִתְבָּרַךְ.
ו. בְּכָל פַּעַם שֶׁאָדָם נוֹפֵל מֵאֱמוּנָתוֹ, הוּא מַמְשִׁיךְ עָלָיו מִתְנַגֵּד גָּדוֹל וְעָשִׁיר.

ז. כְּשֶׁאָדָם מִתְפַּלֵּל עַל שׂוֹנְאָיו, יִתְפַּלֵּל בַּבֹּקֶר.
ח. הִסְתַּכְּלוּת בְּכָל פַּעַם עַל הַשָּׁמַיִם זֶהוּ מְבַטֵּל שִׂנְאַת הָאוֹיְבִים.
ט. כְּשֶׁשּׁוֹכֵחַ אֶת הָעֲנִיִּים אֵין מְנַצֵּחַ.
י. עָנִי – שֶׁהָרָשָׁע רוֹדֵף אוֹתוֹ, תֵּדַע שֶׁהוּא בַּעַל־גַּאֲוָה.
יא. מִי שֶׁהוּא נַצְחָן, הַקָּדוֹשׁ־בָּרוּךְ־הוּא שׁוֹכֵחַ אוֹתוֹ וּמַסְתִּיר פָּנָיו מִמֶּנּוּ.
יב. כְּשֶׁאָדָם מֵצֵר, אוֹיְבָיו נִתְרוֹמְמִים.
יג. מִי שֶׁהוּא נַצְחָן, בָּא לִידֵי שִׁכְחָה.
יד. מְרִיבָה בָּא לָאָדָם כְּשֶׁבָּא לָאָדָם אֵיזֶהוּ מִצְוָה וְהוּא מְשַׁלְּחָהּ וְאֵינוֹ מְקַיְּמָהּ.
טו. מִי שֶׁעוֹשֶׂה מְרִיבָה עִם הַצַּדִּיקִים, בְּיָדוּעַ שֶׁמַּחְשְׁבוֹתָיו רָעִים.
טז. לִפְעָמִים הַמָּקוֹם גּוֹרֵם מְרִיבָה לָאָדָם.
יז. מִי שֶׁיֵּשׁ לוֹ שׂוֹנְאִים יַכְנִיעַ אֶת עַצְמוֹ, עַל־יְדֵי זֶה יַצִּילֵהוּ הַקָּדוֹשׁ־בָּרוּךְ־הוּא מִשּׂוֹנְאָיו.
יח. כְּשֶׁיֵּשׁ לָאָדָם שׂוֹנְאִים, וְהוּא מְחַפֵּשׂ בְּכָל מִינֵי חִפּוּשׂ לִמְצֹא לָהֶם אַהֲבָה, עַל־יְדֵי זֶה יִהְיוּ כְּאֶפֶס וּכְאַיִן.
יט. כְּשֶׁיֵּשׁ לָאָדָם אוֹיְבִים, וְאֵינוֹ חוֹשֵׁב אֵיךְ לִנְקֹם בָּהֶם אֶלָּא, הוּא דָּבוּק בְּשִׂמְחַת הַשֵּׁם יִתְבָּרַךְ, עַל־יְדֵי זֶה הַקָּדוֹשׁ־בָּרוּךְ־הוּא נוֹתֵן לוֹ כֹּחַ לִנְקֹם מֵהֶם.
כ. הַנּוֹאֲפִים – לָרֹב הֵם בַּעֲלֵי מְרִיבָה לַצַּדִּיקִים.
כא. כְּשֶׁיֵּשׁ הַכְנָעָה, עַל־יְדֵי זֶה אֵין מוֹרָא בְּמִלְחָמָה. כְּאִלּוּ הוּא יוֹשֵׁב בְּמָצוֹר.
כב. מִי שֶׁהוּא נַצְחָן, בָּא עָלָיו חֳלָאִים לְאֵין מַרְפֵּא.
כג. שְׁנַיִם שֶׁמְּרִיבִים וְהוֹלְכִים לָדוּן לִפְנֵי הַשַּׂר שֶׁל עַכּוּ"ם, עַל־יְדֵי זֶה הַקָּדוֹשׁ־בָּרוּךְ־הוּא מֵבִיא עֲלֵיהֶם מַכָּה, שֶׁאֵין לָהּ רְפוּאָה.
כד. לִפְעָמִים הַקָּדוֹשׁ־בָּרוּךְ־הוּא מְחַזֵּק לֵב הָרְשָׁעִים כְּנֶגֶד הַצַּדִּיקִים בִּמְרִיבָה, כְּדֵי שֶׁיִּהְיֶה לָהֶם מַפָּלָה.
כה. מִי שֶׁנּוֹתֵן כָּבוֹד לְזָקֵן, הוּא נִצּוֹל מִמִּלְחָמָה.
כו. מִי שֶׁמַּגִּיד רִיבוֹ לִפְנֵי הַקָּדוֹשׁ־בָּרוּךְ־הוּא, רוֹאֶה נִקְמָתוֹ בְּשׂוֹנְאָיו.
כז. עַל־יְדֵי הַמַּחֲלֹקֶת בָּא דַּלּוּת.
כח. מִי שֶׁחוֹלֵק עִם שְׁכֵנָיו, לְסוֹף שֶׁיִּהְיֶה לַעַג לְאוֹיְבָיו.
כט. מִי שֶׁשּׁוֹמֵעַ חֶרְפָּתוֹ וְשׁוֹתֵק, נִקְרָא חָסִיד, וְהַקָּדוֹשׁ־בָּרוּךְ־הוּא שׁוֹמֵר אֶת נַפְשׁוֹ.
ל. הַתְּפִלָּה בְּהִתְלַהֲבוּת עַד שֶׁהַהִתְלַהֲבוּת בָּא לוֹ בַּפָּנִים, עַל־יְדֵי זֶה נוֹפְלִים וְנִתְלַהֲטִים שׂוֹנְאָיו.
לא. מִי שֶׁהוּא טוֹב וְיָשָׁר מִנְּעוּרָיו, עַל־יְדֵי זֶה כְּשֶׁיֵּשׁ לוֹ אֵיזֶה מַחֲלֹקֶת, יִתְנַדְּבוּ לִבָּם שֶׁל הַרְבֵּה בְּנֵי־אָדָם וְיִתְחַבְּרוּ אֵלָיו לַעֲזוֹר לוֹ.
לב. מִי שֶׁמֵּסִית וּמוֹנֵעַ אֶת חֲבֵרוֹ מִדֶּרֶךְ הַטּוֹב, אֵינוֹ יָכוֹל לָקוּם נֶגֶד אוֹיְבָיו בִּשְׁעַת מְרִיבָה וּמִלְחָמָה.
לג. עַל־יְדֵי וִדּוּי יִתְבַּטֵּל מֵעָלֶיךָ מַחְשְׁבוֹת שׂוֹנְאֶיךָ.
לד. הַבַּעַל־מַחֲלֹקֶת – בְּיָדוּעַ שֶׁהוּא אוֹהֵב פֶּשַׁע.
לה. מִי שֶׁהוּא עָצוּר בְּמִלִּין, לֹא יוּכַל אוֹתוֹ שׁוּם אָדָם.

לו. כְּשֶׁמִּתְנַגְּדִים חוֹלְקִים עַל חֲסִידִים וְרוֹצִים לְבַטֵּל אוֹתָם מִמְּלֶאכֶת־שָׁמַיִם, עַל־יְדֵי זֶה נוֹפְלִים וְנִבְזִים בְּעֵינֵי עַצְמָן.

לז. לְנִצָּחוֹן תֹּאמַר קַפִּיטְל "עַל הַשְּׁמִינִית".

לח. מִי שֶׁמְּבַקֵּר אֶת הַחוֹלֶה, הַקָּדוֹשׁ־בָּרוּךְ־הוּא אֵינוֹ מוֹסֵר אוֹתוֹ בְּיַד שׂוֹנְאָיו.

לט. מִי שֶׁיֵּשׁ לוֹ שׂוֹנְאִים יֹאמַר כָּל הַיּוֹם תְּפִלּוֹת וּבַקָּשׁוֹת וְאַל יַפְסִק פִּיו מִתְּפִלּוֹת וּבַקָּשׁוֹת, עַל־יְדֵי זֶה יוֹשִׁיעַ לוֹ הַקָּדוֹשׁ־בָּרוּךְ־הוּא וְאוֹיְבָיו יֵבוֹשׁוּ.

מ. מִי שֶׁהוּא נִרְדָּף, יִזְכֶּה לְבָנִים וּבְנֵי בָנִים.

מא. מִי שֶׁיֵּשׁ לוֹ שׂוֹנְאִים, יְבַקֵּשׁ רַבִּים, שֶׁיְּבַקְשׁוּ עָלָיו רַחֲמִים, וְיִהְיֶה לוֹ שָׁלוֹם מִן הַשּׂוֹנְאִים.

מב. כְּשֶׁיֵּשׁ לְךָ שׂוֹנְאִים לְמַטָּה, בְּיָדוּעַ שֶׁיֵּשׁ לְךָ שׂוֹנְאִים לְמַעְלָה.

מג. עַל־יְדֵי לִמּוּד הַשּׂוֹנְאִים יָשׁוּבוּ אָחוֹר.

מד. עַל־יְדֵי בִּטָּחוֹן לֹא יוּכְלוּ הַשּׂוֹנְאִים לְהָרַע לְךָ.

מה. עַל־יְדֵי הַכְנָעָה יִפְּלוּ הַשּׂוֹנְאִים בִּמְצוּדָה, שֶׁהֵכִינוּ לְךָ.

מו. מִי שֶׁמִּתְפַּלֵּל כָּל הַיּוֹם, עַל־יְדֵי זֶה בָּא בּוּשָׁה עַל אוֹיְבָיו.

מז. מִי שֶׁהֵרַע לְשׂוֹנְאוֹ שֶׁל הַצַּדִּיק, עַל־יְדֵי זֶה יִזְכֶּה לְנַצֵּחַ תָּמִיד.

מח. כְּשֶׁבְּנֵי־אָדָם דּוֹבְרִים עָלֶיךָ, תִּלְמַד בְּכָל לַיְלָה אַגָּדָה.

מט. שְׁנֵי צַדִּיקִים אֵינָם יְכוֹלִים לָדוּר בְּעִיר אַחַת, עַד שֶׁיִּהְיֶה לָהֶם אֱמֶת.

נ. עַל־יְדֵי בִּטָּחוֹן אוֹיְבָיו לֹא יִשְׂמְחוּ בְּצָרָתוֹ.

נא. מִי שֶׁאֵין מְבַיֵּשׁ פְּנֵי חֲבֵרוֹ, לֹא יִשְׂמְחוּ אוֹיְבָיו עָלָיו.

נב. מִי שֶׁיֵּשׁ לוֹ הַרְבֵּה שׂוֹנְאִים, בְּיָדוּעַ שֶׁהַשִּׂנְאָה שֶׁלֹּא כַּדִּין, כִּי אִי אֶפְשָׁר שֶׁיֵּצְאוּ כֻּלָּם יְדֵי חוֹבָתוֹ כְּנֶגְדּוֹ.

נג. כְּשֶׁיֵּשׁ לְאָדָם שׂוֹנְאִים, וְאַחַר־כָּךְ קָם עָלָיו אִישׁ אֶחָד מֵרֵעָיו וַאֲנָשָׁיו גַּם הוּא לַחֲלֹק עָלָיו, הוּא סִימָן שֶׁהַבַּעֲלֵי־מַחֲלֹקֶת שֶׁלּוֹ יִהְיוּ נִכְשָׁלִים וְנוֹפְלִים.

נד. מִי שֶׁיֵּשׁ לוֹ אֱמוּנָה, אֵינוֹ יָרֵא מֵאוֹיְבִים.

נה. עַל־יְדֵי תְּפִלָּה בְּשַׁוְעָה אוֹיְבָיו אֵינָם שְׂמֵחִים עָלָיו.

נו. מִי שֶׁיֵּשׁ לוֹ שׂוֹנְאִים, וְאֵינוֹ יוֹדֵעַ אִם יִפֹּל בְּיָדָם אִם לָאו, יִסְתַּכֵּל אִם נוֹפֵל מִמַּדְרֵגַת עֲבוֹדַת הַשֵּׁם יִתְבָּרַךְ, בְּיָדוּעַ שֶׁיִּהְיֶה נִמְסָר בְּיָדָם.

נז. לְמַחֲלֹקֶת יִלְמַד מַסֶּכֶת סֻכָּה.

נח. מַחֲלֹקֶת בָּא עַל־יְדֵי חֲבוּרַת רְשָׁעִים.

נט. עַל־יְדֵי עַצְבוּת גַּם הָאוֹהֲבִים יַחְלְקוּ עָלֶיךָ.

ס. אֵין מְרִיבָה מְצוּיָה בְּבֵיתוֹ אֶלָּא עַד שֶׁתִּכְלֶה תְּבוּאָה מִבֵּיתוֹ.

סא. לִפְעָמִים כְּשֶׁהַרְבֵּה צַדִּיקִים חוֹלְקִים עַל צַדִּיק אֶחָד גַּם הַקָּדוֹשׁ־בָּרוּךְ־הוּא מַסְכִּים עִמָּהֶם אַף שֶׁהָאֱמֶת עִם הַצַּדִּיק הָאֶחָד, וְהַצַּדִּיקִים מַמְשִׁיכִין אֶת רְצוֹן הַקָּדוֹשׁ־בָּרוּךְ־הוּא עִמָּהֶם.

סב. הַקּוֹרֵא לַחֲבֵרוֹ רָשָׁע, רַשַּׁאי לֵירֵד לְתוֹךְ אֻמָּנוּתוֹ וּלְמַעֵט מְזוֹנוֹתָיו עַד שְׁלִישׁ.

סג. אִם אֵין לְאָדָם חֲבֵרִים וְאוֹהֲבִים, נֹחַ לוֹ שֶׁיָּמוּת.

סד. כָּל הַדְּבָרִים נִבְרָאִים בִּבְחִינַת זָכָר וּנְקֵבָה. אֲפִלּוּ מְלָכִים; יֵשׁ מֶלֶךְ בִּבְחִינַת זָכָר וְיֵשׁ מֶלֶךְ בִּבְחִינַת נְקֵבָה, וְהַקָּדוֹשׁ־בָּרוּךְ־הוּא מַרְחִיקָן זֶה מִזֶּה כְּדֵי שֶׁלֹּא יַחֲרִיבוּ אֶת הָעוֹלָם.

סה. בַּעַל־מְרִיבָה – אַף־עַל־פִּי שֶׁהוּא לַמְדָן, אַל תְּכַבֵּד אוֹתוֹ.

סו. בְּמָקוֹם מְרִיבָה שָׁם הַשָּׂטָן.

סז. מִי שֶׁמְּקַיֵּם קְרִיאַת־שְׁמַע שַׁחֲרִית וְעַרְבִית, אֵינוֹ נִמְסָר בְּיַד שׂוֹנְאָיו.

סח. עַל־יְדֵי תּוֹרָה וּגְמִילוּת־חֲסָדִים אוֹיְבָיו נוֹפְלִים לְפָנָיו.

סט. עַל־יְדֵי רְדִיפָה הַנִּרְדָּף נִכְשָׁר לְקָרְבָּן לִפְנֵי אֱלֹקִים.

ע. לְעוֹלָם תְּצַדֵּד לְהַצִּיל אֶת הַנִּרְדָּפִים.

עא. אֵין הָעוֹלָם מִתְקַיֵּם אֶלָּא בִּשְׁבִיל מִי שֶׁבּוֹלֵם אֶת פִּיו בִּשְׁעַת מְרִיבָה.

עב. מִי שֶׁשּׁוֹכֵחַ דָּבָר אֶחָד מִתַּלְמוּדוֹ, עַל־יְדֵי זֶה קָמִים עָלָיו בַּעֲלֵי מַחֲלֹקֶת.

עג. עַל־יְדֵי מַחֲלֹקֶת שֶׁחוֹלְקִין עַל הַצַּדִּיק, נִתְעוֹרְרִים מִלְחָמוֹת.

עד. כְּשֶׁדּוֹבְרִים עַל הָאָדָם, אֲזַי יֵשׁ כֹּחַ בְּיֵצֶר הָרָע לְהַגְבִּיר אֶת עַצְמוֹ עַל זֶה הָאָדָם, שֶׁדּוֹבְרִים עָלָיו, וְצָרִיךְ לְבַקֵּשׁ רַחֲמִים עַל זֶה.

עה. מִי שֶׁקָּשֶׁה לְקַבֵּל פִּיּוּס, הוּא מֵעָלְמָא דְּנוּקְבָא.

עו. לַמְרִיבָה, הַשְׁכֵּם וְהַעֲרֵב לְבֵית־הַמִּדְרָשׁ וּלְמַד תּוֹרָה. אוֹ כְּשֶׁאִי אֶפְשָׁר לָדוּן אוֹתָם, תִּתְפַּלֵּל עֲלֵיהֶם וְהַקָּדוֹשׁ־בָּרוּךְ־הוּא יַפִּילֵם, וְאַל תִּמְסֹר אוֹתָם לַשַּׂר.

עז. כָּל שֶׁיֵּשׁ לוֹ קִנְאָה עַל חֲבֵרוֹ וְדוֹמֵם, הַקָּדוֹשׁ־בָּרוּךְ־הוּא עוֹשֶׂה לוֹ דִּין.

עח. אַל תָּרִיב עִם אָדָם שֶׁהוּא תַּקִּיף מִמְּךָ, אַף־עַל־פִּי שֶׁהוּא מַכֶּה אוֹתְךָ לְדָבָר בִּלְתִּי הָגוּן. אֲבָל אִם יֵשׁ לוֹ אֵימַת שַׂר, תֵּלֵךְ עִמּוֹ אֶל הַשַּׂר וְאַל תַּעֲשֶׂה הַדָּבָר בִּלְתִּי הָגוּן.

עט. עַל־יְדֵי לָשׁוֹן הָרָע נוֹפְלִים בַּמִּלְחָמָה.

פ. מִי שֶׁאֵין אוֹמֵר לָשׁוֹן הָרָע, הוּא מְנַצֵּחַ.

פא. שָׁנָה וּפֵרֵשׁ, עַל־יְדֵי זֶה אוֹיְבָיו רוֹדְפִין אוֹתוֹ.

פב. כְּשֶׁאִשְׁתּוֹ שֶׁל אָדָם שׁוֹפַעַת דָּם בְּלֹא עֵת נִדָּתָהּ, בְּיָדוּעַ שֶׁאֵיזֶה שִׂנְאָה נִתְעוֹרֵר עָלָיו.

פג. כְּשֶׁהַצַּדִּיק יֵשׁ לוֹ מַחֲלֹקֶת עִם אֶחָד וְיָכוֹל לְהַצִּיל אֶת עַצְמוֹ עִם מָמוֹן, יַצִּיל אֶת עַצְמוֹ וְאַל יִשְׁתַּמֵּשׁ בְּצִדְקָתוֹ.

פד. בְּכָל בַּעֲלֵי מַחֲלֹקֶת נִתְגַּלְגְּלִים שָׁם נִיצוֹצִין מִנִּשְׁמַת דָּתָן וַאֲבִירָם.

פה. הַמַּחֲלֹקֶת שֶׁיֵּשׁ בֵּין שְׁנֵי צַדִּיקִים לְטוֹבַת יִשְׂרָאֵל, תֵּדַע שֶׁגַּם לְמַעְלָה יֵשׁ שְׁנֵי מַלְאָכִים שֶׁגַּם הֵם חוֹלְקִים גַּם־כֵּן, וְאֵין לָהֶם מַכְרִיעַ אֶלָּא הַקָּדוֹשׁ־בָּרוּךְ־הוּא בְּעַצְמוֹ.

פו. מִי שֶׁשּׁוֹמֵעַ חֶרְפָּתוֹ וְשׁוֹתֵק, עַל־יְדֵי זֶה נִתְבַּטֵּל מִמֶּנּוּ רַבּוֹת רָעוֹת שֶׁהָיוּ רְאוּיִין לָבוֹא עָלָיו.

פז. דַּעְתּוֹ שֶׁל הַקָּדוֹשׁ־בָּרוּךְ־הוּא נוֹטָה תָּמִיד אַחַר הָרֹב, אֲבָל אִם הָרֹב הֵם רְשָׁעִים, אֵין דַּעְתּוֹ נוֹטָה אַחֲרֵיהֶם.

פח. אֵין מְלַמְּדִין זְכוּת עַל הַמֵּסִית.

פט. כְּשֶׁיֵּשׁ מַחֲלֹקֶת מִשְּׁנֵי אֲנָשִׁים, וּלְכָל אֶחָד יֵשׁ לוֹ אֲנָשִׁים הַמְצַדְּדִים לוֹ,

כְּשֶׁגּוֹזְרִים מִיתָה לְמַעְלָה, חַס וְשָׁלוֹם, עַל אֶחָד מֵאַנְשֵׁי הַמַּחֲלֹקֶת, מַתְחִילִין מִן הַקָּטָן שֶׁבָּהֶם וְלֹא מִן הָאִישׁ שֶׁהוּא עִקָּר בַּמַּחֲלֹקֶת.

צ. לִפְעָמִים נִגְזָר עַל הָאָדָם, שֶׁיִּכְלֶה זַרְעוֹ. וּכְשֶׁנִּמְסָר בְּיַד שׂוֹנְאָיו, עַל־יְדֵי זֶה נִתְבַּטֵּל הַגְּזֵרָה שֶׁל כְּלָיַת זַרְעוֹ.

צא. מִי שֶׁמַּרְחִיק אֶת הָאָדָם מֵעֲבוֹדַת הַשֵּׁם יִתְבָּרַךְ, עַל־יְדֵי זֶה יָבוֹא מִמֶּנּוּ זֶרַע, שֶׁיְּצַעֲרוּ לְזַרְעוֹ שֶׁל הַמַּרְחִיק.

צב. מִי שֶׁיֵּשׁ בְּיָדוֹ לִמְחוֹת בָּרְשָׁעִים וְלֹא מִחָה, כְּאִלּוּ הוּא עוֹשֶׂה הָרָע.

צג. הַמַּחֲזִיק בְּמַחֲלֹקֶת, עוֹבֵר בְּלָאו וְרָאוּי לְהִצְטָרֵעַ.

צד. הַחוֹלֵק עַל מַלְכוּת בֵּית־דָּוִד, רָאוּי לְהַכִּישׁוֹ נָחָשׁ.

צה. עַל־יְדֵי עֵסֶק הַתּוֹרָה יָכוֹל לַעֲמֹד בְּקִשְׁרֵי הַמִּלְחָמָה.

צו. צָרִיךְ לְהִתְחַזֵּק נֶגֶד הַשּׂוֹנְאִים וּלְהַעֲרִיךְ עִמָּהֶם מִלְחָמָה בְּתַחְבּוּלָה, וְהַקָּדוֹשׁ־בָּרוּךְ־הוּא יַעֲשֶׂה הַטּוֹב בְּעֵינָיו.

צז. לְמַחֲלֹקֶת סְגֻלָּה לוֹמַר: "וַיִּקְרָא אָסָא אֶל ה'" עַד "אֱנוֹשׁ" (בְּדִבְרֵי־הַיָּמִים־ב יד, י).

צח. מִי שֶׁאֵין בִּטְחוֹנוֹ בֵּאלֹקָיו, עַל־יְדֵי זֶה בָּאִים מִלְחָמוֹת וּמְרִיבוֹת.

צט. עַל־יְדֵי לִמּוּד תּוֹרָה נוֹפֵל פַּחַד עַל הָאֻמּוֹת, שֶׁלֹּא יִלָּחֲמוּ עִם יִשְׂרָאֵל.

ק. לְמַחֲלֹקֶת תֹּאמַר: "וַיֹּאמֶר ה' אֱלֹקֵי אֲבוֹתֵינוּ" עַד "כִּי עָלֶיךָ עֵינֵינוּ" מַה שֶּׁאָמַר יְהוֹשָׁפָט.

קא. בִּשְׁעַת מִלְחָמָה צָרִיךְ לְהָכִין כְּלֵי מִלְחָמָה כַּנָּהוּג, וְהַקָּדוֹשׁ־בָּרוּךְ־הוּא יַעֲשֶׂה מַה שֶּׁבִּרְצוֹנוֹ, וְאֵין לִסְמוֹךְ עַל הַנֵּס.

קב. הַקּוֹבֵעַ מָקוֹם לִתְפִלָּתוֹ, אוֹיְבָיו נוֹפְלִים תַּחְתָּיו.

קג. אֵין לְהִתְפַּלֵּל עַל שׁוּם אָדָם שֶׁיָּמוּת אֲפִלּוּ עַל מִין, כִּי יוֹתֵר טוֹב לַהֲרֹג אוֹתָם בִּידֵי אָדָם וְלֹא בִּידֵי שָׁמַיִם.

קד. אַל תִּתְגָּרֶה בְּרָשָׁע; כָּל שֶׁכֵּן בְּרָשָׁע שֶׁהַשָּׁעָה מְשַׂחֶקֶת לוֹ.

קה. מֻתָּר שֶׁלֹּא לְהוֹדוֹת עַל הָאֱמֶת וְלַחֲלֹק עָלָיו, כְּדֵי דְּלָא לִטְעֵי כֻּלֵּי עָלְמָא בַּתְרֵהּ.

קו. בַּעֲוֹן שִׂנְאַת־חִנָּם מְרִיבָה רַבָּה בְּתוֹךְ בֵּיתוֹ.

קז. חֶרֶב וּבִזָּה רַבָּה בָּא בַּעֲוֹן עִנּוּי הַדִּין וְעִוּוּת וְקִלְקוּל הַדִּין וּבִטּוּל תּוֹרָה.

קח. אִשָּׁה נִדָּה דִּפְסָקָה בֵּין תְּרֵי, אִם סוֹף נִדָּה הִיא, עוֹשָׂה מְרִיבָה בֵּינֵיהֶם.

קט. הַנִּרְדָּף שֶׁמְּפַיֵּס אֶת הָרוֹדֵף, עַל־יְדֵי זֶה נִתְעוֹרֵר דִּין עַל הָרוֹדֵף.

קי. הַמְפַרְנֵס אֶת שׂוֹנְאָיו, עַל־יְדֵי זֶה נִדּוֹן הַשּׂוֹנֵא בְּדִין שְׂרֵפָה.

חלק שני

א. עַל־יְדֵי שֶׁדּוֹבְרִים עַל הַצַּדִּיק, עַל־יְדֵי זֶה נִתְגַּבֵּר הַפִּילוֹסוֹפְיָא בָּעוֹלָם וְכֵן לְהֵפֶךְ.

ב. יֵשׁ מְפֻרְסָמִים שֶׁעִקַּר הַפִּרְסוּם שֶׁלָּהֶם נַעֲשָׂה עַל־יְדֵי הַמַּחֲלֹקֶת.

ג. עַל־יְדֵי הַמַּחֲלֹקֶת נוֹפֵל לְתַאֲוַת נִאוּף.

ספר המדות

ד. מִי שֶׁקָּמִים עָלָיו רַבִּים וְחוֹלְקִים עָלָיו עַל אֱמוּנָתוֹ, וְהוּא עוֹמֵד כְּנֶגְדָּם וְטוֹעֵן כְּנֶגְדָּם דְּבָרִים הַנִּתְקַבְּלִים, עַל־יְדֵי זֶה זוֹכֶה לְבָנִים רַבִּים וְהָעוֹלָם נִתְמַלֵּא מִזַּרְעוֹ.

ה. מִי שֶׁנּוֹתֵן עֵינֵי שִׂכְלוֹ תָּמִיד לַחְקֹר אֶת רָאשֵׁי־הַדּוֹר וּמְעַיֵּן בָּהֶם בְּעֵינָא בִּישָׁא, עַל־יְדֵי זֶה נוֹפֵל לְרָעָב שֶׁלֶּעָתִיד, הַיְנוּ לֹא רָעָב לַלֶּחֶם, וְזֶה "**רָעָב**" **עַ**'יִן **בְּ**'תוֹךְ **רָ**'ב.

ו. עַל־יְדֵי צְדָקָה בְּסִבָּה קַלָּה הוּא מַכְנִיעַ אֶת אוֹיְבָיו, וְהַקָּדוֹשׁ־בָּרוּךְ־הוּא מַצִּילוֹ מִסִּבּוֹת גְּדוֹלוֹת שֶׁל אוֹיְבָיו.

ז. עַל־יְדֵי בִּרְכַּת־הַמָּזוֹן נִתְוַדַּע הַשֵּׁם יִתְבָּרַךְ בָּעוֹלָם. גַּם עַל־יְדֵי בִּרְכַּת־הַמָּזוֹן נִתְיַשֵּׁב הַמַּלְכוּת מִן הַמְּרִיבוֹת וְהַמִּלְחָמוֹת.

ח. מִי שֶׁלִּמּוּדוֹ בַּתּוֹרָה בְּמֹחַיִן זַכִּים, שֶׁאֲכִילָתוֹ כָּל־כָּךְ בִּקְדֻשָּׁה, שֶׁנִּזּוֹן מִמָּזוֹן, שֶׁהַמַּלְאָכִים נִזּוֹנִין מִמֶּנּוּ, עַל־יְדֵי זֶה שׂוֹנְאָיו נִדּוֹנִין בְּחֶנֶק. וְסִימָן לַדָּבָר: "וַיְהִי בַיּוֹם הַשְּׁלִישִׁי בִּהְיֹת הַבֹּקֶר"; "וּבַבֹּקֶר הָיְתָה שִׁכְבַת הַטָּל"; "וַיְהִי בְּאַשְׁמֹרֶת הַבֹּקֶר".

ט. הַצַּעַר וְהַקִּנְטוּר שֶׁיֵּשׁ עַל הֶחָכָם, עַל־יְדֵי זֶה בָּא לִידֵי שִׁכְחָה.

י. עַל־יְדֵי הַמְּרִיבָה גּוֹרְמִים, שֶׁהַתַּלְמִידִים הַקְּטַנִּים נִתְפַּרְסְמִים קֹדֶם זְמַנָּם, וְזֶהוּ בְּחִינַת הַפָּלַת נְפָלִים, שֶׁהַוָּלָד יוֹצֵא לַאֲוִיר הָעוֹלָם קֹדֶם זְמַנּוֹ, וְעַל־יְדֵי זֶה גּוֹרֵם עֲנִיּוּת וְלִפְעָמִים גּוֹרֵם מִיתוֹת, חַס וְשָׁלוֹם.

יא. לִפְעָמִים אֵין שָׁלוֹם בַּיִת לָאָדָם וְכָל בְּנֵי־בֵיתוֹ בִּקְטָטָה, בְּיָדוּעַ שֶׁיֵּשׁ שֵׁדִים בַּבַּיִת הַגּוֹרְמִין כָּל זֶה, וְעַל־יְדֵי זֶה בָּאִים יִסּוּרִים עַל אַנְשֵׁי בֵיתוֹ.

יב. לִפְעָמִים מְקוֹמוֹ שֶׁל אָדָם גּוֹרֵם לוֹ מְרִיבוֹת, כְּמוֹ שֶׁאֵין שׁוֹאֲלִין בִּשְׁלוֹם חֲבֵרוֹ בִּמְקוֹם הַטִּנֹּפֶת.

יג. עַל־יְדֵי הַצַּעַר וְהָעַצְבוּת בָּא מְרִיבָה בָּעוֹלָם, וְעַל־יְדֵי הַשִּׂמְחָה בָּא שָׁלוֹם בָּעוֹלָם.

יד. הִתְגַּלּוּת הַתּוֹרָה הִיא עַל־יְדֵי הַשָּׁלוֹם.

טו. הַמַּשָּׂא־וּמַתָּן אוֹ הַמְּלָאכָה שֶׁאָדָם מְיַגֵּעַ בּוֹ בְּיוֹם תַּעֲנִיתוֹ, זֶה הַדָּבָר מַצִּיל אוֹתוֹ מִשּׂוֹנְאִים וּמְרוֹצְחִים.

טז. מִי שֶׁיֵּשׁ לוֹ שׂוֹנְאִים, קָשֶׁה לוֹ לְכַוֵּן דַּעְתֵּהּ בַּתְּפִלָּה.

יז. מִי שֶׁעוֹשֶׂה פֵּרוּד בֵּין אִישׁ לְאִשְׁתּוֹ, הַיְנוּ שֶׁהוֹלֵךְ לָאִישׁ וּמְיַפֶּה אֶת הָאִשָּׁה בִּפְנֵי הַבַּעַל, וְהוֹלֵךְ אֶל הָאִשָּׁה וּמְגַנֶּה אֶת בַּעְלָהּ בְּעֵינֶיהָ, עַד שֶׁנַּעֲשָׂה פֵּרוּד בֵּינֵיהֶם, עַל־יְדֵי זֶה נַעֲשָׂה טָרוּד בִּמְזוֹנוֹתָיו.

יח. כְּשֶׁהַקָּדוֹשׁ־בָּרוּךְ־הוּא רוֹאֶה אֵיזֶה צַדִּיק, שֶׁיֵּשׁ כֹּחַ בְּיָדוֹ לְקָרֵב בְּנֵי־אָדָם לַעֲבוֹדָתוֹ, אֲזַי מַעֲמִיד עָלָיו שׂוֹנְאִים, כְּדֵי שֶׁיּוּכַל לְקָרֵב בְּנֵי־אָדָם, כִּי הַצַּדִּיק שֶׁאֵין לוֹ שׂוֹנְאִים, אֵין יָכוֹל לְקָרֵב, כְּמוֹ בְּעֵת בִּיאַת הַמָּשִׁיחַ יֵשְׁבוּ בְּשַׁלְוָה, וְאָז אֵין מְקַבְּלִים גֵּרִים.

יט. עַל־יְדֵי הִרְהוּרֵי עֲבוֹדָה זָרָה שׂוֹנְאִים בָּאִים וְנִתְרוֹמְמִים עַל אָדָם.

כ. מִי שֶׁשּׂוֹנְאָיו נִתְרוֹמְמִים, הוּא נוֹפֵל לְתַאֲוַת אֲכִילָה.

כא. כְּשֶׁאָדָם מַרְגִּישׁ חִכּוּךְ בְּגוּפוֹ, יֵדַע שֶׁיֵּשׁ לוֹ שׂוֹנְאִים, וְלִפְעָמִים שֶׁעַל־יְדֵי

מַכּוֹת וְחַבּוּרוֹת שֶׁיֵּעָשֶׂה בְּגוּפוֹ, עַל־יְדֵי זֶה נִצּוֹל מִשּׂוֹנְאִים, כִּי זֶה נִתְחַלֵּף בָּזֶה.

כב. יֵשׁ שְׁנֵי צַדִּיקִים, שֶׁאֶחָד דִּבּוּרָיו הֵם בַּחֲרִישָׁה, וְהַשֵּׁנִי דְּבָרָיו בִּקְצִירָה, אוֹ אֶחָד דְּבָרָיו הֲקָמַת הַבְּרִית לְזִוּוּג, וְהַשֵּׁנִי דְּבָרָיו הֵם הַמַּמְשִׁיכִים אֶת הַזֶּרַע וּמְהַוִּים אֶת הַוָּלָד בְּבֶטֶן אִמּוֹ וּמְגַדְּלִין אוֹתוֹ. בְּכֵן כְּשֶׁיֵּשׁ מַחֲלֹקֶת בֵּין שְׁנֵי צַדִּיקִים הָאֵלּוּ, אַל יִתְעָרֵב זָר בְּתוֹךְ דִּבּוּרִים, שֶׁמְּדַבְּרִים זֶה עַל זֶה, כְּדֵי שֶׁלֹּא יְקַלְקֵל הַמְכֻוָּן.

כג. מִי שֶׁיֵּשׁ לוֹ שׂוֹנְאִים, יַזִּיר מִן הַיַּיִן, וְעַל־יְדֵי זֶה נַעֲשֶׂה רֹאשׁ לָהֶם.

כד. סְגֻלָּה לְהִנָּצֵל מִשּׂוֹנְאִים, הֵן שׂוֹנְאִים שֶׁל מַחֲלֹקֶת הֵן שׂוֹנְאִים שֶׁבַּדֶּרֶךְ, שֶׁמִּתְיָרֵא מֵהֶם, לוֹמַר כָּל הַטְּעָמִים שֶׁבַּתּוֹרָה, דְּהַיְנוּ פַּשְׁטָא מֻנַּח זַרְקָא וְכוּ'.

משיח

א. עַל־יְדֵי סִפּוּרֵי מַעֲשִׂיּוֹת שֶׁל צַדִּיקִים מַמְשִׁיכִין אוֹר שֶׁל מָשִׁיחַ בָּעוֹלָם, וְדוֹחֶה הַרְבֵּה חֹשֶׁךְ וְצָרוֹת מִן הָעוֹלָם, גַּם זוֹכֶה לִבְגָדִים נָאִים.

ב. עַל־יְדֵי תְּשׁוּבָה הָרוּחַ שֶׁל מָשִׁיחַ מְנַשֶּׁבֶת עַל גְּזֵרוֹת הַמַּלְכֻיּוֹת וּמְבַטְּלָן.

ג. עָתִיד דּוֹר אֶחָד שֶׁיִּהְיֶה בָּעוֹלָם, שֶׁיִּהְיֶה כֻּלּוֹ זַכַּאי.

ד. עַל־יְדֵי אֱמֶת בָּא הַקֵּץ.

ה. עַל־יְדֵי שְׁמִירַת שַׁבָּת מַמְשִׁיךְ עַל עַצְמוֹ אוֹר שֶׁל מָשִׁיחַ גַּם עַל־יְדֵי תְּשׁוּבָה.

משקה

א. עַל־יְדֵי גְּנֵבָה הַמַּשְׁקוֹת מִתְקַלְקְלִין.

ב. גַּם עַל־יְדֵי גַּאֲוָה.

נגינה

א. כְּשֶׁהַצַּדִּיקִים נִתְפַּרְסְמִים בָּעוֹלָם, עַל־יְדֵי זֶה נִתְחַדְּשִׁים נִגּוּנִים בָּעוֹלָם.

ב. הַלְוִיִּם הָיָה לָהֶם לְכָל יוֹם נִגּוּן מְיֻחָד, וְעַכְשָׁו בַּגָּלוּת נִשְׁתַּכְּחוּ הַנִּגּוּנִים. וּכְשֶׁבָּאָה אֵיזֶהוּ שֶׁבֶר עַל אֵיזֶהוּ אֻמָּה, אֲזַי מִתְנוֹצֵץ הַנִּגּוּן שֶׁל הַלְוִיִּם שֶׁהוּא כְּנֶגֶד הַשֶּׁבֶר הַזֶּה.

ג. עַל־יְדֵי הַנִּגּוּנִים שֶׁיֵּשׁ בָּהֶם קוֹל בְּכִיָּה, יְכוֹלִים לְהוֹצִיא הַשְּׁבוּיִים, בִּבְחִינַת מוֹצִיא אֲסִירִים בַּכּוֹשָׁרוֹת.

ד. עַל־יְדֵי הַנְּגִינָה אָדָם נִכָּר, אִם קִבֵּל עָלָיו עֹל תּוֹרָה.

ה. מַה כְּשֶׁאָדָם שׁוֹתֶה, מַתְחִיל לְזַמֵּר וּלְנַגֵּן וְלֹא כֵן בַּאֲכִילָתוֹ, מֵחֲמַת שֶׁאָמְרוּ שִׁירָה עַל הַבְּאֵר, וְלֹא אָמְרוּ שִׁירָה עַל הַמָּן.

נדה

חלק ראשון

א. אִשָּׁה שֶׁהִיא מְרַבָּה בְּדָמִים, הִיא דַּבְּרָנִית; וְאַל תִּתְיַפֶּה בְּעֵינֵי בְּנֵי אָדָם, גַּם תִּרְחַץ אֶת עַצְמָהּ בְּמֵי מַעְיָנוֹת, גַּם אַל תִּיגַּע אֶת עַצְמָהּ הַרְבֵּה, גַּם בַּעְלָהּ יִזָּהֵר בִּנְטִילַת־יָדַיִם, גַּם אַל תִּכְעַס, גַּם אַחַר הַטְּבִילָה תִּתֵּן צְדָקָה. גַּם בַּעְלָהּ יִלְמַד מַסֶּכֶת נִדָּה וְאַחַר־כָּךְ יֹאמַר שִׁיר שֶׁל יוֹם. גַּם תִּרְחַץ אֶת עַצְמוֹ בִּדְבָרִים, הָעוֹלִים מִתּוֹךְ הַמְּצוּדָה מִן הַנָּהָר, גַּם תִּשְׁתֶּה חֲלֵב עֵז, גַּם תִּרְחַץ בְּנוֹצַת עִזִּים, גַּם תְּעַשֵּׁן אֶת עַצְמָהּ בִּלְבוֹנָה.

ב. אִשָּׁה שֶׁשּׁוֹפַעַת דָּם, תִּכְתֹּב אוֹתִיּוֹת "לֹא אֶחָד" וְתִשָּׂא עָלֶיהָ.

ג. אִשָּׁה שֶׁהִיא פְּרוּצָה, עַל־יְדֵי זֶה אֵין לָהּ וֶסֶת וּמַרְבָּה בְּדָמִים.

ד. נִדָּה שֶׁרָאֲתָה דָּם דֶּרֶךְ מִקְרֶה הוּא מֵחֲמַת חֵטְא הָאִישׁ.

חלק שני

א. אִשָּׁה שֶׁאֵין לָהּ וֶסֶת תִּתְעַנֶּה.

ב. סְגֻלָּה לְהַחֲזִיר לְאִשָּׁה וְסִתָּהּ עַל־יְדֵי הַכְנָסַת־אוֹרְחִים.

ג. מִי שֶׁעִסְקוֹ וּמַשָּׂאוֹ־וּמַתָּנוֹ עִם הָאֻמּוֹת בְּעֵת חַגָּם אוֹ אֲפִלּוּ שֶׁלֹּא בְּעֵת חַגָּם, אֶלָּא שֶׁפַּרְנָסָתוֹ שֶׁמַּעֲמִיד דְּבָרִים לַעֲבוֹדָה זָרָה שֶׁלָּהֶם, עַל־יְדֵי זֶה אִשְׁתּוֹ שׁוֹפַעַת דָּם תֵּכֶף סָמוּךְ לִטְבִילָתָהּ.

נהנה מאחרים

חלק ראשון

א. מַה שֶּׁהַצַּדִּיק מְקַבֵּל מָמוֹן מֵהָרָשָׁע, אַף־עַל־פִּי שֶׁזֶּה הַמָּמוֹן הוּא סָפֵק גָּזֵל, אַף־עַל־פִּי־כֵן מֻתָּר לְקַבֵּל מִמֶּנּוּ, כְּדֵי שֶׁלֹּא יְקַבֵּל הָרָשָׁע לְעַצְמוֹ אֵיזֶהוּ תַּלְמִיד חָכָם רָשָׁע, וְיֹאמַר עָלָיו שֶׁהוּא צַדִּיק, וְיִתֵּן לוֹ הַמָּמוֹן, וְיַחֲלֹק עַל הַצַּדִּיק הָאֱמֶת.

ב. מִשֶּׁרַבּוּ מְקַבְּלֵי מַתָּנוֹת, נִתְמַעֲטוּ הַיָּמִים וְנִתְקַצְּרוּ הַשָּׁנִים.

ג. אָדָם שֶׁקִּבַּלְתָּ הֲנָאָה מִמֶּנּוּ פַּעַם אֶחָד, אַל תְּבַזֵּהוּ.

ד. מִי שֶׁמַּכְבִּיד עֻלּוֹ עַל בְּנֵי־יִשְׂרָאֵל, לְסוֹף שֶׁנִּצְרָךְ לַאֲחֵרִים.

ה. מִי שֶׁעוֹשֶׂה טוֹבוֹת לִבְנֵי־אָדָם, מֻתָּר לוֹ לֵהָנוֹת מֵהֶם וּצְרִיכִים לְשָׁרְתוֹ.

ו. עַל־יְדֵי הֲנָאָה שֶׁאַתָּה מְקַבֵּל מֵחֲבֵרְךָ, עַל־יְדֵי זֶה אַתָּה סוֹבֵל צַעַר עַל עֲווֹנוֹתָיו.

ז. מִי שֶׁאֵינוֹ מְקַבֵּל מָמוֹן מֵאֲחֵרִים, יְגַדֵּל כָּל זַרְעוֹ.

ח. הַמֶּלֶךְ גּוֹבֶה יְצִיאוֹתָיו מִן הָעָם.

ט. צָרִיךְ לַעֲסֹק בְּאֵיזֶה מַשָּׂא־וּמַתָּן, כְּדֵי שֶׁלֹּא יִצְטָרֵךְ לְסוֹף לְבַטֵּל מִדִּבְרֵי תוֹרָה.

י. מִי שֶׁשּׁוֹאֵל חֶלְקוֹ בְּפִיו, כְּאִלּוּ גָּזַל.

יא. הַמְּצַפֶּה לְשֻׁלְחַן חֲבֵרוֹ, עוֹלָם חָשַׁךְ בַּעֲדוֹ גַּם חַיָּיו אֵינָם חַיִּים.

יב. מִי שֶׁיֵּשׁ לוֹ נְשָׁמָה, הוּא נֶהֱנֶה מֵרֵיחַ.

חלק שני

א. גְּדוֹלָה יְגִיעַ כַּפּוֹ, שֶׁמַּצִּיל אֶת הָאָדָם מֵהֲרֵיגָה.

ב. מִי שֶׁהוּא שׂוֹנֵא מַתָּנוֹת, אֵינוֹ מִתְיָרֵא מֵעֲלִילוֹת.

ניאוף

חלק ראשון

א. מִי שֶׁמְּהַרְהֵר בְּבַת אֵל נֵכָר, עַל־יְדֵי זֶה בָּנָיו לֹא יִהְיוּ לוֹמְדִים.

ב. מַזָּל שֶׁל אִשָּׁה כְּפִי מַזַּל הָאִישׁ.

ג. הַזִּווּג שֶׁהוּא בְּבַיִת נָאֶה, עַל־יְדֵי זֶה נִמְשָׁךְ צוּרָה יָפָה וּמְתֻקֶּנֶת לִבְנֵיהֶם.

ד. הַבָּא עַל הַגּוֹיָה, כְּאִלּוּ נִתְחַתֵּן עִמָּהֶם.

ה. הַבְּשָׂמִים מַכְנִיסִין תַּאֲוָה לָאָדָם.

ו. בַּת כֹּהֵן לְיִשְׂרָאֵל וּבַת תַּלְמִיד־חָכָם לְעַם־הָאָרֶץ, אֵין זִוּוּגָם עוֹלֶה יָפֶה: אוֹ אַלְמָנָה, אוֹ גְּרוּשָׁה, אוֹ זֶרַע אֵין לָהּ, אוֹ קוֹבְרָהּ, אוֹ קוֹבַרְתּוֹ, אוֹ מְבִיאָתוֹ לִידֵי עֲנִיּוּת וְלִידֵי גְּנוּת.

ז. זָקֵן מְנָאֵף – אֵין הַדַּעַת סוֹבַלְתּוֹ וְאַחַר־כָּךְ הוּא נִבְזֶה בְּעֵינֵי עַצְמוֹ.

ח. שִׁבְעָה כִּמְנֻדִּין, וְאֶחָד מֵהֶם – מִי שֶׁאֵין לוֹ אִשָּׁה.

ט. תַּאֲוַת נִאוּף אֵינוֹ נִרְחָק מִן הָאָדָם אֶלָּא עַל־יְדֵי הַרְחָקַת רְאוּת הָעַיִן וְהַמַּחֲשָׁבָה.

י. לֹא תִּכָּנֵס עִם פִּתּוּיֶיךָ בְּטוֹעֵן וְנִטְעָן, כִּי אֲרִיכַת הַרְגָּשַׁת הַחוּשׁ אֲפִלּוּ לִבְחִינַת הַשּׁוֹלֵל תִּפְעַל הַגְבָּרַת הַחֵפֶץ וְתִתְהַפֵּךְ הָרָצוֹן אֵלָיו.

יא. עַל־יְדֵי הַיַּיִן רוֹב נִאוּף.

יב. מִי שֶׁאֵין לוֹ אִשָּׁה, אֵינוֹ אָדָם, וּכְאִלּוּ שׁוֹפֵךְ דָּמִים וּמְמַעֵט אֶת הַדְּמוּת.

יג. מִי שֶׁמְּחַסֵּר עוֹנַת אִשְׁתּוֹ, וְיֵשׁ לָהּ צַעַר מִזֶּה, הוּא נֶעֱנָשׁ בְּמִיתָה.

יד. לִפְעָמִים עַל־יְדֵי שִׁדּוּכִים שֶׁאֵינָם הֲגוּנִים זֶה לָזֶה, אֶחָד מֵהֶם מֵת.

טו. מִי שֶׁנּוֹשֵׂא אִשָּׁה רְשָׁעָה גְּרוּשָׁה – קוֹבַרְתּוֹ.

טז. נִאוּף שֶׁל אִשָּׁה מַחֲרִיב אֶת הַבַּיִת.

יז. כָּל הַמְנַאֵף, עַל־יְדֵי זֶה אִשְׁתּוֹ רוֹאָה בַּחֲלוֹם טֻמְאוֹת הַנִּקְרָא מָארִין.

יח. כָּל הַנּוֹשֵׂא אִשָּׁה לְשֵׁם שָׁמַיִם, כְּאִלּוּ יְלָדָהּ.

יט. עַל־יְדֵי זִוּוּג שֶׁאֵינוֹ בִּקְדֻשָּׁה בָּא שְׂרֵפָה.

כ. כָּל הַבָּא דְּבַר עֲבֵרָה לְיָדוֹ וְאֵינוֹ עוֹשָׂאָהּ, עוֹשִׂים לוֹ נֵס.

כא. הַנּוֹשֵׂא אִשָּׁה, שֶׁאֵינָהּ הוֹגֶנֶת לוֹ, כְּאִלּוּ חוֹרְשׁוֹ לְכָל הָעוֹלָם כֻּלּוֹ וְזוֹרְעוֹ מֶלַח, וּכְשֶׁהַקָּדוֹשׁ־בָּרוּךְ־הוּא מַשְׁרֶה שְׁכִינָתוֹ, הוּא מֵעִיד עַל כָּל הַשְּׁבָטִים, וְאֵינוֹ מֵעִיד עָלָיו.

כב. הַמֵּפֵר בְּרִית, כְּאִלּוּ הֵפֵר כָּל הַמִּצְווֹת.

כג. הַמִּכְנָסַיִם מְכַפְּרִים עַל גִּלּוּי עֲרָיוֹת.

כד. עַל־יְדֵי נִאוּף נוֹפְלִים הַצַּדִּיקִים.
כה. עַל־יְדֵי שֶׁמְּקוֹנֵן עַל מִיתַת הַצַּדִּיקִים, עַל־יְדֵי זֶה מְשַׁבֵּר אֶת עַצְמוֹ מֵאַהֲבַת נָשִׁים.
כו. עַל־יְדֵי הוֹצָאַת זֶרַע לְבַטָּלָה בּוֹרֵא קְלִפּוֹת, הַמִּתְלַבְּשִׁים בִּבְנֵי־אָדָם מִתְנַגְּדִים וְחוֹלְקִים עָלָיו וְעוֹשִׂין לוֹ יִסּוּרִין.
כז. הַבָּא עַל אֵשֶׁת אִישׁ, סוֹף שֶׁבָּא לִידֵי שְׁפִיכוּת־דָּמִים.
כח. מִי שֶׁהוּא מְבַעֵר נוֹאֲפִים, בָּזֶה הוּא מְתַקֵּן חֵטְאַת אֲבוֹתָיו.
כט. מִי שֶׁרוֹצֶה לִשְׁמֹר אוֹת בְּרִית, יֹאמַר תָּמִיד אֱמֶת, גַּם יַעֲשֶׂה חֶסֶד עִם מִי שֶׁלֹּא יְצַפֶּה לְתַשְׁלוּם גְּמוּלוֹ.
ל. לִפְגַם הַבְּרִית יִהְיֶה רוֹדֵף שָׁלוֹם.
לא. עַל־יְדֵי מַחֲלֹקֶת בָּא לִידֵי פְּגַם הַבְּרִית.
לב. הִרְהוּרֵי נִאוּף בָּאִים מֵחֲמַת שְׁבִירַת כְּלִי שֶׁל חֶסֶד, וּלְפִי רֹב הַנִּיצוֹצוֹת הֵן רוֹב הַמַּחְשָׁבוֹת שֶׁל נִאוּף.
לג. מִי שֶׁעוֹבֵר עַל מִשְׁכַּב־זָכָר, עַל־יְדֵי זֶה נִתְפָּס בִּתְפִיסָה.
לד. כֶּסֶף חַי מְסֻגָּל לִגְבוּרַת אֲנָשִׁים.
לה. מִי שֶׁמִּזְדַּוֵּג עִם אִשְׁתּוֹ בִּשְׁעַת שִׂנְאָה, זֶרַע הַנּוֹלָד הֵן מְשַׁמְּדִין אֶת עַצְמָן.
לו. עַל־יְדֵי נִאוּף בָּאִים לְגָלוּת תַּחַת יַד שָׂרִים לֵצִים, וְנַעֲשָׂה בַּעַל־חוֹב.
לז. בִּזְכוּת שֶׁהַנְּקֵבוֹת נִזְהָרִים מִנִּאוּף, יָבוֹא מָשִׁיחַ, גַּם לֹא יִצְטָרֵךְ אָדָם לַחֲבֵרוֹ, וּכְבוֹד הַצַּדִּיקִים נִתְגַּדֵּל.
לח. נִאוּף בָּא עַל־יְדֵי הִתְעַסְּקוּת בְּשֵׁמוֹת הַטֻּמְאָה וּבִכְשָׁפִים.
לט. הַבָּא עַל הַכּוּתִית, מַכְנִיס כָּל הַשֶּׁפַע לְסִטְרָא אָחֳרָא.
מ. עַל־יְדֵי נִאוּף בָּא שִׁכְחָה.
מא. תִּקּוּן לְהוֹצָאַת זֶרַע לְבַטָּלָה – שֶׁיִּשְׁתַּדֵּל לְהַחֲזִיר בְּנֵי־אָדָם בִּתְשׁוּבָה.
מב. מִי שֶׁהוּא נוֹטֵר בְּרִית, אַף־עַל־פִּי שֶׁאֵין לוֹ זְכוּת אָבוֹת, הַקָּדוֹשׁ־בָּרוּךְ־הוּא עוֹשֶׂה לוֹ זְכוּת.
מג. עַל־יְדֵי מִעוּט אֱמוּנָה בָּאִין הִרְהוּרֵי נִאוּף.
מד. בַּעֲוֹן כִּשּׁוּף וְנִאוּף הַצַּדִּיק נִסְתַּלֵּק.
מה. בְּנֵי נוֹאֲפִים יִהְיוּ נִצְרָכִים לְכִשּׁוּף.
מו. בָּנִים הַנּוֹלָדִים עַל־יְדֵי עֵסֶק הַכִּשּׁוּף יִהְיוּ נוֹאֲפִים.
מז. הַנּוֹאֲפִים – לָרֹב הֵם מִתְנַגְּדִים לַצַּדִּיקִים.
מח. הַמּוֹצִיא זֶרַע לְבַטָּלָה, כְּאִלּוּ הֵבִיא בָּנָיו קָרְבָּן לַעֲבוֹדָה זָרָה גַּם נִדּוֹן בִּסְקִילָה.
מט. עַל־יְדֵי נִאוּף מְאַבֵּד אֶת הַזִּכָּרוֹן.
נ. עַל־יְדֵי נִאוּף הַבּוּשָׁה נִסְתַּלֵּק.
נא. עַל־יְדֵי אֲכִילָה גַּסָּה בָּא לְנִאוּף.
נב. כְּשֶׁאָדָם עוֹבֵר עֲבֵרָה, אַחַר־כָּךְ הוּא מְצַעֵר מֵחֲמַת הַנִּיצוֹץ שֶׁבּוֹ, אֲבָל כְּשֶׁפָּגַם בַּבְּרִית אֵין מְצַעֵר אַחַר־כָּךְ, כִּי כְּבָר הָלַךְ מִמֶּנּוּ הַנִּיצוֹץ.
נג. מִי שֶׁאֵינוֹ מֵפֵר בְּרִית, עַל־יְדֵי זֶה יֵשׁ לוֹ זְכִירָה.

נד. הִרְהוּרֵי נִאוּף בָּאִים עַל־יְדֵי שְׁבוּעַת שֶׁקֶר.
נה. מִי שֶׁהוּא עָרֵב בְּעַד רָשָׁע, נַעֲשֶׂה נוֹאֵף.
נו. מִי שֶׁמַּשְׁחִית דַּרְכּוֹ, עַל־יְדֵי זֶה נִכְלֶה פְּרוּטָה מִן הַכִּיס.
נז. עַל־יְדֵי גִּלּוּי עֲרָיוֹת בָּא הֲרֵיגָה.

חלק שני

א. עַל־יְדֵי נִאוּף נוֹפֵל לִתְפִיסָה אוֹ לְחֳלִי כְּאֵב רַגְלַיִם, גַּם תַּלְמִיד שֶׁלֹּא הִגִּיעַ לְהוֹרָאָה וּמוֹרֶה נוֹפֵל לָזֶה, גַּם מַזִּיקִין שׁוֹלְטִין עָלָיו.
ב. עַל־יְדֵי הַמַּחְלֹקֶת נוֹפֵל לְתַאֲוַת נִאוּף.
ג. עַל־יְדֵי תַּשְׁמִישׁ הַמִּטָּה בְּיָמִים שֶׁאֲסוּרִין בְּתַשְׁמִישׁ, עַל־יְדֵי זֶה נוֹפֵל לִתְפִיסָה.
ד. עַל־יְדֵי תַּאֲוַת נִאוּף בָּא עֲצִירוּת, וְעַל־יְדֵי עֲצִירוּת בָּא צָרַעַת.
ה. עַל־יְדֵי טוֹבוֹת שֶׁעוֹשֶׂה עִם בְּנֵי־אָדָם, נִתְבַּטֵּל תַּאֲוַת נִאוּף וְכֵן לְהֵפֶךְ.
ו. שׁוֹמֵר הַבְּרִית הוּא מְקוֹר הַבְּרָכוֹת.
ז. כָּל הַשּׁוֹמֵר הַבְּרִית, זוֹכֶה לְהָבִין הַשִּׁבְעִים לָשׁוֹן, הַגְּנוּזִים בַּתּוֹרָה.
ח. אָסוּר לְלַמֵּד זְכוּת, עַל זֶה שֶׁעָבַר עַל מִשְׁכַּב זָכוּר.
ט. הַפַּרְנָסָה – לְפִי הַזִּוּוּג.
י. אִישׁ בָּטֵל שֶׁאֵין עוֹסֵק בְּשׁוּם עֵסֶק, עַל־יְדֵי זֶה תַּאֲוָתוֹ מְרֻבָּה בְּמִשְׁגָּל וּמְדַבֵּר דִּבְרֵי טִנּוּף תָּמִיד.
יא. מִי שֶׁהוּא שׁוֹמֵר הַבְּרִית מֻתָּר לוֹ לִשְׂמֹחַ, כְּשֶׁרוֹאֶה מַפֶּלֶת שׂוֹנְאָיו.
יב. סַכָּנַת הַדְּרָכִים בָּא עַל־יְדֵי פְּגַם הַבְּרִית. וְסִימָן לַדָּבָר: "אָרְחִי וְרִבְעִי זֵרִיתָ" וְכוּ'.
יג. אִשָּׁה שֶׁנִּתְבַּעַת לִזְנוּת, אַף־עַל־פִּי שֶׁלֹּא נִבְעֲלָה, הַתְּבִיעָה לְחוּד עוֹשָׂה בָּהּ רֹשֶׁם.
יד. מִי שֶׁעוֹצֵם עֵינָיו מֵרְאוֹת בְּרָע, עַל־יְדֵי זֶה נִצּוֹל מִבִּזְיוֹנוֹת.
טו. עַל־יְדֵי זְנוּת בָּא רְצִיחָה.
טז. עַל־יְדֵי זְנוּת עִם הָאֻמּוֹת בָּא שְׁמָד.
יז. מִי שֶׁנּוֹטֵל שְׂרָרָה לְעַצְמוֹ, עַל־יְדֵי זֶה בִּתּוֹ נַעֲשֵׂית זוֹנָה, חַס וְשָׁלוֹם.
יח. הַבַּעֲלֵי חֶשְׁבּוֹנוֹת – עַל־פִּי רֹב הֵם בַּעֲלֵי תַּאֲוַת נִאוּף.
יט. מִי שֶׁאֵין מִסְתַּכֵּל עַל נָשִׁים, זוֹכֶה שֶׁזַּרְעוֹ יְחַבְּרוּ פֵּרוּשִׁים עַל הַתּוֹרָה.

ניבול פה

א. מִי שֶׁמְּדַבֵּר נִבּוּל־פֶּה, בְּיָדוּעַ שֶׁלִּבּוֹ חוֹשֵׁב מַחְשְׁבוֹת אָוֶן.
ב. עַל־יְדֵי נִבּוּל־פֶּה בָּא חֲנֻפָּה.
ג. בַּעֲוֹן נִבּוּל־פֶּה צָרוֹת וּגְזֵרוֹת מִתְחַדְּשׁוֹת, וּבַחוּרֵי יִשְׂרָאֵל מֵתִים, חַס וְשָׁלוֹם, וִיתוֹמִים וְאַלְמָנוֹת צוֹעֲקִים וְאֵינָם נַעֲנִין.
ד. הַמְנַבֵּל פִּיו, אֲפִלּוּ חוֹתְמִין עָלָיו גְּזַר־דִּין שֶׁל שִׁבְעִים שָׁנָה לְטוֹבָה, הוֹפְכִין

עָלָיו לְרָעָה, גַּם מַעֲמִיקִין לוֹ גֵיהִנֹּם, גַּם לְשׁוֹמֵעַ וְשׁוֹתֵק.

ה. חָמוּר הָאוֹמֵר בְּפִיו מִן הָעוֹשֶׂה מַעֲשֶׂה.

נִיסָיוֹן

א. הַנִּסָּיוֹן הוּא בִּשְׁבִיל לְגַדֵּל וּלְפַרְסֵם אֶת הָאָדָם.

ב. מִי שֶׁאֵין בְּמַעֲלוֹת הַצִּדְקוּת, וְגַם אֵין לוֹ זְכוּת אָבוֹת, וְרוֹצֶה לְקָרֵב אֶת בְּנֵי־אָדָם לַעֲבוֹדַת הַשֵּׁם יִתְבָּרַךְ, יִשְׁמֹר אֶת עַצְמוֹ מִנִּסְיוֹנוֹת, וּבִפְרָט שֶׁלֹּא יִתְקַנְּאוּ בּוֹ הָרְשָׁעִים.

ג. מִי שֶׁהוּא שׁוֹלֵט בְּיִצְרוֹ, בָּנָיו אֵינָם יוֹצְאִים לְתַרְבּוּת רָעָה, וְעַל־יְדֵי זֶה מָמוֹנוֹ נִתְבָּרֵךְ, וְעַל־יְדֵי זֶה לֹא יָבוֹא לִידֵי נִסָּיוֹן.

נְפִילָה

חלק ראשון

א. לִפְעָמִים אָדָם נוֹפֵל מִמַּדְרֵגָתוֹ לְעֵת זִקְנָתוֹ.

ב. עַל־יְדֵי גְּבִיַּת מַס נוֹפֵל אָדָם מִמַּדְרֵגָתוֹ.

ג. עַל־יְדֵי קִנְאָה נוֹפֵל מִמַּדְרֵגָתוֹ.

ד. עַל־יְדֵי קִנְאָה אֵינוֹ הוֹלֵךְ בְּדֶרֶךְ אֶחָד, לִפְעָמִים מִתְפַּלֵּל בְּהִתְלַהֲבוּת וְלוֹמֵד בְּהַתְמָדָה, וְלִפְעָמִים הַתְּפִלָּה וְהַלִּמּוּד עָלָיו כְּמַשָּׂא.

ה. מִי שֶׁנִּמְעָד בְּדִבּוּרוֹ, וּבְוַדַּאי הָרְגִילוּת שֶׁל לְשׁוֹנוֹ הָיָה צָרִיךְ לְדַבֵּר כָּל מַה שֶּׁצָּרִיךְ, אֲבָל מִי שֶׁנִּמְעָד בְּרְגִילוּת לְשׁוֹנוֹ, בְּיָדוּעַ שֶׁפַּרְנָסָתוֹ נִתְמַעֵט וְהוּא צָרִיךְ לְחֶסֶד גָּדוֹל וִישׁוּעָה שֶׁיִּתֵּן לוֹ הַקָּדוֹשׁ־בָּרוּךְ־הוּא פַּרְנָסָה.

ו. עַל־יְדֵי הַשְּׁבוּעָה נִכֶּרֶת [נִכְרֶתֶת] הַהִשְׁתּוֹקְקוּת שֶׁל אָדָם.

ז. כְּשֶׁאָדָם מַחֲלִיק וְנוֹפֵל, זֶה עַל־יְדֵי שֶׁהִתְחַזֵּק לַעֲבֹר עֲבֵרָה.

ח. כְּשֶׁאַתָּה מַתְחִיל לַעֲשׂוֹת אֵיזֶה מִצְוָה וְהַהַתְחָלָה הִיא בְּכָל לֵבָב, תַּצְלִיחַ בְּזוֹ הַמִּצְוָה וְלֹא יֶאֱרַע לְךָ שׁוּם הֶזֵּק.

ט. מִי שֶׁנּוֹפֵל מִיִּרְאָתוֹ, בְּיָדוּעַ שֶׁיִּרְאָתוֹ לֹא הָיְתָה טְהוֹרָה.

י. אָדָם נוֹפֵל מֵחֲמַת תַּאֲוַת מָמוֹן.

יא. כְּשֶׁתִּשְׁמֹר אֶת עַצְמְךָ מִגְּזֵלוֹת וּמִשְּׁבוּעוֹת וּמִשֶּׁקֶר, לֹא תִּפֹּל מִמַּדְרֵגָתְךָ.

יב. כְּשֶׁאָדָם מִתְפַּלֵּל בְּמִנְיָן, שֶׁיֵּשׁ שָׁם רְשָׁעִים, לִפְעָמִים הֵם מַשְׁלִיכִין אוֹתוֹ לְמַטָּה וְהַסְּגֻלָּה לָזֶה – שֶׁיַּגְבִּיהַּ יָדָיו לְמַעְלָה בִּשְׁעַת הַתְּפִלָּה.

יג. מִי שֶׁלִּבּוֹ נוֹפֵל מֵהַהִתְלַהֲבוּת, הוּא מֵחֲמַת שֶׁשּׂוֹנֵא אֶת הַצַּדִּיק.

יד. הַצַּדִּיק שֶׁמַּנְהִיג בֶּאֱמֶת אֶת הָעוֹלָם, לֹא יִפֹּל מֵחֲשִׁיבוּתוֹ.

טו. מִי שֶׁבּוֹרֵחַ מִן הַכָּבוֹד וְהַכָּבוֹד רוֹדֵף אַחֲרָיו, בְּוַדַּאי לֹא יֵרֵד וְלֹא יִפֹּל מִכְּבוֹדוֹ.

טז. עַל־יְדֵי הִתְקַשְּׁרוּת לַצַּדִּיקִים לֹא יִפֹּל מִמַּדְרֵגָתוֹ.

ספר המדות

חלק שני

א. מִי שֶׁהוֹלֵךְ וְנוֹפֵל, יֵדַע שֶׁמַּלְאָכָיו הַשּׁוֹמְרִים אוֹתוֹ נִסְתַּלְּקוּ.
ב. מִי שֶׁבָּא לוֹ הִרְהוּר זְנוּת עִם בַּת אֵל נֵכָר, בְּיָדוּעַ שֶׁיִּהְיֶה לוֹ אֵיזֶהוּ נְפִילָה.
ג. אוֹ אֵיזֶהוּ חוֹלַאַת יָבוֹא עַל אִשְׁתּוֹ וּבָנָיו.

נר תמיד

א. בִּזְכוּת נֵר תָּמִיד הַדּוֹלְקִים בְּשֶׁמֶן־זַיִת, נִצּוֹלִין מִגְּזֵרַת שְׁמָד.

סגולה

א. נוֹצָה שֶׁל עוֹפוֹת הַבַּר הֵם סְגֻלָּה לָחֳלָאֵי הָרֵאָה, וּמְסֻגָּל לְחַזֵּק אֶת הָרוּחַ־חַיִּים.
ב. הַשָּׁמַיִם – יֵשׁ בָּהֶם שִׁנּוּי מַרְאוֹת לְפִי מַרְאוֹת עֲשָׂבִים הַנִּגְדָּלִים עַל־יְדֵיהֶם, וְהֵם מְסֻגָּלִים לְהִסְתַּכֵּל בָּהֶן.
ג. מֵי גְּשָׁמִים מְסֻגָּלִין לְמִי שֶׁאֵין לוֹ גְּבוּרַת אֲנָשִׁים.
ד. אֲמִירַת תְּהִלִּים סְגֻלָּה לְהוֹרִיד גְּשָׁמִים "**תְּהִלִּם**" – **ל**'מְטַר **ה**'שָּׁמַיִם **תּ**'שְׁתֶּה **מ**'יִם.
ה. סְגֻלָּה לְהַחֲזִיר לְאִשָּׁה וִסְתָּהּ עַל־יְדֵי הַכְנָסַת אוֹרְחִים.
ו. מִי שֶׁשַּׂעֲרוֹתָיו מְרֻבִּים שֶׁלֹּא עַל־פִּי הַטֶּבַע, זֶה עָלוּל לִנְזָקִים הַרְבֵּה וְלִפְגָעִים רָעִים מֵהַסִּטְרָא־אַחֲרָא, סְגֻלָּתוֹ שֶׁיִּקְרָא הַפָּרָשָׁה שֶׁקּוֹרִין בְּיוֹם־כִּפּוּרִים.
ז. מִי שֶׁנִּתְאַלֵּם בְּפֶתַע פִּתְאוֹם, יַעֲבִירוּ עַל פִּיו חֵלֶף כָּשֵׁר.
ח. סְגֻלָּה לִמְקַשָּׁה לֵילֵד, תִּתְלֶה לָהּ עַל צַוָּארָהּ מַפְתֵּחַ שֶׁל הַבֵּית־עָלְמִין. גַּם הַמַּפְתֵּחַ הַזֶּה מְסֻגָּל לַעֲקָרָה.
ט. סְגֻלָּה לָחֳלִי הַצַּוָּאר, שֶׁיִּבְכֶּה עַל חֻרְבַּן בֵּית־הַמִּקְדָּשׁ.
י. סְגֻלָּה כְּשֶׁנִּכְנָס לְבַיִת חָדָשׁ לָגוּר, יַכְנִיס לְשָׁם חֶרֶב אוֹ סַכִּין אוֹ שְׁאָר כְּלֵי־זַיִן. וְסִימָן לַדָּבָר: בְּחָכְמָה יִבָּנֶה בָּיִת – **כְּ**'לֵי **חָ**'מָס **מְ**'כֵרוֹתֵיהֶם; חַרְבוֹתֵיהֶם מְגוּרוֹתֵיהֶם.
יא. תַּפּוּחִים מְסֻגָּלִים לִמְקַשָּׁה לֵילֵד.

סוד

א. עַל־יְדֵי עִיּוּן עָמֹק בְּסוֹדוֹת הַתּוֹרָה יוּכַל לִפְקֹד עֲקָרוֹת וּלְרַפְּאוֹת חוֹלַאַת חָזָק.

ספירת העומר

א. עַל יְדֵי סְפִירַת הָעֹמֶר נִצּוֹלִין מִגֵּרוּשׁ.

ספר המדות

ב. בְּיוֹתֵר צָרִיךְ לְהִזָּהֵר לִטְבֹּל לְקִרְיוֹ בִּימֵי עֹמֶר.
ג. בִּסְפִירַת הָעֹמֶר יְכוֹלִין לְהַכְנִיעַ אֶת הַמָּסוּר. וְסִימָן: **לָעֹמֶר** - רָאשֵׁי תֵבוֹת **מֵ**'אִיגְּרָא **רָ**'מָא **לְ**'בִירָא **עֲ**'מִיקְתָּא.

<u>**ספר**</u>

א. מִי שֶׁיֵּשׁ בְּיָדוֹ לְחַבֵּר אֵיזֶהוּ סֵפֶר וְאֵינוֹ מְחַבְּרוֹ, זֶה כְּמוֹ שְׁכוּל בָּנִים.
ב. אֵלּוּ הַמְחַבְּרֵי הַסְּפָרִים – צָרִיךְ לָהֶם לִשְׁקֹל בְּמִשְׁקָל אֶת דִּבְרֵי הַסֵּפֶר, אִם יֵשׁ בָּהֶם כְּדֵי סֵפֶר, כִּי עִקַּר הַסֵּפֶר אֵינוֹ אֶלָּא אֵלּוּ הַדְּבָרִים, הַנֶּאֱמָרִים בְּהִתְקַשְּׁרוּת הַנְּשָׁמוֹת בִּבְחִינַת: "זֶה סֵפֶר תּוֹלְדוֹת אָדָם", וְאִם יֵשׁ בּוֹ מְעַט בְּהִתְקַשְּׁרוּת הַנִּזְכָּר לְעֵיל, אֵין בּוֹ כְּדֵי סֵפֶר.
ג. מְבִינֵי מַדָּע יְכוֹלִים לְהָבִין, כְּשֶׁרוֹאִים בְּסֵפֶר חִדּוּשִׁין דְּאוֹרַיְתָא, אִם בַּעַל הַמְחַבֵּר חִדֵּשׁ אֵלּוּ הַחִדּוּשִׁין בְּעַצְמוֹ, אוֹ שֶׁכְּבָר הָיָה לְעוֹלָמִים שֶׁחִדֵּשׁ אֵלּוּ הַחִדּוּשִׁין. וּמֵחֲמַת שֶׁלֹּא הָיָה בָּהֶם כְּדֵי סֵפֶר, נִתְגַּלָּה לְבַעַל הַמְחַבֵּר אֵלּוּ הַחִדּוּשִׁין, כְּדֵי לְחַבְּרָם בְּסִפְרוֹ, אֲבָל בֶּאֱמֶת לֹא טָרַח עַל אֵלּוּ הַחִדּוּשִׁין, כִּי בָּא לוֹ בְּנָקֵל, כִּי כְּבָר הָיָה מִי שֶׁטָּרַח בִּשְׁבִילָם וְהֵבִיא אוֹתָם לְגִלּוּי.
ד. כְּשֶׁנִּדְפָּס אֵיזֶהוּ סֵפֶר חָדָשׁ, עַל־יְדֵי זֶה הַבְּכִיָּה שֶׁעַל־יָדוֹ נִתְחַדֵּשׁ זֶה הַסֵּפֶר בִּבְחִינַת "וְשִׁקֻּוַי בִּבְכִי מָסָכְתִּי", הַבְּכִיָּה הַזֹּאת נִתְגַּבֵּר כְּנֶגֶד גְּזֵרוֹתֵיהֶם שֶׁל הָאֻמּוֹת, שֶׁלֹּא יִתְגַּבְּרוּ עָלֵינוּ. גַּם עִקַּר כֹּחַ מֶמְשַׁלְתָּם אֵינוֹ אֶלָּא בִּבְכִיָּה שֶׁל עֵשָׂו, וְסִימָן לַדָּבָר: וְהָיָה מִסְפַּר **בְּ**'נֵי **יִ**'שְׂרָאֵל **כְּ**'חוֹל **הַ**'יָּם.
ה. מִי שֶׁאֵין מִסְתַּכֵּל עַל נָשִׁים, זוֹכֶה שֶׁזַּרְעוֹ יְחַבְּרוּ פֵּרוּשִׁים עַל הַתּוֹרָה.
ו. מַה שֶּׁסְּפָרִים קְדוֹשִׁים שֶׁל צַדִּיקִים נִגְנָזִין וְנֶאֱבָדִין וְנִשְׁכָּחִין מִן הָעוֹלָם, כְּגוֹן כַּמָּה סְפָרִים שֶׁל תַּנָּאִים וְקַדְמוֹנִים שֶׁנֶּאֶבְדוּ וְנִשְׁכְּחוּ הוּא טוֹבָה לָעוֹלָם, כִּי עַל־יְדֵי זֶה נֶאֱבָדִין וְנֶעֱקָרִין וְנִמְחִין סִפְרֵי מִינִין וְאֶפִּיקוֹרְסִים הַרְבֵּה, יִמַּח שְׁמָם, גַּם עַל־יְדֵי זֶה נִתְבַּטֵּל קִנְאָה וְשִׂנְאָה בֵּין אִישׁ לְאִשְׁתּוֹ הַכְּשֵׁרִים, הַמִּתְנַהֲגִים בִּקְדֻשָּׁה.
ז. עַל־יְדֵי סֵפֶר גָּדוֹל שֶׁיּוֹצֵא לָעוֹלָם, נִפְקָדִין עֲקָרוֹת, וְסִימָן "זֶה סֵפֶר תּוֹלְדוֹת אָדָם".

<u>**פדיון**</u>

<u>**חלק ראשון**</u>

א. עַל יְדֵי גַּבְהוּת הַלֵּב נוֹפֵל לִתְפִיסָה.
ב. דְּמוֹדֶה לְנָכְרִים נוֹפֵל בִּידֵיהוֹן, אֶלָּא כָּל דִּבְרֵיהֶם תִּסְתֹּר.
ג. הָאוֹמֵר דָּבָר בְּשֵׁם אוֹמְרוֹ, מֵבִיא גְּאֻלָּה לָעוֹלָם.
ד. עַל יְדֵי פִּדְיוֹן שְׁבוּיִים. נִתְקַבֵּץ נִדָּחָיו שֶׁל הַפּוֹדֶה.
ה. מִי שֶׁאֵינוֹ יוֹצֵא מְבֵּיתוֹ חָשׁוּב, כִּתְפִיסָה.
ו. בַּעֲוֹן מִשְׁכַּב זָכָר נִתְפָּס בִּתְפִיסָה.

ז. מִי שֶׁמְּרַחֵם עַל הַשְּׁבוּיִים, הַקָּדוֹשׁ בָּרוּךְ הוּא מַצִּילוֹ מִמִּיתָה.
ח. מִי שֶׁהוּא בִּתְפִיסָה, בְּיָדוּעַ שֶׁגַּם נִשְׁמָתוֹ לְמַעְלָה בִּתְפִיסָה.
ט. מִי שֶׁבָּא לַצַּדִּיק וְשׁוֹאֵל אֶת הַצַּדִּיק עֵצָה וּמֵפֵר עֲצָתוֹ אַחַר כָּךְ, עַל יְדֵי זֶה נִתְפָּס בִּתְפִיסָה.
י. מִי שֶׁמַּאֲכִיל לֶחֶם לָרְעֵבִים, הַקָּדוֹשׁ בָּרוּךְ הוּא מַצִּיל אוֹתוֹ מִבֵּית הָאֲסוּרִים.
יא. מִי שֶׁלֹּא תִּקֵּן חַטֹּאות נְעוּרִים, עַל יְדֵי זֶה בָּא לְבֵית הָאֲסוּרִים.
יב. מִי שֶׁהוּא רָגִיל לִהְיוֹת מוֹהֵל, אוֹ לְסַפֵּק צָרְכֵי סְעוּדַת בְּרִית מִילָה שֶׁל עָנִי, עַל יְדֵי זֶה נִצּוֹל מִבֵּית הָאֲסוּרִים.

__חלק שני__

א. עַל יְדֵי נִאוּף נוֹפֵל לִתְפִיסָה אוֹ לָחֳלִי כְּאֵב רַגְלַיִם. גַּם תַּלְמִיד שֶׁלֹּא הִגִּיעַ לְהוֹרָאָה וּמוֹרֶה, נוֹפֵל לָזֶה, גַּם מַזִּיקִין שׁוֹלְטִין עָלָיו.
ב. סְגֻלַּת הַצְּדָקָה לְבַטֵּל כָּל אֵלּוּ הָעֳנָשִׁים.
ג. בִּשְׁבִיל שֶׁאֵין מְבַקְשִׁין רַחֲמִים עַל חֲבֵרוֹ, עַל יְדֵי זֶה נוֹפֵל לִתְפִיסָה, וְתִקּוּן לִתְפִיסָה, שֶׁיְּפַרְנֵס אֵיזֶהוּ בַּעֲלֵי חַיִּים.
ד. עַל יְדֵי תַּשְׁמִישׁ הַמִּטָּה בְּיָמִים שֶׁאֲסוּרִין בְּתַשְׁמִישׁ, עַל יְדֵי זֶה נוֹפֵל לִתְפִיסָה.
ה. כְּשֶׁאֶחָד מִבְּנֵי יִשְׂרָאֵל נִתְפַּס. בִּתְפִיסָה, עַל יְדֵי זֶה לְפִי בְּחִינָתוֹ נִסְתְּמוּ מַעְיְנוֹת הַחָכְמָה מֵחַכְמֵי הַדּוֹר, וּלְהֵפֶךְ כְּשֶׁיּוֹצֵא מֵהַתְּפִיסָה.
ו. לִפְעָמִים עַל יְדֵי תְּפִיסָה נִצּוֹל מִכִּלְיוֹן בָּנִים.
ז. עַל יְדֵי לָשׁוֹן הָרַע נִתְפָּס בִּתְפִיסָה.
ח. הַשְּׂעָרוֹת שֶׁגְּדֵלִין עַל הָאָדָם וְהַמַּלְבּוּשִׁים שֶׁעַל הָאָדָם בְּשָׁעָה שֶׁיּוֹשֵׁב בִּתְפִיסָה, שׁוֹרֶה עֲלֵיהֶם רוּחַ מְכֹעָר, שֶׁעוֹכֵר וּמְבַזֶּה אֶת הָאָדָם.
ט. הִשְׁתַּדְּלוּת בְּפִדְיוֹן שְׁבוּיִים מְסֻגָּל לְהוֹלָדָה.
י. מִי שֶׁעוֹסֵק בְּפִדְיוֹן שְׁבוּיִים, גְּדוֹלֵי הַדּוֹר נִכְלָלִים בּוֹ עַל יְדֵי זֶה.

__פוסק__

א. עַל יְדֵי לִמּוּד פּוֹסְקִים עַד שֶׁיֵּדַע לְהוֹרוֹת הוֹרָאוֹת, עַל יְדֵי זֶה גּוֹרֵם פְּקִידָה לְכַמָּה עֲקָרוֹת.
ב. עַל יְדֵי "שֻׁלְחָן עָרוּךְ" בָּאִים לְיִרְאָה.
ג. לִמּוּד הַפּוֹסְקִים מְבַטְּלִין. הִרְהוּרֵי עֲבוֹדָה זָרָה.
ד. כְּשֶׁאֵיזֶהוּ רָשָׁע נִתְגַּדֵּל, אֲזַי קָשֶׁה לְחַדֵּשׁ אֵיזֶהוּ סְבָרָא בַּפּוֹסְקִים. גַּם דִּבְרֵי הַדַּיָּנִים אֵינָם נִשְׁמָעִים בְּאָזְנֵי הַבַּעֲלֵי דִינִים.

__פחד__

__חלק ראשון__

א. בְּשָׁעָה שֶׁבָּא פַּחַד עַל רָשָׁע, בְּיָדוּעַ שֶׁבְּזֶה הַשָּׁעָה הַקָּדוֹשׁ בָּרוּךְ הוּא נוֹתֵן

לַצַּדִּיק תַּאֲוָתוֹ.

ב. עַל יְדֵי פַּחַד בָּא מִכְשׁוֹל.

ג. עַל יְדֵי בִּטָּחוֹן תִּנָּצֵל מִפַּחַד.

ד. סְגֻלָּה. לְבַטֵּל אֶת הַפַּחַד, לִזְכֹּר אַבְרָהָם אָבִינוּ.

ה. בִּצְדָקָה תְּבַטֵּל אֶת הַפַּחַד.

ו. סְגֻלָּה לְבַטֵּל אֶת הַפַּחַד, שֶׁתֹּאמַר ה' צְבָאוֹת.

ז. עַל יְדֵי הַפַּחַד נִתְבַּטֵּל הַגַּאֲוָה.

ח. פַּחַד מַכְחִישׁ כֹּחוֹ שֶׁל אָדָם.

ט. בַּר דַּעַת אֵין לוֹ לְהִתְפַּחֵד מִפְּנֵי קוֹל בְּעָלְמָא.

י. מַאן דְּמִבְעַת, אַף עַל גַּב דְּאִיהוּ לָא חָזֵי מַזָּלֵהּ חָזֵי, וְתַקַּנְתּוֹ, יְדַלֵּג מִדַּכְתֵּהּ אַרְבַּע גַּרְמִידֵי אוֹ לִיקְרֵי קְרִיאַת שְׁמַע אוֹ יֹאמַר עִזֵּי דְּבֵי טַבָּחָא וְכוּ'.

יא. מִי שֶׁיֵּשׁ לוֹ פְּחָדִים, יְזַמֵּר זֶמֶר שֶׁל שִׂמְחָה.

יב. עַל יְדֵי שֶׁתְּצַיֵּר שֵׁם אֱלֹקִים לְנֶגֶד עֵינֶיךָ, יֵלְכוּ הַפְּחָדִים מִמְּךָ.

יג. מִי שֶׁאוֹכֵל מָמוֹן יִשְׂרָאֵל, פְּחָדִים בָּאִין עָלָיו.

יד. מִי שֶׁאֵינוֹ נִזְהָר בְּבִרְכַּת הַנֶּהֱנִין תְּחִלָּה וָסוֹף, פְּחָדִים בָּאִים עָלָיו.

טו. עַל יְדֵי בִּטָּחוֹן לֹא יִהְיֶה לְךָ פַּחַד.

טז. הוֹשַׁעְנוֹת חֲבוּטִים מְסֻגָּלִים לְבַטֵּל הַפַּחַד.

יז. מִי שֶׁשּׁוֹמֵעַ וְאָצִית לְדִין תּוֹרָה, נִצּוֹל מִפַּחַד.

יח. שְׁלֹשׁ מֵאוֹת וָעֶשֶׂר טְבִילוֹת מְבַטְּלִין הַפַּחַד. גַּם יִתֵּן מַתָּנָה לַצַּדִּיק.

יט. עַל יְדֵי אֱמֶת הָאָדָם נִצּוֹל מִפַּחַד בַּלֵּילוֹת.

כ. עַל יְדֵי עֲנָוָה לֹא יִהְיֶה לְךָ פַּחַד.

כא. בַּיִת שֶׁיֵּשׁ בּוֹ פַּחַד, בְּיָדוּעַ שֶׁיֵּשׁ בּוֹ חֵלֶק לְסִטְרָא אַחֲרָא.

כב. כְּשֶׁיֵּשׁ אֵיזֶה. פַּחַד, וְאַחַר כָּךְ בָּא שְׂרֵפָה, בְּיָדוּעַ שֶׁיִּתְבַּטֵּל הַפַּחַד.

כג. פַּחַד בָּא עַל יְדֵי חֲנֻפָּה.

כד. כְּשֶׁיִּשְׂרָאֵל בְּאַחְדוּת, הָאֻמּוֹת מִתְפַּחֲדִין מֵהֶם.

כה. כְּשֶׁשּׁוֹכְחִים אֶת הַשֵּׁם יִתְבָּרַךְ וְאֵינָם נִשְׁעָנִים עָלָיו, עַל יְדֵי זֶה מִתְפַּחֲדִים מֵאֻמּוֹת.

כו. עַל יְדֵי דְּאָגָה בָּא פַּחַד.

כז. עַל יְדֵי פַּחַד בָּא כְּזָבִים.

כח. אוֹר הַנֵּר סְגֻלָּה לְפַחַד.

כט. עַל יְדֵי הִתְפָּאֲרוּת בַּעֲשִׁירוּת בָּא פַּחַד.

ל. פַּחַד בָּא עַל יְדֵי כַּעַס.

לא. עַל יְדֵי דְּאָגָה וָפַחַד נַעֲשֶׂה הַלֵּב אָטוּם.

לב. עַל יְדֵי לִמּוּד תּוֹרָה עַל הַשֻּׁלְחָן בִּשְׁעַת סְעוּדָה נִצּוֹל מִפַּחַד.

לג. מִי שֶׁיֵּשׁ לוֹ פַּחַד, הוּא סִימָן שֶׁהַקָּדוֹשׁ בָּרוּךְ הוּא הִסְתִּיר פָּנִים מִמֶּנּוּ, וְסִימָן שֶׁדִּינִין שׁוֹרִין עָלָיו.

לד. מִי שֶׁאֵינוֹ מִתְוַדֶּה עַל עֲווֹנוֹתָיו, מוֹרָא בָּא עָלָיו.

חלק שני

א. כְּשֶׁבָּא פַּחַד עַל אָדָם, יֵדַע שֶׁבָּא בֶּן גִּילוֹ לְאֵיזֶהוּ צָרָה.

ב. לִפְעָמִים אָדָם מִתְפַּחֵד קֹדֶם שֶׁבָּא עָלָיו אֵיזֶהוּ טוֹב.

ג. מִי שֶׁבּוֹרֵחַ מִן הַצָּרָה, הוּא פִּקֵּחַ.

ד. בְּלַיְלָה שֶׁיֵּשׁ לְךָ פַּחַד בִּשְׁעַת שֵׁנָה, אַל תֵּלֵךְ בַּדֶּרֶךְ בַּיּוֹם.

ה. כְּשֶׁאָדָם נוֹטֶה לָמוּת, אֲפִלּוּ כְּשֶׁעֲדַיִן בְּקַו הַבְּרִיאָה וְאֵינוֹ יוֹדֵעַ שֶׁדִּינוֹ לְמִיתָה, אַף עַל פִּי כֵן הוּא מִתְפַּחֵד וְאוֹמֵר בְּפִיו. שֶׁיָּמוּת.

פרישות

א. אָדָם הַמִּתְנַהֵג בִּפְרִישׁוּת וְאַחַר כָּךְ חוֹזֵר מִפְּרִישׁוּתוֹ, עַל יְדֵי זֶה הוּא נוֹפֵל לְתַאֲוָה נוֹסֶפֶת מִמַּה שֶּׁהָיָה לוֹ קֹדֶם פְּרִישׁוּתוֹ.

ב. הַפְּרִישׁוּת מֵבִיא שֹׂבַע.

ג. פְּרִישׁוּת מִתַּשְׁמִישׁ. חָשׁוּב כְּמוֹ תַּעֲנִית.

ד. חוֹלַאַת שֶׁל רְקִיקַת דָּם בָּא, עַל יְדֵי שֶׁמְּבַטֵּל עוֹנָה שֶׁל לֵיל טְבִילָה.

עבירה

א. יֵשׁ עֲבֵרוֹת שֶׁהַמָּקוֹם גּוֹרֵם.

ב. מִי שֶׁעוֹבֵר עֲבֵרָה לְהַכְעִיס, לְסוֹף שֶׁנִּתְבַּזֶּה בְּעֵינֵי בְּנֵי אָדָם וְהוּא כּוֹעֵס עֲלֵיהֶם.

עונש

א. לִפְעָמִים כְּשֶׁאָדָם עוֹשֶׂה מִצְוָה, וְהַקָּדוֹשׁ בָּרוּךְ הוּא מַעֲנִישׁ אוֹתוֹ, זֶה מֵחֲמַת שֶׁלֹּא עָשָׂה מִצְוָה כָּזֶה, כְּשֶׁבָּאָה לְיָדוֹ.

ב. לִפְעָמִים דָּנִין אֶת הָאָדָם עַל פִּיו.

ג. לִפְעָמִים הָאָדָם. נֶהֱרַג, מֵחֲמַת שֶׁהָיָה יָכוֹל לְהַמְלִיץ בְּעַד אֶחָד, שֶׁשּׂוֹנְאִין אוֹתוֹ בְּחִנָּם.

ד. לִפְעָמִים הָאָדָם נֶעֱנָשׁ, עַל שֶׁפָּשַׁע בִּמְלַאכְתּוֹ, אוֹ שֶׁנִּגְזַר גְּזֵרָה עַל אַנְשֵׁי מְקוֹמוֹ אוֹ עַל עַמּוֹ.

ה. הַקָּדוֹשׁ בָּרוּךְ הוּא מְמַהֵר לְהִפָּרַע מִכְּפוּיֵי טוֹבָה עַל יְדֵי כְּפוּיֵי טוֹבָה.

ו. מִי שֶׁכֶּלֶב נָשַׁךְ אוֹתוֹ, בְּיָדוּעַ שֶׁקִּבֵּל לָשׁוֹן הָרַע, אוֹ שֶׁסִּפֵּר לָשׁוֹן הָרָע.

עזות

חלק ראשון

א. מִי שֶׁיֵּשׁ בּוֹ עַזּוּת, בְּיָדוּעַ שֶׁעָבַר עֲבֵרָה לְהַכְעִיס.

ב. עַזּוּת בָּא עַל יְדֵי כַּעַס.
ג. עַל יְדֵי עַזּוּת לֹא יְקַבֵּל מוּסָר.
ד. עַל יְדֵי עַזּוּת נַעֲשֶׂה אַבִּיר לֵב,. גַּם בְּיָדוּעַ שֶׁעֲדַיִן לֹא תִּקֵּן פִּשְׁעֵי אָבִיו.
ה. מִי שֶׁיֵּשׁ לוֹ עַזּוּת, תִּקּוּנוֹ שֶׁיַּנִּיחַ תְּפִלִּין, שֶׁהָיוּ עַל רֹאשׁ צַדִּיק.
ו. כְּשֶׁרָשָׁע מֵעֵז בִּפְנֵי יָשָׁר, אֵין זֶה אֶלָּא כְּדֵי שֶׁהַיָּשָׁר יְפַשְׁפֵּשׁ בְּמַעֲשָׂיו.
ז. מִי שֶׁיֵּשׁ לוֹ עַזּוּת, בְּיָדוּעַ שֶׁאֵינוֹ מִסְתַּפֵּק בְּמַה שֶׁיֵּשׁ לוֹ.
ח. הַתּוֹרָה הִיא תִּקּוּן לְעַזּוּת.
ט. עַל יְדֵי עַזּוּת גְּשָׁמִים נֶעֱצָרִים, וּבְיָדוּעַ שֶׁנִּכְשַׁל בַּעֲבֵרָה, וְסוֹפוֹ שֶׁיִּכָּשֵׁל בַּעֲבֵרָה, וּמֻתָּר לִקְרוֹתוֹ רָשָׁע, וּמֻתָּר לְשָׂנְאוֹתוֹ, וְהוּא אֶחָד מתתקע"ד דּוֹרוֹת.
י. חֻצְפָּה אֲפִלּוּ כְּלַפֵּי שְׁמַיָּא מְהַנֵּי, וְהוּא מַלְכוּתָא בְּלָא תָּגָא.

חלק שני

א. כְּשֶׁרוֹאִין שֶׁהָעוֹלָם מְעִיזִין פְּנֵיהֶם כְּנֶגֶד הַתַּלְמִיד חָכָם, יֵדְעוּ שֶׁבְּוַדַּאי מִלְחָמוֹת גְּדוֹלוֹת יִתְעוֹרְרוּ עַל מְדִינָה הַזֹּאת.
ב. כְּאֵב הָרֹאשׁ בָּא עַל שֶׁמֵּעֵז פָּנָיו כְּנֶגֶד זֶרַע דָּוִד הַמֶּלֶךְ.

ענוה

חלק ראשון

א. מִי שֶׁמְּשַׁתֵּף אֶת עַצְמוֹ בְּצָרוֹת יִשְׂרָאֵל וּמִתְפַּלֵּל עֲלֵיהֶם, עַל יְדֵי זֶה בָּא לַעֲנָוָה.
ב. עַל יְדֵי אֱמֶת יִזְכֶּה לַעֲנָוָה.
ג. עַל יְדֵי אֱמוּנָה בָּא הַכְנָעָה.
ד. עַל יְדֵי. קְבִיעוּת מָקוֹם לִתְפִלָּה בָּא לִידֵי עֲנָוָה וַחֲסִידוּת.
ה. עַל יְדֵי עֲנָוָה תְּפִלָּתוֹ נִשְׁמַעַת, וּכְאִלּוּ הִקְרִיב כָּל הַקָּרְבָּנוֹת.
ו. עַל יְדֵי עֲנָוָה מוֹסִיפִין לוֹ גְּדֻלָּה עַל גְּדֻלָּתוֹ.
ז. עַל יְדֵי עֲנָוָה מַאֲרִיךְ יָמִים.
ח. עַל יְדֵי עֲנָוָה אֵין מְדַקְדְּקִין אַחַר מַעֲשָׂיו.
ט. יוֹם שֶׁאַתָּה מַקְטִין אֶת עַצְמְךָ, יוֹם הַזֶּה מוֹסִיף כֹּחַ וּגְבוּרָה וְהִתְרוֹמְמוּת בִּקְדֻשָּׁה שֶׁל מַעְלָה.
י. כְּשֶׁאַתָּה רוֹאֶה שֶׁעֲנָוָה נִתְרַבָּה בָּעוֹלָם, תְּצַפֶּה לְרַגְלֵי דִּמְשִׁיחָא.
יא. עַל יְדֵי עֲנָוָה נִתְבַּטֵּל פַּחַד הָאוֹיְבִים.
יב. עַל יְדֵי עֲנָוָה נִתְבַּטֵּל הַמַּחֲלֹקֶת וְהַיִּסּוּרִין.
יג. עַל יְדֵי עֲנָוָה הַכֹּל עִמּוֹ בְּשָׁלוֹם.
יד. עַל יְדֵי עֲנָוָה בָּא חֵן.
טו. מִי שֶׁיֵּשׁ לוֹ הַכְנָעָה, אֵין לוֹ מוֹרָא, כְּאִלּוּ יוֹשֵׁב בְּמָצוֹר.
טז. מִי שֶׁאֵין בּוֹ הַכְנָעָה, אֵין בּוֹ יִרְאָה.
יז. עַל יְדֵי עֲנָוָה נִתְגַּדֵּל, גַּם אֵינוֹ נוֹפֵל מִמַּדְרֵגָתוֹ.

יח. מִי שֶׁהוּא לֵב רַךְ, הוּא יָכוֹל לְהַכְנִיעַ אֶת עַצְמוֹ בְּיוֹתֵר

יט. עַל יְדֵי עֲנָוָה הַקָּדוֹשׁ בָּרוּךְ הוּא זוֹכֵר אוֹתוֹ.

כ. עַל יְדֵי עֲנָוָה הַקָּדוֹשׁ בָּרוּךְ הוּא עוֹשֶׂה לוֹ תַּאֲוָתוֹ.

כא. אֵין הָעוֹלָם מִתְקַיֵּם אֶלָּא עַל מִי שֶׁמֵּשִׂים עַצְמוֹ כְּאַיִן.

חלק שני

א. סְגֻלָּה לְבָנִים לְהַקְטִין אֶת עַצְמוֹ.

ב. עַל יְדֵי גַּאֲוָה רַבָּה נִבְעָל כְּאִשָּׁה.

ג. הָאָדָם נִכָּר בְּקוֹלוֹ, אִם הוּא עָנָו אוֹ בַּעַל גַּאֲוָה.

ד. לִפְעָמִים עַל יְדֵי שִׁפְלוּת שֶׁאָדָם מַשְׁפִּיל אֶת עַצְמוֹ, אוֹ אֲחֵרִים מַשְׁפִּילִין אוֹתוֹ, עַל יְדֵי זֶה מְבַטְּלִין מֵעָלָיו גְּזֵרַת מִיתָה.

ה. כְּשֶׁאָדָם מַרְגִּישׁ בְּעַצְמוֹ שִׁפְלוּת, יֵדַע שֶׁמִּיתָה נִגְזְרָה עָלָיו.

עצבות

חלק ראשון

א. מִי שֶׁלֹּא תִּקֵּן חַטֹּאת נְעוּרִים, עַל יְדֵי זֶה בָּאִים לוֹ דְּאָגוֹת.

ב. לָרֹב בָּא הַצַּעַר לָאָדָם עַל יְדֵי דִּבּוּרוֹ.

ג. כְּשֶׁיֵּשׁ לְךָ צַעַר, תְּדַבֵּר מִזֶּה הַצַּעַר.

ד. עַל. יְדֵי דְּאָגָה בַּלֵּב נוֹפֵל עַל הָאָדָם אֵימַת מָוֶת.

ה. עַל יְדֵי הַכְנָעָה נִתְבַּטֵּל רָעָה וְיָגוֹן.

ו. מִי שֶׁיֵּשׁ לוֹ עַצְבוּת, יִסְתַּכֵּל עַל הַצַּדִּיקִים, וְיָבֹא לוֹ שִׂמְחָה בְּלִבּוֹ.

ז. כְּשֶׁאַתָּה נִכְנָס בְּבֵית נָכְרִי, עַל יְדֵי זֶה בָּא עַצְבוּת.

ח. עַל יְדֵי עַצְבוּת אָדָם נֶחֱלָשׁ.

ט. עַל יְדֵי לֵב רָע הַפָּנִים נִשְׁתַּנֶּה.

י. כְּשֶׁיֵּשׁ לְךָ צַעַר בְּיוֹם שִׂמְחָה, וְכָל שִׂמְחָתְךָ נִשְׁבֶּת, תֵּדַע שֶׁתַּמָּה זְכוּת אֲבוֹתֶיךָ.

יא. מִי שֶׁיֵּשׁ לוֹ עַצְבוּת, יִתֵּן מַתָּנָה לַצַּדִּיק תָּדִיר.

יב. עַל יְדֵי עַצְבוּת בָּא שְׂרֵפָה.

יג. עַצְבוּת סִימָן לְאֵיזֶה חֹלַאַת, שֶׁמְּמַשְׁמֵשׁ לָבוֹא.

יד. עַל יְדֵי עַצְבוּת הַקָּדוֹשׁ בָּרוּךְ הוּא אֵין עִמּוֹ.

טו. עַל יְדֵי עַצְבוּת רוֹאֶה קֶרִי.

טז. עַצְבוּת בָּא עַל יְדֵי כַּעַס.

יז. עַל יְדֵי עַצְבוּת אֵינוֹ מַשִּׂיג תּוֹחַלְתּוֹ.

יח. עַל יְדֵי עַצְבוּת נִתְבַּזֶּה.

יט. עַל יְדֵי בְּכִיָּה אֵין אָדָם יָכוֹל לֶאֱכֹל.

כ. מִי שֶׁאֵין לוֹ עַצְבוּת וְהוּא תָּמִיד בְּשִׂמְחָה, בְּוַדַּאי יִתְנַשֵּׂא.

כא. עַל יְדֵי עַצְבוּת בָּא בִּזָּיוֹן.

כב. בְּכִיָּה הוּא סִימָן טוֹב לְחוֹלֶה.
כג. עַל יְדֵי יָגוֹן אוֹיְבָיו נִתְרוֹמְמִים.
כד. עַל יְדֵי יָגוֹן בָּא כְּאֵב לֵב.
כה. מִי שֶׁהוּא מָהִיר, הוּא עַצְבָן.
כו. קִרְבַת הַצַּדִּיקִים מְשַׂמֵּחַ אֶת. הַלֵּב.
כז. סְגֻלָּה לְהָסִיר עַצְבוּת, שֶׁיִּשְׁמַע אֶת צַדִּיק נִכְבָּד, כְּשֶׁהוּא מְזַמֵּר.
כח. מִי שֶׁאֵין מִתְוַדֶּה עַל עֲווֹנוֹתָיו, אֲנָחָה וּדְאָגוֹת בָּאִים עָלָיו.
כט. כְּשֶׁאָדָם מִתְאַוֶּה לִדְבָרִים שֶׁהֵם נֶגְדִּיִּים לְקָדוֹשׁ בָּרוּךְ הוּא, עַל יְדֵי זֶה בָּא לוֹ אֲנָחָה.
ל. הָעֶצֶב עַל חֲלוֹם רָע מְבַטֵּל אֶת הַחֲלוֹם, שֶׁלֹּא יִתְקַיֵּם.
לא. קוֹל וּמַרְאֶה וְרֵיחַ מְשִׁיבִין דַּעְתּוֹ שֶׁל אָדָם.
לב. עַל יְדֵי הַצְּעָקָה נִתְבַּטֵּל הַצַּעַר.
לג. מִי שֶׁיֵּשׁ לוֹ עַצְבוּת, מֵבִיא עַל עַצְמוֹ יִסּוּרִין.
לד. כָּל הַנִּמְשָׁךְ אַחַר צַעֲרוֹ יוֹתֵר מִדַּי, הַצַּעַר נִמְשָׁךְ אַחֲרָיו.
לה. תְּמָרִים מְבַטְּלִין דְּאָגָה.
לו. אַגָּדָה מְשַׂמֵּחַ אֶת הָאָדָם.

<u>חלק שני</u>

א. עַצְבוּת שֶׁבְּלֵב הָאָדָם, כְּשֶׁמַּרְגִּישׁ בְּרָעָתוֹ, כִּי הַלֵּב הוּא הַמֵּסֵב לְכָל זֶה, כִּי הַלֵּב הוּא הַגּוֹרֵם לְכָל דָּבָר הֵן לְטוֹב הֵן לְהֶפֶךְ.
ב. צָרִיךְ לִשְׁמֹר אֶת עַצְמוֹ מֵעַצְבוּת, כְּדֵי שֶׁלֹּא יָבוֹא, חַס וְשָׁלוֹם, לִידֵי אֲבֵלוּת.
ג. עַל יְדֵי הַצַּעַר וְהָעַצְבוּת בָּא מְרִיבָה בָּעוֹלָם, וְעַל יְדֵי הַשִּׂמְחָה בָּא שָׁלוֹם בָּעוֹלָם.
ד. עַל יְדֵי קִלְקוּל הַשִּׂמְחָה בָּא חֳלָאִים עָלָיו.
ה. סְגֻלָּה לְהָסִיר הָעַצְבוּת עַל יְדֵי הָרַחֲמָנוּת.
ו. הַנְּדָרִים וְהַנְּדָבוֹת מְבִיאִין שִׂמְחָה.

<u>עצה</u>

א. אַל תִּשְׁאַל עֵצָה אֶלָּא מִמִּי שֶׁיּוֹדֵעַ סִתְרֵי תּוֹרָה.
ב. טוֹב לִשְׁאֹל עֵצָה מִזְּקֵנִים.
ג. הַנּוֹתֵן לַחֲבֵרוֹ, עֵצָה שֶׁאֵינָהּ הוֹגֶנֶת לוֹ, עַל יְדֵי זֶה נוֹפְלִים לוֹ מַחְשָׁבוֹת עֲבוֹדָה. זָרָה.
ד. מִי שֶׁהוּא בַּעַל מַחֲשָׁבוֹת רָעוֹת, אַל תִּקַּח עֵצָה מִמֶּנּוּ.
ה. עַל יְדֵי שֶׁאַתָּה נוֹטֵל עֵצָה מֵהָרַב, עַל יְדֵי זֶה תִּזְכֶּה לִישׁוּעָה.
ו. כְּשֶׁאַתָּה רוֹאֶה, שֶׁרֵעֶיךָ אֵינָם עוֹזְרִים לְךָ, בְּיָדוּעַ שֶׁאֵין שׁוּם עֵצָה מוֹעִיל לְךָ.
ז. כְּשֶׁאַתָּה עוֹזֵר לִבְנֵי יִשְׂרָאֵל, יוֹעִיל לְךָ עֵצָה.
ח. הָעֵצָה הִיא מְסֻגֶּלֶת יוֹתֵר בַּשָּׂדֶה.

ט. הַהוֹלֵךְ אַחַר עֲצַת אִשְׁתּוֹ, נוֹפֵל בְּגֵיהִנֹּם.
י. אַל תִּשְׁאַל עֵצָה אֶלָּא מֵאִישׁ וְלֹא מֵאִשָּׁה.

עצירות

א. עַל יְדֵי עֲצִירוּת בָּאִים הִרְהוּרֵי עֲבוֹדָה זָרָה.
ב. לְכָל דְּבַר מִיתָה יִפְתַּח נְקָבָיו.
ג. עֲצִירוּת מַזִּיק לָעֵינַיִם.

עצלות

א. עַל יְדֵי תַּאֲווֹת שֶׁאָדָם תָּאֵב, וְאֵינוֹ מַשִּׂיג אוֹתָם, עַל יְדֵי זֶה בָּא עַצְלוּת וְהוּא הַדִּין לְהֶפֶךְ.
ב. עַל יְדֵי זְרִיזוּת מֵסִיר אֶת הַשֵּׁנָה וּמְחַיֶּה אֶת הַמֹּחַ.

צדיק

חלק ראשון

א. אַל יִקְשֶׁה לְךָ הַדָּבָר כְּשֶׁאַתָּה רוֹאֶה, שֶׁהַצַּדִּיק לֹא תִּקֵּן אֵיזֶהוּ דָּבָר, כִּי זֶה סִבָּה מֵאֵת הַשֵּׁם יִתְבָּרַךְ, שֶׁיַּנִּיחַ מָקוֹם לְבָנָיו לְהִתְגַּדֵּל בּוֹ.
ב. פְּעָמִים שֶׁבִּטּוּלָהּ שֶׁל. תּוֹרָה זֶהוּ יְסוֹדָהּ.
ג. מְקַבְּלִים מַתָּנוֹת מֵרְשָׁעִים, כְּדֵי שֶׁיַּחַזְרוּ בִּתְשׁוּבָה.
ד. צַדִּיקִים מַהֲנֵי זְכוּתַיְהוּ אַעָלְמָא, אַדִּידְהוּ לָא.
ה. מָצִינוּ שֶׁצַּדִּיק אֶחָד עוֹשֶׂה דָּבָר, כְּדֵי שֶׁיִּהְיֶה רַבּוֹ לְצַדִּיק אַחֵר.
ו. תּוֹעֶלֶת גָּדוֹל לִרְאוֹת פְּנֵי גְּדוֹלֵי הַדּוֹר.
ז. הַצַּדִּיק נֶעֱנָשׁ, כְּשֶׁאֵינוֹ מִתְפַּלֵּל עַל דּוֹרוֹ.
ח. הַלּוֹמֵד תּוֹרָה לְתַלְמִיד שֶׁאֵינוֹ הָגוּן, נִקְרָא רָשָׁע.
ט. לְשׁוֹן חֲכָמִים הִיא מְעַשֶּׁרֶת וּמַרְפֵּא, בְּכֵן תִּלְמַד לְדַבֵּר בִּלְשׁוֹנָם.
י. הַמְלַמֵּד תּוֹרָה לַאֲחֵרִים, הַתּוֹרָה נִתְגַּלֶּה לוֹ בְּלֹא טֹרַח.
יא. מָצִינוּ שֶׁהַצַּדִּיק מִתְרַעֵם, כְּשֶׁאֶחָד מִתַּלְמִידָיו מִתְקָרֵב אֶת עַצְמוֹ לְצַדִּיק אַחֵר כְּדֵי לְהִתְפָּאֵר.
יב. לְקָרֵב לַצַּדִּיקִים בְּטִרְחָא מְסַיְּעָא מִלְּתָא טְפֵי לַעֲבוֹדַת הַבּוֹרֵא.
יג. לִפְעָמִים מַרְאִים מִן הַשָּׁמַיִם לַצַּדִּיק דָּבָר שֶׁאֵינוֹ.
יד. הָעוֹשֶׂה טוֹבָה לְמִי שֶׁאֵינוֹ יוֹדְעָהּ, כְּזוֹרֵק אֶבֶן לְמַרְקוּלִיס.
טו. כָּל אָדָם יִנְהַג אֶת עַצְמוֹ, כְּמוֹ שֶׁשָּׁמַע מֵרַבּוֹ.
טז. לִפְעָמִים הַקָּדוֹשׁ בָּרוּךְ הוּא מְאַסֵּף כַּמָּה צַדִּיקִים בְּמָקוֹם אֶחָד, כְּדֵי שֶׁיִּדְחֲקוּ זֶה אֶת זֶה וְיִצְטַעֲרוּ, וְעַל יְדֵי זֶה יִתְבַּשְּׁלוּ כָּל צָרְכָּם.
יז. מִי שֶׁאֵינוֹ מַעֲצִיר אֶת עַצְמוֹ, זוֹכֶה לְתַלְמִידִים.

יח. יֵשׁ צַדִּיק שֶׁקּוֹלוֹ הוֹלֵךְ מֵרָחוֹק, הַיְנוּ בְּפִרְסוּם, וְאַחַר כָּךְ הוּא נוֹפֵל עַל יְדֵי תַּאֲוַת מָמוֹן.
יט. מִי שֶׁהַקָּדוֹשׁ בָּרוּךְ. הוּא חָשׁוּב בְּעֵינָיו, יִכְתֹּב בְּסֵפֶר כָּל שְׁמוֹת הַצַּדִּיקִים וְהַתַּנָּאִים וְהַיְרֵאִים לְזִכָּרוֹן.
כ. אַל יִקְשֶׁה לְךָ, לָמָּה לָהֶם לַצַּדִּיקִים לֵהָנוֹת מֵאֲחֵרִים כְּדֵי לְהַנְהִיג אֶת בְּנֵי בֵיתוֹ בְּעֹשֶׁר וּבְכָבוֹד, מוּטָב שֶׁלֹּא לְהַנְהִיג וְלֹא לֵהָנוֹת מֵאֲחֵרִים, אַל יִקְשֶׁה לְךָ, כִּי כָּל מַה שֶּׁיֵּשׁ תַּעֲנוּג וְהַרְחָבָה לַצַּדִּיק, עַל יְדֵי זֶה נִתְגַּדֵּל נִשְׁמָתוֹ, וַאֲזַי יֵשׁ בֵּית מְנוּחָה לִשְׁכִינַת הַקָּדוֹשׁ בָּרוּךְ הוּא, וּבְכֵן אֵין לָבוֹא לַבַּיִת בְּיָדַיִם רֵיקָנִיּוֹת.
כא. כְּשֶׁתִּרְצֶה שֶׁיִּתְפַּלֵּל עָלֶיךָ אֵיזֶה צַדִּיק, תֵּלֵךְ לְצַדִּיק שֶׁהוּא רַחֲמָן.
כב. מִי שֶׁהוּא מְפֻרְסָם בְּדוֹרוֹ, צָרִיךְ לִקְרוֹת אוֹתוֹ רַבִּי, אֲפִלּוּ שֶׁאַתָּה גָּדוֹל מִמֶּנּוּ.
כג. כְּשֶׁהַצַּדִּיק נוֹפֵל לְאֵיזֶה צָרָה, צָרִיךְ לוֹ לְבַקֵּשׁ מִצַּדִּיק אַחֵר, שֶׁיִּתְפַּלֵּל בַּעֲדוֹ.
כד. אֵלּוּ בְּנֵי אָדָם הַנּוֹסְעִים לַצַּדִּיק, אַף עַל פִּי שֶׁאֵין מְקַבְּלִים תּוֹרָה מִמֶּנּוּ, מְקַבְּלִים שָׂכָר עַל הַנְּסִיעָה.
כה. מִי שֶׁאֵינוֹ מְשַׁמֵּשׁ תַּלְמִידֵי חֲכָמִים, חַיָּב מִיתָה.
כו. הַצַּדִּיק יָכוֹל לְהַעֲלוֹת מֵתִים לְמַדְרֵגָה גְּדוֹלָה.
כז. בַּהֲלִיכָה שֶׁהוֹלֵךְ אֵצֶל תַּלְמִיד חָכָם, בָּזֶה הוּא מְתַקֵּן פְּגַם שֶׁפָּגַם בְּבִרְכַּת הַנֶּהֱנִין.
כח. כָּל שֶׁאֶפְשָׁר לוֹ לִמְחוֹת וְלֹא מִחָה, הוּא נֶעֱנָשׁ עֲלֵיהֶם.
כט. לָאו אֹרַח אַרְעָא לְקַבֵּל מָרוּת אֲחֵרִים בִּפְנֵי. הַצַּדִּיק.
ל. כָּל הַמִּתְעַצֵּל בְּהֶסְפֵּדוֹ שֶׁל חָכָם, אֵינוֹ מַאֲרִיךְ יָמִים.
לא. הַצַּדִּיק יָכוֹל לֵעָנֵשׁ לְפִי מַזָּלוֹ.
לב. כְּשֶׁהַצַּדִּיק נִפְטַר, אֲזַי לָקוּתָא בָּא לְפִי מִדָּתוֹ שֶׁנָּהַג.
לג. בִּזְכוּת הַצַּדִּיק תַּלְמִידָיו מִתְפַּרְנְסִים.
לד. מִי שֶׁשּׁוֹמֵעַ תּוֹרָה מֵהַצַּדִּיק, הֲוֵי כְּאִלּוּ הוּא אָמַר הַתּוֹרָה.
לה. שְׁקוּלָה מִיתַת הַצַּדִּיקִים כִּשְׂרֵפַת בֵּית אֱלֹקֵינוּ.
לו. אִם תַּלְמִיד חָכָם הָגוּן הוּא לְמַד מִמֶּנּוּ, וְאִם לָאו פְּרשׁ מִמֶּנּוּ.
לז. אֵין לְהִסְתַּכֵּל עַל רַבּוֹ בְּבֵית הַמֶּרְחָץ וְכַדּוֹמֶה.
לח. לִפְעָמִים יֵשׁ שְׁנֵי צַדִּיקִים שָׁוִין, לְאֶחָד מַרְאִין לוֹ דְּבָרִים עֶלְיוֹנִים, וּלְאֶחָד אֵין מַרְאִין לוֹ. תֵּדַע שֶׁזֶּה שֶׁאֵין מַרְאִין לוֹ, מִפְּנֵי שֶׁצָּרִיךְ לְהִשְׁתַּמֵּשׁ בִּזְכוּתוֹ לְהָגֵן עַל אֲחֵרִים.
לט. מוּטָב לְקָרֵב אֶת עַצְמוֹ לְצַדִּיק שֶׁהוּא רַחֲמָן.
מ. בִּזְכוּת שִׁמּוּשׁ אָדָם גָּדוֹל אָדָם נִצּוֹל מִמִּיתָה.
מא. הַמּוֹרֶה הֲלָכָה בִּפְנֵי רַבּוֹ, חַיָּב מִיתָה, וְרָאוּי לְהַכִּישׁוֹ נָחָשׁ, וְנִקְרָא חוֹטֵא, וּמוֹרִידִין אוֹתוֹ מִגְּדֻלָּתוֹ, וְאָזִיל לִשְׁאוֹל בְּלֹא וָלָד.
מב. הַמָּקוֹר שֶׁמִּמֶּנּוּ תִּשְׁאַב הַחָכְמָה דְּהַיְנוּ הָרַב, הִשְׁתַּדֵּל שֶׁיִּהְיֶה בָּרוּךְ וְכָשֵׁר, וְלֹא תַחֲלִיפֶנּוּ, לֹא תָמִיר אוֹתוֹ.
מג. כָּל אִישׁ יִדָּמֶה בְּמַעֲשָׂיו לְבִרְכַּת אוֹתוֹ הַשֵּׁבֶט.

מד. כְּשֶׁיֵּשׁ רָשָׁע בַּבַּיִת, אֲזַי נִסְתַּלֵּק מֵהַצַּדִּיק מַעְיַן הַתּוֹרָה.
מה. בִּזְכוּת קְבוּרַת הַצַּדִּיקִים. בְּחוּץ לָאָרֶץ יִזְכּוּ גַּם שְׁאָר הַמֵּתִים מִגִּלְגּוּל מְחִלּוֹת.
מו. הַמָּמוֹן שֶׁמְּהַנֶּה אֶת הַצַּדִּיק, הֲרֵי זֶה כְּאִלּוּ עָבַד עֲבוֹדַת בֵּית הַמִּקְדָּשׁ.
מז. יֵשׁ צַדִּיקִים שֶׁאֵינָם נִקְרָאִים בְּשֵׁם רַבִּי.
מח. כְּשֶׁהַצַּדִּיק אוֹמֵר אֵיזֶהוּ דִּבּוּר, כָּל זְמַן שֶׁהַדִּבּוּר לֹא נִתְקַיֵּם, שֶׁעֲדַיִן לֹא בָּא זְמַנּוֹ, הַדִּבּוּר הַזֶּה חָקוּק בָּעוֹלָם הָעֶלְיוֹן, אֲבָל אֵין מֵאִיר בִּבְהִירוּת, וּכְשֶׁמַּגִּיעַ הַזְּמַן שֶׁיִּתְקַיֵּם, אֲזַי הַדִּבּוּר מַתְחִיל לְהָאִיר בִּבְהִירוּת.
מט. הַמְהַנֶּה אֶת תַּלְמִיד חָכָם, צָרִיךְ לְהִזָּהֵר שֶׁלֹּא יִתְבַּזֶּה בְּעֵינָיו הַתַּלְמִיד חָכָם.
נ. הַמּוֹנֵעַ הֲלָכָה מִתַּלְמִידוֹ, כְּאִלּוּ גּוֹזְלוֹ מִנַּחֲלַת אֲבוֹתָיו, וַאֲפִלּוּ עֻבָּרִין שֶׁבִּמְעֵי אִמָּן מְקַלְּלִין אוֹתוֹ וּמְנַקְּבִין אוֹתוֹ כִּכְבָרָה. וְאִם לִמְּדוֹ זוֹכֶה לִבְרָכוֹת כְּיוֹסֵף, וְזוֹכֶה וּמְלַמְּדָהּ לָעוֹלָם הַבָּא.
נא. מִי שֶׁאֵינוֹ מְהַנֶּה תַּלְמִיד חָכָם מִנְּכָסָיו, אֵינוֹ רוֹאֶה סִימַן בְּרָכָה לְעוֹלָם.
נב. הַמְלַגְלֵג עַל דִּבְרֵי חֲכָמִים, הוּא נֶעֱנָשׁ מִיתָה.
נג. קִרְבַת הַצַּדִּיקִים טוֹב בָּעוֹלָם הַזֶּה וּבָעוֹלָם הַבָּא.
נד. הַצַּדִּיק בְּדִבּוּרוֹ יָכוֹל לִפְסֹק לָזֶה גַּן עֵדֶן וְלָזֶה גֵּיהִנֹּם.
נה. טוֹב לְבַלּוֹת זְמַן רַב, בִּשְׁבִיל שָׁעָה אַחַת, שֶׁיִּתְקָרֵב לַצַּדִּיק.
נו. כְּשֶׁנִּתְמַעֵט לָאָדָם מְשַׁמְּשָׁיו, יִדְאַג מִיּוֹם הַמִּיתָה אוֹ מִדָּבָר אַחֵר.
נז. יֵשׁ נָאֶה דּוֹרֵשׁ, וְאַף עַל פִּי כֵן. אֵינוֹ מְכַוֵּן אֶל הָאֱמֶת.
נח. צַדִּיק יָכוֹל לְהַגְבִּיהַּ תּוֹרָה שֶׁל צַדִּיק אַחֵר.
נט. מַה שֶּׁהַצַּדִּיק מְחַדֵּשׁ בַּתּוֹרָה, הַקָּדוֹשׁ בָּרוּךְ הוּא אוֹמְרָהּ בִּשְׁמוֹ.
ס. דִּבְרֵי צַדִּיקִים חֲכָמִים חֲבִיבִים מִדִּבְרֵי תוֹרָה וּמִדִּבְרֵי נְבִיאִים, וְצָרִיךְ לִשְׁמֹעַ וּלְצַיֵּת אוֹתָם אַף עַל פִּי שֶׁאֵין מַרְאִין לְךָ שׁוּם מוֹפֵת.
סא. מִי שֶׁמְּשַׁבֵּחַ אֶת הַצַּדִּיק, יָנוּחוּ בְּרָכוֹת עַל רֹאשׁוֹ.
סב. הַצַּדִּיק שֶׁבָּעִיר כָּל דִּבְרֵיהֶם עָלָיו מֻטָּל.
סג. מֻתָּר לְצַדִּיק לְשַׁמֵּשׁ עִם מִי שֶׁהוּא שׁוֹנֶה הֲלָכוֹת, כְּשֶׁהוּא מְלַמְּדוֹ אֵיזֶהוּ דָּבָר חָדָשׁ.
סד. מִי שֶׁמֵּבִיא אֶת עַם הָאָרֶץ לְקָרֵב תַּחַת כַּנְפֵי הַצַּדִּיק מְקַבֵּל עַל יְדֵי זֶה שָׂכָר.
סה. עַל יְדֵי הַקַּבָּלַת פְּנֵי הָרַב לֹא יִרְאֶה שַׁחַת.
סו. לִפְעָמִים הַתְּפִלָּה אֵינָהּ מוֹעֶלֶת אֶלָּא בִּשְׁעָתָהּ, וּכְשֶׁפּוֹסְקִין מִלְּהִתְפַּלֵּל, עוֹשֶׂה הַקָּדוֹשׁ בָּרוּךְ הוּא רְצוֹנוֹ וְחֶפְצוֹ.
סז. הַמֵּבִיא דּוֹרוֹן לְתַלְמִיד חָכָם, כְּאִלּוּ מַקְרִיב בִּכּוּרִים.
סח. אֵין לְהַטְרִיחַ אֶת הַמָּקוֹם.
סט. מִי שֶׁאוֹהֵב אֶת הַצַּדִּיק, צָרִיךְ לִשְׁמֹר אֶת הַצַּדִּיק, שֶׁלֹּא יֵצֵא עָלָיו שֵׁם רָע.
ע. כָּל טוֹבָתָן שֶׁל רְשָׁעִים רָעָה הִיא אֵצֶל הַצַּדִּיקִים.
עא. אַל תִּתְפַּלֵּל וְאַל תַּטְרִיחַ אֶת קוֹנְךָ, כָּל זְמַן שֶׁאַתָּה יָכוֹל לַעֲשׂוֹת בִּפְעֻלָּה.
עב. הַצַּדִּיק כָּל זְמַן. שֶׁהוּא בָּעוֹלָם הַזֶּה, הַגַּן עֵדֶן שֶׁיֵּשׁ לוֹ מִשְׁתַּמְּשִׁין בּוֹ הַצַּדִּיקִים הָאֲחֵרִים שֶׁבְּגַן עֵדֶן.

עג. יֵשׁ תַּלְמִידִים שֶׁעִקָּרָם תְּלוּיִים בִּזְכוּת הַצַּדִּיק, וּכְשֶׁנִּסְתַּלֵּק הַצַּדִּיק אֲזַי נִסְתַּלְּקִים גַּם הֵם אוֹ נֶעֱנָשִׁים.

עד. הַמְקֹרָבִים שֶׁיֵּשׁ לַצַּדִּיק בְּחַיָּיו, הֵם יִהְיוּ מְקֹרָבִים בְּמוֹתָם / בְּמוֹתוֹ.

עה. מִי שֶׁהָיָה מְקֹרָב לְצַדִּיק אֶחָד, וְאַחַר כָּךְ מְקָרֵב אֶת עַצְמוֹ לְצַדִּיק אַחֵר, הַתּוֹרָה שֶׁשָּׁמַע מֵהַצַּדִּיק הָרִאשׁוֹן מַטְרִידִין אוֹתוֹ.

עו. לִפְעָמִים הַצַּדִּיק נִפְטַר, כְּדֵי שֶׁיַּכְרִיעַ אֵיזֶה דִּין לְמַעְלָה.

עז. אֵיזֶהוּ בֶּן עוֹלָם הַבָּא, זֶה שֶׁחוֹלְקִין לוֹ כָּבוֹד מֵחֲמַת חָכְמָתוֹ.

עח. עַל יְדֵי צְדָקָה נַעֲשֶׂה סוּר מֵרָע.

עט. אֵינְךָ זָקוּק לְיַסֵּר תַּלְמִידְךָ וּלְסַלְּקוֹ מִלְּפָנֶיךָ, כְּשֶׁאֵינוֹ רוֹצֶה לֵילֵךְ בְּדֶרֶךְ הַיָּשָׁר, אֶלָּא תְּקָרְבֵהוּ, כִּי זֶה טוֹבַת שְׁאָר הַתַּלְמִידִים, וְסוֹפוֹ לָתֵת לֵב.

פ. לִפְעָמִים אָדָם מֵת קֹדֶם זְמַנּוֹ עַל יְדֵי תַּרְעֹמֶת צַדִּיק.

פא. יָכוֹל לִהְיוֹת שֶׁיִּהְיֶה אָדָם צַדִּיק גָּדוֹל, אַף עַל פִּי שֶׁלֹּא לָמַד הַרְבֵּה.

פב. מִי שֶׁאֵינוֹ מַאֲמִין בְּדִבְרֵי הַצַּדִּיקִים, רָאוּי לְעֹנֶשׁ, כָּל שֶׁכֵּן מְלַגְלֵג.

פג. כְּשֶׁאֶחָד בָּא לְקָרֵב אֶת עַצְמוֹ לַצַּדִּיק, מֻתָּר לוֹ לְהַרְחִיקוֹ, כְּשֶׁשּׁוֹאֵל קֻשְׁיוֹת שֶׁאֵינוֹ צָרִיךְ.

פד. כְּשֶׁהַצַּדִּיק אוֹמֵר תּוֹרָה לָעָם, מֻתָּר לוֹ. לְחַבֵּב תּוֹרָתוֹ בְּעֵינֵיהֶם קֹדֶם שֶׁיֹּאמַר.

פה. אֲפִלּוּ זִוּוּג רִאשׁוֹן מִתְהַפֵּךְ בִּתְפִלָּה.

פו. בָּעוֹלָם הַזֶּה כָּל הָרוֹצֶה לְקָרֵב אֶת עַצְמוֹ מְקָרֵב, אֲבָל בָּעוֹלָם הַבָּא אֵין מְקָרְבִין אֶלָּא הַמְקֹרָבִין מִכְּבָר.

פז. צַדִּיק שֶׁקֵּרֵב אֶת הָאָדָם, וְהָאָדָם הַזֶּה לֹא רָצָה לְקָרֵב אֶת עַצְמוֹ, מֻתָּר לוֹ לִדְחוֹת בְּיָדַיִם.

פח. הַצַּדִּיק יָכוֹל לַעֲנֹשׁ אֶת הָאָדָם בְּמִיתָה, אֲפִלּוּ עַל יְדֵי חֲלִישׁוּת דַּעְתּוֹ, אֲפִלּוּ בְּטָעוּת.

פט. דְּבָרִים שֶׁאַתָּה שׁוֹמֵעַ מִפִּי הַצַּדִּיק, הֵם מוֹעִילִים יוֹתֵר, מִמַּה שֶׁאַתָּה לוֹמֵד בִּסְפָרִים.

צ. אָדָם מֵבִין יוֹתֵר, כְּשֶׁרוֹאֶה פְּנֵי הַמְדַבֵּר.

צא. עַל יְדֵי דִּבּוּר קַל שֶׁל הַצַּדִּיק נִפְתָּח אוֹר גָּדוֹל, אָז בְּנָקֵל לִבְנֵי אָדָם לְהַשִּׂיג חָכְמוֹת רָמוֹת.

צב. מִי שֶׁאֵינוֹ נוֹהֵג כַּשּׁוּרָה, מֻתָּר לְהִשְׁתַּעְבֵּד בּוֹ.

צג. לִפְעָמִים הַצַּדִּיק מְנַשֵּׂא אֶת הָאָדָם וְאַחַר כָּךְ מַשְׁפִּילוֹ וְזֶה לְטוֹבַת הָאִישׁ.

צד. יֵשׁ צַדִּיק נִקְרָא טוֹב, וְיֵשׁ צַדִּיק שֶׁאֵינוֹ נִקְרָא טוֹב, וְיֵשׁ רָשָׁע רָע, וְיֵשׁ רָשָׁע שֶׁאֵינוֹ רָע.

צה. גְּנַאי הוּא וְשִׁפְלוּת לַדּוֹר, שֶׁכְּפוּפִין לָזֶה שֶׁאֵין לוֹ מִי שֶׁיַּעֲשֶׂה מְלַאכְתּוֹ.

צו. לְלַמֵּד לַאֲחֵרִים עָדִיף מִמַּעֲשֶׂה.

צז. יֵשׁ לְהִזָּהֵר מִלְּהַרְאוֹת חֲסִידוּת לִפְנֵי גְּדוֹלִים.

צח. מַהוּת הָאָדָם נִכָּר עַל יְדֵי הִתְקָרְבוּתוֹ, כְּשֶׁרוֹאִין. לְמִי הוּא מְקֹרָב.

צט. הַצַּדִּיק אַל יְסַכֵּן עַצְמוֹ לְהִתְפַּלֵּל בְּעַצְמוֹ, עַד שֶׁיִּהְיֶה הוּא מְסֻכָּן, אֶלָּא

יִשְׁתַּתֵּף עִמּוֹ צַדִּיק אַחֵר.

ק. הַצַּדִּיק יֵשׁ לוֹ כֹּחַ לְהִתְפַּלֵּל עַל אָדָם, שֶׁיִּנָּצֵל מֵחֲטָאִים.

קא. הַצַּדִּיק הוּא הַצֶּלֶם אֱלֹקִים שֶׁל הַדּוֹר.

קב. הַצַּדִּיק הוּא סוֹבֵל לְסוֹבְלָיו בְּעֵת צָרָתָם.

קג. יָכוֹל אָדָם שֶׁיִּהְיֶה צַדִּיק, אַף עַל פִּי שֶׁאֵין לוֹ בִּטָּחוֹן בִּשְׁלֵמוּת.

קד. הַצַּדִּיק יָכוֹל לְהִתְעַנֵּג, וְאֵינוֹ יָרֵא מֵהַיֵּצֶר הָרָע, כִּי תּוֹרָתוֹ מְגִנָּה עָלָיו.

קה. מִי שֶׁאֵינוֹ עוֹמֵד בִּפְנֵי רַבּוֹ, נִקְרָא רָשָׁע וְאֵינוֹ מַאֲרִיךְ יָמִים וְתַלְמוּדוֹ מִשְׁתַּכֵּחַ.

קו. אֵין לְהַטְרִיחַ אֶת הַשֵּׁם יִתְבָּרֵךְ כְּשֶׁיְּכוֹלִין לְהוֹעִיל עַל יְדֵי דָּבָר אַחֵר.

קז. לִפְעָמִים עַל יְדֵי נַחַת רוּחַ אֶחָד וּמְעַט שֶׁעוֹשִׂין לַצַּדִּיק, עַל יְדֵי זֶה זוֹכִין לָעוֹלָם הַבָּא.

קח. מִי שֶׁיֵּשׁ לוֹ אֱמוּנָה שְׁלֵמָה בַּשֵּׁם יִתְבָּרֵךְ, יָכוֹל לַעֲשׂוֹת נַחַת רוּחַ לַצַּדִּיק.

קט. מִי שֶׁאֵין לוֹ שׁוּם הִרְהוּרֵי עֲבוֹדָה זָרָה, הוּא מִשְׁתּוֹקֵק תָּמִיד לְהַצִּיל אֶת הַצַּדִּיקִים.

קי. מִי שֶׁרוֹצֶה לַעֲשׂוֹת טוֹבָה לַצַּדִּיק, הַקָּדוֹשׁ בָּרוּךְ הוּא נוֹתֵן לוֹ כֹּחַ לָזֶה.

קיא. תַּלְמִיד חָכָם הַמְבַעֵט בְּרַבּוֹתָיו, נִתְקַצְּרוּ שְׁנוֹתָיו.

קיב. הַמַּנְהִיג עַצְמוֹ בְּרַבָּנוּת כְּשֶׁיֵּשׁ גָּדוֹל מִמֶּנּוּ, נִתְקַצְּרִים שְׁנוֹתָיו.

קיג. כְּשֶׁהַצַּדִּיק צָרִיךְ לְהִתְפַּלֵּל שֶׁיִּתְּנוּ לוֹ אֵיזֶה דָּבָר וְיָרֵא מֵהַמְקַטְרְגִים עַל צִדְקָתוֹ, יְבַקֵּשׁ הֵפֶךְ רְצוֹנוֹ.

קיד. כְּשֶׁרָשָׁע עוֹשֶׂה אֵיזֶה רָעָה וּבָא לְהַצַּדִּיק וְשׁוֹאֵל מִמֶּנּוּ אִם יָפֶה עָשָׂה, מֻתָּר לוֹמַר לוֹ: יָפֶה עָשִׂיתָ, כְּדֵי לְהַצִּיל אֶת נַפְשׁוֹ.

קטו. מִי שֶׁמַּפְרִישׁ בְּנֵי אָדָם מִלָּבוֹא תַּחַת כַּנְפֵי הַשְּׁכִינָה, עַל יְדֵי זֶה נוֹפְלִים בָּנָיו לַעֲבָדוּת.

קטז. לִפְעָמִים צָרִיךְ לְבַקֵּשׁ רַחֲמִים עַל הַחוֹלֶה שֶׁיָּמוּת.

קיז. בִּתְחִלָּה הַקָּדוֹשׁ בָּרוּךְ הוּא מְגַלֶּה הַסּוֹד בַּתּוֹרָה לַצַּדִּיק, וְאַחַר כָּךְ אוֹמֵר הַקָּדוֹשׁ בָּרוּךְ הוּא הַתּוֹרָה בִּשְׁבִיל / בְּשֵׁם הַצַּדִּיק.

קיח. לִפְעָמִים הַצַּדִּיק מִתְעַנֶּה וּמִתְפַּלֵּל וְאֵינוֹ מוֹעִיל.

קיט. הַצַּדִּיק מֻתָּר לוֹ לִפְרֹץ גְּדָרִים שֶׁל אֲחֵרִים בִּשְׁבִיל דַּרְכּוֹ.

קכ. לִפְעָמִים גּוֹזְרִים מִלְמַעְלָה עַל מִסְפַּר בְּנֵי אָדָם שֶׁיָּמוּתוּ, וְיֵשׁ אֶחָד בֵּינֵיהֶם שֶׁהַצַּדִּיק אוֹהֵב אוֹתוֹ, יֵשׁ כֹּחַ בַּצַּדִּיק לְהִתְפַּלֵּל עָלָיו וּלְהַצִּיל אוֹתוֹ וְלִתֵּן אַחֵר תַּחְתָּיו.

קכא. יֵשׁ כֹּחַ בַּצַּדִּיק לִקַּח מִזֶּה וְלִתֵּן לָזֶה.

קכב. בִּרְכַּת הַצַּדִּיק הוּא פִּדְיוֹן.

קכג. כָּל צַדִּיק יֵשׁ לוֹ דְּבַר עֲבוֹדָה, שֶׁצַּדִּיק אַחֵר, אֲפִלּוּ גָּדוֹל מִמֶּנּוּ, אֵינוֹ יָכוֹל לְהַשִּׂיג עֲבוֹדָתוֹ.

קכד. מַה שֶּׁהַצַּדִּיקִים נוֹסְעִים מִמָּקוֹם לְמָקוֹם בִּשְׁבִיל מָמוֹן, כִּי דִּבְרֵי תוֹרָה עֲנִיִּים. בִּמְקוֹמָם וַעֲשִׁירִים בְּמָקוֹם אַחֵר.

קכה. אֲרִיכַת יָמִים שֶׁל תַּלְמִיד חָכָם בָּא, כְּשֶׁמְּכַבְּדִין זֶה אֶת זֶה.

קכו. אֵינָהּ דּוֹמָה תְּפִלַּת צַדִּיק בֶּן צַדִּיק לִתְפִלַּת צַדִּיק בֶּן רָשָׁע.

קכז. מִי שֶׁמְּנַסֶּה אֶת הַצַּדִּיק, כְּאִלּוּ מְנַסֶּה אֶת הַקָּדוֹשׁ בָּרוּךְ הוּא.

קכח. כָּל הַגְּבִיּוֹת שֶׁאֻמּוֹת הָעוֹלָם גּוֹבִין מִיִּשְׂרָאֵל, אֵין זֶה אֶלָּא בִּשְׁבִיל הַפְּגָם שֶׁפָּגְמוּ בִּכְבוֹד הַצַּדִּיק.

קכט. כְּשֶׁשּׂוֹנְאֵי הַשֵּׁם דּוֹבְרִים וְחוֹלְקִים עַל הַצַּדִּיק, הוּא כָּבוֹד גָּדוֹל לַצַּדִּיק.

קל. עַל יְדֵי אֱמוּנַת צַדִּיקִים נִמְתָּק הַדִּין.

קלא. הַצַּדִּיק הוּא מְלַמֵּד אֶת הַקָּדוֹשׁ בָּרוּךְ הוּא בְּתוֹרָתוֹ, אֵיךְ יִתְנַהֵג עִמָּנוּ.

קלב. הַתְּפִלָּה שֶׁאָדָם מִתְפַּלֵּל בְּהִתְקַשְּׁרוּת הַצַּדִּיקִים, הוּא נַעֲנֶה.

קלג. הַקָּדוֹשׁ בָּרוּךְ הוּא מוֹחֵל עֲווֹנוֹת יִשְׂרָאֵל בִּשְׁבִיל הַצַּדִּיקִים.

קלד. הַלֵּיצָנוּת אֵינוֹ מֵנִיחַ אֶת הָאָדָם לֵילֵךְ לְצַדִּיקִים.

קלה. עַל יְדֵי צְדָקָה זוֹכֶה לְהִתְקָרְבוּת לַצַּדִּיקִים.

קלו. אֵין לְךָ צַדִּיק שֶׁאֵין עָלָיו מַחֲלֹקֶת וּמְחַקְרִים.

קלז. יֵשׁ רָשָׁע שֶׁהוּא בּוֹשׁ לְכַפֵּר בַּצַּדִּיק עַצְמוֹ וּמְדַבֵּר רָעוֹת עַל אֵלּוּ שֶׁהֵם תַּחַת הַצַּדִּיק.

קלח. עַל יְדֵי רְאִיַּת פְּנֵי הַצַּדִּיק נִתְחַדֵּד הַשֵּׂכֶל.

קלט. מִי שֶׁשּׁוֹמֵר אֶת הַצַּדִּיק, שֶׁלֹּא יִפֹּל בּוֹ שׁוּם צַעַר, יִזְכֶּה לְכָבוֹד וְיֶהֱנֶה מִצִּדְקַת הַצַּדִּיק.

קמ. עַל יְדֵי שְׁמִיעַת תּוֹרָה מִפִּי. הַצַּדִּיק מְקַבְּלִין חִיּוּת.

קמא. רָשָׁע שֶׁעָשָׂה חֲטָאִים רַבִּים, תַּקָּנָתוֹ שֶׁיִּהְיֶה פְּעֻלּוֹתָיו לְחַיּוֹת אֶת הַצַּדִּיק.

קמב. כְּשֶׁרָשָׁע מַכְנִיעַ אֶת עַצְמוֹ תַּחַת הַצַּדִּיק, בְּיָדוּעַ שֶׁנִּגְזַר עַל הַצַּדִּיק אֵיזֶה צָרָה וְעַכְשָׁו לֹא יָבֹא עָלָיו עוֹד הַצָּרָה.

קמג. כְּשֶׁתִּירָא מֵהַצַּדִּיק, תִּזְכֶּה לָסוּר מֵרַע.

קמד. כְּשֶׁהַצַּדִּיק שׁוֹרֶה בְּצַעַר וְהָרָשָׁע מְבַקֵּשׁ רַחֲמִים עָלָיו, עַל יְדֵי זֶה יִזְכֶּה לֶעָתִיד לַעֲמֹד עַל שַׁעֲרֵי צַדִּיק.

קמה. מַה שֶּׁלִּפְעָמִים הַקָּדוֹשׁ בָּרוּךְ הוּא אֵינוֹ שׁוֹמֵעַ תְּפִלַּת הַצַּדִּיק, כְּדֵי שֶׁיִּדְחֶה בְּזֶה אֶת הָרְשָׁעִים, שֶׁיִּשָּׁאֲרוּ בְּרִשְׁעוּתָן.

קמו. עַל יְדֵי מַחֲלֹקֶת עַל הַצַּדִּיק שׁוֹכְחִין אֶת הַתּוֹרָה.

קמז. הַשֶּׁבַח שֶׁמְּשַׁבְּחִין אֶת הַצַּדִּיקִים, כְּאִלּוּ מְשַׁבְּחִין אֶת הַקָּדוֹשׁ בָּרוּךְ הוּא.

קמח. עִיר שֶׁהִיא צַיֶּת אֶת הַצַּדִּיק, אֵין מִלְחָמָה נִשְׁמַעַת בָּהּ וְאֵין מְהוּמָה וְאֵין שְׁמוּעָה רָעָה.

קמט. הַהִתְנַגְּדוּת עַל הַצַּדִּיקִים זֶה בָּא מֵהִתְנַגְּדוּת שֶׁבֵּין הַצַּדִּיקִים בְּעַצְמָן.

קנ. בִּשְׁבִיל זֶה הַקָּדוֹשׁ בָּרוּךְ הוּא נוֹתֵן פַּרְנָסָה לַצַּדִּיק עַל יְדֵי הֲמוֹן עַם, כְּדֵי שֶׁיִּהְיֶה לוֹ אֵיזֶה הִתְחַבְּרוּת עִמָּהֶם, וּכְשֶׁיִּזְכֹּר הַקָּדוֹשׁ בָּרוּךְ הוּא אֶת הַצַּדִּיק, יִזְכֹּר גַּם אוֹתָם.

קנא. בִּיאַת הַמָּשִׁיחַ תָּלוּי בְּקִרְבַת הַצַּדִּיק.

קנב. עִקַּר שְׁלֵמוּת הַנֶּפֶשׁ תָּלוּי בְּקִרְבַת הַצַּדִּיק

קנג. מִי שֶׁמְּקָרֵב עַצְמוֹ. לַצַּדִּיק וְקִרְבָתוֹ אֵינוֹ בִּתְמִימוּת, עַל יְדֵי זֶה נִתְהַפֵּךְ אַחַר כָּךְ לְרוֹדֵף.

קנד. הַשַּׁקְרָן בְּשָׁעָה שֶׁבָּא לִרְאוֹת אֶת הַצַּדִּיק לִבּוֹ חוֹשֵׁב אֵיךְ יְדַבֵּר אַחֵר כָּךְ

קנה. הַדִּבּוּרִים שֶׁדּוֹבְרִים עַל הַצַּדִּיק לַסּוֹף שֶׁדִּבְרֵיהֶם נֶהֱפָךְ עֲלֵיהֶם, וְנוֹפְלִים לְמִשְׁכָּב.

קנו. מִי שֶׁמַּכְנִיעַ אֶת עַצְמוֹ בִּפְנֵי הַצַּדִּיק בָּזֶה מְעוֹרֵר אַהֲבָה אֵצֶל הַצַּדִּיק.

קנז. עַל יְדֵי סִפּוּרֵי מַעֲשִׂיּוֹת מִצַּדִּיקִים עַל יְדֵי זֶה זוֹכִין לְהִתְקָרֵב לָהֶם.

קנח. לְפִי רוּחַ הַקֹּדֶשׁ, שֶׁהַקָּדוֹשׁ בָּרוּךְ הוּא נוֹתֵן לַצַּדִּיק כֵּן הָעֲשִׁירִים סוֹמְכִים אוֹתוֹ וּלְפִי סְמִיכָתָם אוֹתוֹ כֵּן יָכֹל לְהַחֲזִיר הָרְשָׁעִים בִּתְשׁוּבָה.

קנט. הַיִּסּוּרִין שֶׁבָּאִין עַל הַצַּדִּיקִים. בִּשְׁבִיל כְּדֵי שֶׁלֹּא יְהַרְהֲרוּ הָרְשָׁעִים לְעוֹלָם הַבָּא עַל הַטּוֹב. שֶׁיִּתֵּן הַקָּדוֹשׁ בָּרוּךְ הוּא לַצַּדִּיקִים.

קס. כְּשֶׁהַיְרֵאִים הֵם בְּהִתְחַבְּרוּת עִם הַצַּדִּיק עַל יְדֵי זֶה גּוֹרְמִים זִווּג בֵּין קֻדְשָׁא בְּרִיךְ הוּא ושכינתה פָּנִים בְּפָנִים. וְאֵין יְרִידָה אַחֲרָיו.

קסא. עַל יְדֵי שֶׁבַח שֶׁמְּשַׁבְּחִים אֶת הַצַּדִּיקִים. מַפִּילִים אֶת הָרְשָׁעִים נְפִילָה גְּדוֹלָה

קסב. הַצַּדִּיק נִסְתַּלֵּק בֶּעָוֹן כִּשּׁוּף וְנִאוּף.

קסג. הַנּוֹאֲפִים לרב הֵם מִתְנַגְּדִים עַל הַצַּדִּיק.

קסד. כְּשֶׁהַצַּדִּיק נִסְתַּלֵּק נִשְׁאָר הָעוֹלָם כִּטְמֵאִים וְצִדְקַת הָעוֹלָם נִמְאָס בְּעֵינֵי הַקָּדוֹשׁ בָּרוּךְ הוּא.

קסה. עַל יְדֵי הַגְדָּלַת. הָעוֹלָם עַל הַצַּדִּיק נִתְעוֹרֵר חַס וְשָׁלוֹם חָרוֹן אַף גַּם שְׂרֵפָה נִתְעוֹרֵר.

קסו. טִלְטוּל הַצַּדִּיקִים. לִפְעָמִים הוּא בִּשְׁבִיל לְגַלּוֹת אֵיזֶה צַדִּיק נִסְתָּר.

קסז. לִפְעָמִים יִסּוּרִין בָּאִים עַל הַצַּדִּיק, כְּדֵי לְמַעֵט בְּצָרוֹת יִשְׂרָאֵל.

קסח. מִלּוּי כְּרֵסָם שֶׁל הָמוֹן עַם גּוֹרֵם לַאֲבֵדַת הַצַּדִּיק.

קסט. יִסּוּרִים שֶׁבָּאִים עַל הַצַּדִּיק הוּא כַּפָּרָה עַל כָּל יִשְׂרָאֵל.

קע. מִי שֶׁאֵינוֹ רוֹצֶה לְקַבֵּל עַל עַצְמוֹ עֹל שֶׁל הַצַּדִּיק, הַקָּדוֹשׁ בָּרוּךְ הוּא כּוֹעֵס עָלָיו ומבעתהו.

קעא. מִי שֶׁמֵּבִיא דּוֹרוֹן לַצַּדִּיק, הַקָּדוֹשׁ בָּרוּךְ הוּא עוֹשֶׂה לוֹ נַחַת רוּחַ.

קעב. עַל יְדֵי דּוֹרוֹן שֶׁמְּבִיאִין לַצַּדִּיקִים מַכְנִיעִין אֶת הַשּׂוֹנְאִים וּמְבַטְּלִין אֶת הָרוּחַ רָעָה שֶׁשּׁוֹרָה עַל הָאָדָם.

קעג. עַל יְדֵי הִשְׁתַּטְּחוּת עַל קִבְרֵי הַצַּדִּיקִים הַקָּדוֹשׁ בָּרוּךְ הוּא עוֹשֶׂה לוֹ טוֹבוֹת, אַף עַל פִּי שֶׁאֵינוֹ רָאוּי לְכָךְ.

קעד. מִי שֶׁמְּסַפֵּר מַעֲשִׂיּוֹת מִצַּדִּיקִים הַקָּדוֹשׁ בָּרוּךְ הוּא עוֹשֶׂה לוֹ חֶסֶד.

קעה. מַה שֶּׁהַצַּדִּיק מַנְהִיג אֶת הָעוֹלָם, הוּא מֵחֲמַת יִרְאָה שֶׁבְּתוֹכוֹ.

קעו. כְּשֶׁאָדָם נִתְבָּרֵךְ מִן הַצַּדִּיק צָרִיךְ לַעֲמֹד עַל רַגְלָיו.

קעז. הַמֶּלֶךְ גּוֹבֶה מִן הָעָם.

קעח. עַל יְדֵי כָּבוֹד, שֶׁמְּכַבְּדִין אֶת בְּנֵי הַצַּדִּיקִים, נִתְעוֹרֵר רָצוֹן אֵצֶל הַשֵּׁם יִתְבָּרֵךְ שֶׁיָּבוֹא הַמָּשִׁיחַ.

קעט. עַל יְדֵי הַהֲלִיכָה שֶׁהוֹלְכִים לַצַּדִּיק, מַכְנִיעִים אֶת הַשּׂוֹנְאִים.

קפ. מִי שֶׁעוֹבֵר עַל הַצִּוּוּי שֶׁל הַצַּדִּיק, הוּא נוֹפֵל מֵחֲשִׁיבוּתוֹ.

ספר המדות

קפא. מִי שמהנהו מִנְּכָסָיו כְּאִלּוּ מְהַנֶּה כָּל יִשְׂרָאֵל וְנִצּוֹל מִמִּיתָה.

קפב. מִי שֶׁמְּסָרֵב עַל דִּבְרֵי צַדִּיק כְּאִלּוּ שָׁאַל בַּקּוֹסְמִים.

קפג. עַל יְדֵי הַחָכְמָה ה' עִמּוֹ גַּם אֵימָתוֹ מטלת עַל הַבְּרִיּוֹת.

קפד. מִי שֶׁסּוֹמֵךְ אֶת הַצַּדִּיק בְּכָל מִינֵי סְמִיכוֹת, הוּא סָמוּךְ וְקָרוֹב לוֹ לָעוֹלָם הַבָּא.

קפה. מִי שֶׁמִּתְגָּרֶה בַּצַּדִּיק, לַסּוֹף הוּא נִתְפָּס בִּמְצוּדָה רָעָה.

קפו. מִי שֶׁמְּסַפֵּר מַעֲשִׂיּוֹת מִצַּדִּיקִים, מַזְכִּירִין לוֹ צִדְקוֹתָיו.

קפז. הַצַּדִּיק יָכֹל לִתֵּן דָּבָר, שֶׁלֹּא בָּא לָעוֹלָם.

קפח. הַצַּדִּיק, כָּל מָקוֹם אֲשֶׁר יִדְרֹךְ כַּף רַגְלָיו, הוּא קוֹנֶה.

קפט. מִי שֶׁנּוֹתֵן עֵצָה לַצַּדִּיקִים בְּעֵת הִתְנַגְּדוּת מַעֲשֵׂה יָדָיו קַיָּמִים, וְאֵין מְבַטֵּל אוֹתָם.

קצ. בְּשָׁעָה שֶׁמִּסְתַּכֵּל עַל הַצַּדִּיק, יִסְתַּכֵּל בְּאֵימָה, כְּדֵי שֶׁלֹּא יַעַנְשׁוּ אוֹתוֹ מִן הַשָּׁמַיִם.

קצא. עַל יְדֵי יִרְאַת שָׁמַיִם נִשְׁתּוֹקֵק הָאָדָם לְקָרֵב אֶת עַצְמוֹ לַצַּדִּיק.

קצב. עַל יְדֵי יְשִׁיבָה אֵצֶל שֻׁלְחָן הַצַּדִּיק נִתְבַּטֵּל הַמִּלְחָמָה.

קצג. מִי שֶׁהוּא זַיְפָן, לַסּוֹף שֶׁיִּתְחַבֵּר עִם הַמִּתְנַגְּדִים שֶׁחוֹלְקִים עַל הַצַּדִּיק.

קצד. לִפְעָמִים הַצָּרַעַת פּוֹרַחַ לַצַּדִּיק, כִּי מְקָרוֹב קרב אֵיזֶה אָדָם בִּתְשׁוּבָה.

קצה. מִי שֶׁאוֹמֵר עַל הַצַּדִּיק שֶׁהוּא רָשָׁע וְעַל הָרָשָׁע שֶׁהוּא צַדִּיק עַל יְדֵי זֶה יִפֹּל לַחֲלִשָׁה גַּם עַל יְדֵי זֶה חַמָּה וּלְבָנָה נִלְקִין.

קצו. הִתְקַשְּׁרוּת לַצַּדִּיק הוּא רְפוּאָה גְּדוֹלָה.

קצז. קָשֶׁה לְאָדָם לְהַשִּׂיג אֵיזֶה תְּשׁוּעָה, כְּשֶׁיֵּשׁ צַדִּיק בָּעִיר וְאֵינוֹ מְבַקֵּשׁ מִמֶּנּוּ שֶׁיִּתְפַּלֵּל עָלָיו.

קצח. לִפְעָמִים יֵשׁ אֶחָד, שֶׁמְּקֹרָב בְּהִתְקָרְבוּת גָּדוֹל לַצַּדִּיק וְאֵינוֹ מַרְגִּישׁ בְּעַצְמוֹ שׁוּם יִרְאַת שָׁמַיִם, יֵדַע, כִּי אִם לֹא הָיָה מְקֹרָב לֹא הָיָה רָאוּי לִחְיוֹת כְּלָל.

קצט. לִפְעָמִים הַצַּדִּיק מִתְבַּיֵּשׁ לְבַקֵּשׁ מֵהַקָּדוֹשׁ בָּרוּךְ הוּא עַל צַעֲרוֹ מַה עוֹשֶׂה הַקָּדוֹשׁ בָּרוּךְ הוּא מֵבִיא צַעַר כָּזֶה עַל רָשָׁע כְּדֵי כְּשֶׁהָרָשָׁע בָּא וּמְבַקֵּשׁ מִמֶּנּוּ שֶׁיִּתְפַּלֵּל עָלָיו עַל יְדֵי זֶה נִצּוֹל גַּם הַצַּדִּיק מִצַּעֲרוֹ.

ר. מִי שֶׁחוֹלֵק עַל הַצַּדִּיק בְּפָנָיו בַּיָּדוּעַ שֶׁאֵין בּוֹ יִרְאַת שָׁמַיִם.

רא. לִפְעָמִים הַמַּחֲלֹקֶת עַל הַצַּדִּיק הִיא הוֹכָחָה גְּדוֹלָה שֶׁהוּא צַדִּיק.

רב. יֵשׁ רָשָׁע שֶׁמַּצְלִיחַ וּכְשֶׁרוֹדֵף אֶת הַצַּדִּיק אֲזַי הַקְּלִפּוֹת בְּעַצְמָם נוֹקְמִים מִמֶּנּוּ

רג. הַחִלּוּק שֶׁבֵּין צַדִּיק לִירֵא שָׁמַיִם שֶׁהַיָּרֵא אֵין לוֹ רְשׁוּת לְגַלּוֹת מִסְתּוֹרָיו שֶׁל הַקָּדוֹשׁ בָּרוּךְ הוּא אֲבָל הַצַּדִּיק יֵשׁ לוֹ רְשׁוּת.

רד. מִי שֶׁדּוֹבֵר. עַל הַצַּדִּיק בַּיָּדוּעַ שֶׁהוּא גַּדְלָן

רה. כְּשֶׁהַקָּדוֹשׁ בָּרוּךְ הוּא רוֹצֶה שֶׁהַצַּדִּיק יְלַמֵּד דֶּרֶךְ אֶת הָעָם מְרַמֵּז לוֹ בְּפַרְנָסָתוֹ.

רו. הַצַּדִּיק כְּשֶׁמִּתְפַּלֵּל עַל הָאָדָם, הוּא מֵבִין עַל אֵיזֶה עֲבֵרָה בָּא עָלָיו הַפֻּרְעָנוּת

הַזֹּאת.

רז. מִי שֶׁשּׁוֹמֵר אֶת בְּרִיתוֹ בְּוַדַּאי מְחַבֵּב אֶת הַצַּדִּיק.

רח. כְּשֶׁהַצַּדִּיק עוֹבֵד אֶת הַשֵּׁם יִתְבָּרֵךְ וְאֵינוֹ מַשְׁגִּיחַ עַל הָמוֹן עַם לְלַמֵּד עַל יְדֵי זֶה נוֹפֵל מִמַּדְרֵגָתוֹ.

רט. עַ"י יְדֵי הַפַּרְנָסָה שֶׁמְּפַרְנְסִין אֶת הַצַּדִּיק נִמְחַל לָהֶם כָּל עֲווֹנוֹתֵיהֶם כְּמוֹ הַכֹּהֲנִים אוֹכְלִים וּבְעָלִים מִתְכַּפְּרִים.

<u>חלק שני</u>

א. עַל יְדֵי סִפּוּרֵי מַעֲשִׂיּוֹת שֶׁל צַדִּיקִים מַמְשִׁיכִין אוֹר שֶׁל מָשִׁיחַ בָּעוֹלָם וְדוֹחֶה הַרְבֵּה חֹשֶׁךְ וְצָרוֹת מִן הָעוֹלָם.

ב. גַּם זוֹכֶה לִבְגָדִים נָאִים.

ג. בְּשִׁבְעַת יְמֵי אֲבֵלוּת שֶׁל הַצַּדִּיק, הַקָּדוֹשׁ בָּרוּךְ הוּא מַשְׁפִּיעַ עַל הַמִּתְאַבְּלִים עָלָיו מֵאוֹר הַגָּנוּז מִשֵּׁשֶׁת יְמֵי בְּרֵאשִׁית.

ד. אַל תִּתְמַהּ עַל הַחֵפֶץ, שֶׁהָאָדָם הוּא בְּרִיָּה קְטַנָּה וּבוֹ תָּלוּי כָּל הָעוֹלָמוֹת, כִּי כֵן בְּכָל מָקוֹם שֶׁהַשְּׁכִינָה שְׁרוּיָה, מוּעָט מַחֲזִיק אֶת הַמְּרֻבֶּה.

ה. כָּל אָדָם מְצֻיָּר בְּזִיו פָּנָיו גַּן עֵדֶן שֶׁלּוֹ.

ו. עַל פִּי רֹב הַיְּרֵאִים פַּרְנָסָתָם בָּא עַל יְדֵי טִלְטוּלִים.

ז. לִפְעָמִים הַצַּדִּיק בָּא. לְטִלְטוּלִים, כְּדֵי שֶׁיָּבֹא לָעוֹלָם הַבָּא יִזְכֹּר הַמְּקוֹמוֹת שֶׁהָיוּ בָּהֶם, וְעַל יְדֵי זֶה יָבוֹאוּ טוֹבוֹת לְאֵלּוּ הַמְּקוֹמוֹת.

ח. מִי שֶׁיּוֹדֵעַ שֵׁמוֹת שֶׁל בְּנֵי הַצַּדִּיקִים שֶׁבַּדּוֹר, הוּא יוֹדֵעַ כָּל הַמְּאֹרָעוֹת שֶׁיִּהְיוּ.

ט. מִי שֶׁמַּצְדִּיק אֶת הַבְּרִיּוֹת, כָּל חֲפָצָיו נַעֲשִׂים בְּלִי שׁוּם מוֹנֵעַ.

י. כְּשֶׁהַצַּדִּיק נֶחֱלָשׁ כֹּחוֹ, שֶׁאֵין יָכֹל לַעֲשׂוֹת רְצוֹן קוֹנוֹ כְּמִקֹּדֶם, יֵדַע, שֶׁאֵין הַקָּדוֹשׁ בָּרוּךְ הוּא רוֹצֶה עוֹד, שֶׁיּוֹרֶה דֶּרֶךְ תְּשׁוּבָה לָרְשָׁעִים.

יא. עִקַּר כֹּחַ הַצַּדִּיקִים הוּא כְּשֶׁהַדִּין נִמְתָּק, הַיְנוּ: עַל יְדֵי אַחְדוּת הַשֵּׁם יִתְבָּרֵךְ.

יב. כְּשֶׁהַצַּדִּיקִים נִתְפַּרְסְמִים בָּעוֹלָם עַל יְדֵי זֶה נִתְחַדְּשִׁים נִגּוּנִים בָּעוֹלָם.

יג. מִי שֶׁמּוֹסֵר נַפְשׁוֹ בִּשְׁבִיל יִשְׂרָאֵל, דִּינָיו אֵינָם בְּטֵלִים, וְכַאֲשֶׁר יִגְזֹר כֵּן יָקוּם.

יד. עַל יְדֵי שִׁמּוּשׁ הַצַּדִּיק בָּא חֵרוּת וְנִתְבַּטֵּל הַקְּלָלוֹת.

טו. אֵלּוּ הַמְּקָרְבִים לְיִרְאֵי הַשֵּׁם גַּם הֵם זוֹכִים לְיִרְאָה וְלָדַעַת.

טז. כְּשֶׁהַצַּדִּיק נִתְעַשֵּׁר עַל יְדֵי זֶה הָרְשָׁעִים חוֹזְרִים בִּתְשׁוּבָה.

יז. כְּשֶׁהַקָּדוֹשׁ בָּרוּךְ הוּא רוֹאֶה אֵיזֶה צַדִּיק שֶׁיֵּשׁ כֹּחַ בְּיָדוֹ לְקָרֵב בְּנֵי אָדָם לַעֲבוֹדָתוֹ, אֲנִי מַעֲמִיד עָלָיו שׂוֹנְאִים כְּדֵי שֶׁיּוּכַל לְקָרֵב בְּנֵי אָדָם, כִּי הַצַּדִּיק שֶׁאֵין לוֹ שׂוֹנְאִים אֵין יָכֹל לְקָרֵב, כְּמוֹ בְּעֵת בִּיאַת הַמָּשִׁיחַ. יֵשְׁבוּ בְּשָׁלוֹם וְאֵין מְקַבְּלִים גֵּרִים.

יח. יֵשׁ שְׁנֵי צַדִּיקִים שֶׁאֶחָד דִּבּוּרָיו הֵם כַּחֲרִישָׁה, וְהַשֵּׁנִי דְּבָרָיו כִּקְצִירָה, אוֹ אֶחָד, דְּבָרָיו כַּהֲקָמַת הַבְּרִית לְזִוּוּג, וְהַשֵּׁנִי דְּבָרָיו הֵם הַמַּמְשִׁיכִין אֶת הַזֶּרַע וּמְהַוִּים אֶת הַוָּלָד בְּבֶטֶן אִמּוֹ וּמְגַדְּלִין אוֹתוֹ. בְּכֵן כְּשֶׁיֵּשׁ מַחְלֹקֶת בֵּין שְׁנֵי

צַדִּיקִים הָאֵלּוּ אַל יִתְעָרֵב זָר בְּתוֹךְ דִּבּוּרָיו שֶׁמְּדַבְּרִים זֶה עַל זֶה כְּדֵי שֶׁלֹּא יְקַלְקֵל הַמְּכֻוָּן.

יט. כְּשֶׁהוֹלְכִים עַל קִבְרֵי צַדִּיקִים צָרִיךְ לָזֶה זְכוּת שֶׁיּוּכַל לֶאֱסֹף רוּחוֹ וְנִשְׁמָתוֹ לַקֶּבֶר, שֶׁיִּהְיֶה כְּאִלּוּ הוּא חַי, כִּי אִם אֵין זְכוּת, אֲזַי רוּחוֹ וְנִשְׁמָתוֹ עוֹלִים לְמַעְלָה לְתוֹךְ שְׁאָר הַצַּדִּיקִים.

כ. עַל יְדֵי הַזְכָּרַת שְׁמוֹת הַצַּדִּיקִים יְכוֹלִים לְהָבִיא שִׁנּוּי בְּמַעֲשֵׂה בְּרֵאשִׁית, כְּלוֹמַר לְשַׁנּוֹת הַטֶּבַע. וְסִימָן לַדָּבָר: אֵלֶּה תּוֹלְדוֹת הַשָּׁמַיִם וְהָאָרֶץ וכו', וְאֵלֶּה שְׁמוֹת בְּנֵי יִשְׂרָאֵל וכו', גְּזֵרָה שָׁוָה.

כא. מִי שֶׁיּוֹדֵעַ מֵאֶרֶץ יִשְׂרָאֵל, שֶׁטָּעַם בֶּאֱמֶת טַעַם אֶרֶץ יִשְׂרָאֵל, הוּא יָכֹל לְהַכִּיר בְּאַחֵר אִם הָיָה אֵצֶל צַדִּיק אֲמִתִּי עַל רֹאשׁ הַשָּׁנָה אִם לָאו, כִּי מִי שֶׁזּוֹכֶה לִהְיוֹת אֵצֶל צַדִּיק אֲמִתִּי עַל רֹאשׁ הַשָּׁנָה, אֲזַי בְּכָל מָקוֹם שֶׁהָאִישׁ הַזֶּה מִסְתַּכֵּל נַעֲשָׂה אוֹתוֹ. הָאֲוִיר בְּחִינַת אֲוִירָא דְּאֶרֶץ יִשְׂרָאֵל, וְעַל כֵּן מִי שֶׁיּוֹדֵעַ מִטַּעַם אֶרֶץ יִשְׂרָאֵל כָּל אֶחָד לְפִי עֶרְכּוֹ, הוּא מְחֻיָּב לְהַרְגִּישׁ אֶרֶץ יִשְׂרָאֵל כְּשֶׁפּוֹגֵעַ וּמִתְוַעֵד יַחַד עִם זֶה הָאִישׁ שֶׁהָיָה אֵצֶל הַצַּדִּיק אֲמִתִּי עַל רֹאשׁ הַשָּׁנָה, כִּי עַל יָדוֹ נַעֲשָׂה הָאֲוִיר בִּבְחִינַת אֶרֶץ יִשְׂרָאֵל כַּנַּ"ל.

צדקה

חלק ראשון

א. כָּל צְדָקָה וָחֶסֶד שֶׁיִּשְׂרָאֵל עוֹשִׂין בָּעוֹלָם הַזֶּה, שָׁלוֹם גָּדוֹל וּמְלִיצֵי יֹשֶׁר בֵּין יִשְׂרָאֵל לַאֲבִיהֶם שֶׁבַּשָּׁמַיִם.

ב. גְּדוֹלָה צְדָקָה שֶׁמְּקָרֶבֶת אֶת הַגְּאֻלָּה.

ג. וּמַצֶּלֶת מִן הַמִּיתָה.

ד. וּמְקַבֵּל פְּנֵי. הַשְּׁכִינָה.

ה. וְנַעֲשֶׂה מַלְוֶה לְהַקָּדוֹשׁ בָּרוּךְ הוּא.

ו. וְנִתְרוֹמֵם מַזָּלוֹ.

ז. וְנִקְרָא צַדִּיק גָּמוּר.

ח. עַל יְדֵי צְדָקָה נַעֲשֶׂה סוּר מֵרָע.

ט. מִצְוָה לָזוּן אֵלּוּ שֶׁעוֹסְקִים בַּתּוֹרָה יוֹתֵר מֵאֵלּוּ שֶׁאֵין עוֹסְקִין, אֲבָל לְעִנְיַן דִּינָא אֵין לְחַלֵּק.

י. כְּשֶׁמּוֹצִיא גְּזֵלָה מִתַּחַת יַד חֲבֵרוֹ, כְּאִלּוּ נָתַן צְדָקָה.

יא. הַפְּשָׁרָה הִיא מִשְׁפָּט, שֶׁיֵּשׁ בּוֹ צְדָקָה.

יב. הַנּוֹתֵן צְדָקָה לְעָנִי שֶׁאֵינוֹ הָגוּן, אֵין מְקַבֵּל עַל זֶה שָׂכָר.

יג. צָרִיךְ לְהַחֲזִיק טוֹבָה לַנּוֹתֵן, וְאַל תֹּאמַר שֶׁלֹּא נָתַן לְךָ מִשֶּׁלּוֹ.

יד. שְׁקוּלָה צְדָקָה כְּנֶגֶד כָּל הַמִּצְווֹת.

טו. גָּדוֹל הַמְעַשֶּׂה יוֹתֵר מִן הָעוֹשֶׂה.

טז. כָּל פְּרוּטָה וּפְרוּטָה מִצְטָרְפִין לְחֶשְׁבּוֹן גָּדוֹל.

יז. גָּדוֹל הָעוֹשֶׂה צְדָקָה בַּסֵּתֶר יוֹתֵר מִמֹּשֶׁה.

יח. הַנּוֹתֵן פְּרוּטָה לֶעָנִי מִתְבָּרֵךְ בְּשֵׁשׁ, וְהַמְפַיְּסוֹ מִתְבָּרֵךְ בְּאַחַת עֶשְׂרֵה.
יט. הָרוֹדֵף צְדָקָה, הַקָּדוֹשׁ בָּרוּךְ הוּא מַמְצִיא לוֹ מָעוֹת וּמַמְצִיא לוֹ בְּנֵי אָדָם מְהֻגָּנִים כְּדֵי לְקַבֵּל עֲלֵיהֶם שָׂכָר, וְזוֹכֶה לְבָנִים בַּעֲלֵי עשֶׁר, בַּעֲלֵי חָכְמָה, בַּעֲלֵי אַגָּדָה.
כ. בְּרֹאשׁ הַשָּׁנָה דָּנִין אֶת הָאָדָם כַּמָּה יַפְסִיד, וְאִם זָכָה נוֹתֵן זֶה הַמָּמוֹן לָעֲנִיִּים.
כא. יְרוּשָׁלַיִם נִפְדֵּית בִּצְדָקָה.
כב. עַל יְדֵי צְדָקָה נִתְכַּפֵּר לְאַחְאָב מֶחֱצָה.
כג. הַכְנָסַת אוֹרְחִים מֵגֵן עַל חֵטְא עֲבוֹדָה זָרָה.
כד. גְּדוֹלָה הַכְנָסַת אוֹרְחִים שֶׁמְּרַחֶקֶת אֶת הַקְּרוֹבִים וּמְקָרֶבֶת אֶת הָרְחוֹקִים.
כה. הַמַּזְמִין עַכּוּ"ם בְּתוֹךְ בֵּיתוֹ וּמְשַׁמֵּשׁ עָלָיו, גּוֹרֵם גָּלוּת לְבָנָיו.
כו. כְּשֶׁהָעוֹלָם אֵין נוֹתְנִים צְדָקָה, הַמַּלְכוּת גּוֹזֵר גְּזֵרוֹת רָעוֹת וְלוֹקֵחַ מָמוֹנָם.
כז. יִתֵּן לִצְדָקָה בִּשְׁתֵּי יָדַיִם, וְיִהְיֶה תְּפִלָּתוֹ נִשְׁמַעַת.
כח. עַל יְדֵי הַנְּדִיבוּת תִּהְיֶה לְךָ תְּקוּמָה.
כט. עַל יְדֵי צְדָקָה בָּא אֱמוּנָה.
ל. מִי שֶׁהוֹלֵךְ בִּשְׁבִיל צְדָקוֹת, הוּא מְשַׁכֵּךְ חֵמָה מִן הָעוֹלָם.
לא. גַּם זוֹכֶה לֶאֱמֶת.
לב. עַל יְדֵי צְדָקָה יִהְיֶה לְךָ בָּנִים, וְיִהְיֶה שָׁלוֹם בֵּינֵיהֶם.
לג. עַל יְדֵי צְדָקָה הַפֵּרוֹת מַצְמִיחִין.
לד. עַל יְדֵי צְדָקָה מְקָרֵב הַיְשׁוּעָה.
לה. בְּעֵת צָרָה מַזְכִּירִין לוֹ הַצְּדָקוֹת שֶׁנָּתַן.
לו. עַל יְדֵי צְדָקָה שֶׁתִּתֵּן, גַּם הַשָּׂרִים וְהַמְּלָכִים יִהְיוּ עִמְּךָ בְּשָׁלוֹם.
לז. עַל יְדֵי צְדָקָה לֹא יִשְׁמַע אָדָם חָמָס וָשׁוֹד וָשֶׁבֶר.
לח. עַל יְדֵי צְדָקָה זוֹכֶה אָדָם לְחֵן.
לט. מִי שֶׁמְּדַבֵּר לִבְנֵי אָדָם, שֶׁיִּתְּנוּ צְדָקָה, הוּא מַרְבֶּה יְשׁוּעָה.
מ. כְּשֶׁאֵין בָּעִיר מִי לִסְמֹךְ אֶת הָעֲנִיִּים, בָּא שְׂרֵפָה.
מא. בִּזְכוּת הַצְּדָקָה נִצּוֹל מִגַּאֲוָה.
מב. אֱמוּנָה חָשׁוּב כִּצְדָקָה.
מג. עַל יְדֵי צְדָקָה לְשֵׁם שָׁמַיִם בָּא לְמִדַּת בּוּשָׁה.
מד. עַל יְדֵי הַנְּדִיבוּת יָבוֹא לְאַהֲבַת הַצַּדִּיקִים.
מה. מִי שֶׁגּוֹזֵל אֶת הֶעָנִי.. בִּזְיוֹנוֹת בָּאִים עָלָיו.
מו. מִי שֶׁנּוֹתֵן צְדָקָה, כְּאִלּוּ מֵבִיא קָרְבָּן.
מז. עַל יְדֵי צְדָקָה בָּא גֶּשֶׁם.
מח. עַל יְדֵי צְדָקָה אֵין מְגָרְשִׁין אֶת בְּנֵי יִשְׂרָאֵל מִמְּקוֹמָם.
מט. כְּשֶׁאֲנָשִׁים נוֹתְנִים צְדָקָה, עַל יְדֵי זֶה הַפֵּרוֹת נִתְבָּרְכִין וְהַשָּׁלוֹם בָּעוֹלָם.
נ. עַל יְדֵי אֱמֶת רוֹאִים אֶת הַצְּדָקָה שֶׁאַתָּה עוֹשֶׂה.
נא. צְדָקָה מֵגֵן עַל זַרְעוֹ שֶׁל אָדָם.
נב. מִי שֶׁמִּתְפַּלֵּל עַל חֲבֵרוֹ, נֶחְשָׁב לוֹ כִּצְדָקָה.
נג. מִי שֶׁיֵּשׁ לוֹ דֵּי סִפּוּקוֹ, וְאַף עַל פִּי כֵן עֵינוֹ רָעָה בָּעֲנִיִּים, שֶׁבָּאִים וּפוֹשְׁטִים

יְדֵיהֶם, שֶׁיִּתֵּן לָהֶם, גַּם מִי שֶׁנּוֹתֵן עַל מַחֲצִית שָׂכָר, וְהֵם עֲמֵלִים וּמְבִיאִים לוֹ מַחֲצִיתוֹ, וּכְשֶׁרוֹאֶה שֶׁהֵם מַרְוִיחִין וְיֵשׁ לָהֶם פַּרְנָסָתָם וְדֵי סִפּוּקָם, הוּא מֵצֵר עַל זֶה, כִּי עֵינוֹ רָעָה, עָלָיו נִתְקַיֵּם הַנְּבוּאָה, הַנִּכְתָּב אַחַר פָּסוּק "בִּמְלֹאות שִׂפְקוֹ יֵצֶר לוֹ" עַד "זֶה חֵלֶק אָדָם רָשָׁע".

נד. מִי שֶׁעוֹשֶׂה חֶסֶד עִם אוֹהֲבֵי הַשֵּׁם יִתְבָּרֵךְ, עַל יְדֵי זֶה מְתַקֵּן פְּגַם הַבְּרִית.

נה. בִּזְכוּת עֲנִיִּים אָנוּ נִצּוֹלִים מִן הַגּוֹיִים.

נו. כְּשֶׁאַתָּה עוֹשֶׂה מִצְוָה, תִּרְאֶה שֶׁהַמִּצְוָה לֹא תִהְיֶה בְּחִנָּם, אֶלָּא בְּכֶסֶף מָלֵא.

נז. בַּעֲוֹן תְּרוּמוֹת וּמַעַשְׂרוֹת הַשָּׁמַיִם נֶעֱצָרִים וְהַיֹּקֶר הֹוֶה.

נח. הַשִּׂמְחָה. בִּצְדָקָה הִיא סִימָן עַל לֵב שָׁלֵם.

נט. עֲשֵׂה עַד שֶׁאַתָּה מוֹצֵא וּמָצוּי לְךָ וְעוֹדָךְ בְּיָדְךָ.

ס. כָּל הַמְּשַׁגֵּר מַתְּנוֹתָיו לְכֹהֵן אֶחָד, מֵבִיא רָעָב לָעוֹלָם.

סא. הַמֵּטִיל מְלַאי לְכִיס שֶׁל תַּלְמִיד חָכָם, זוֹכֶה לֵישֵׁב בִּישִׁיבָה שֶׁל מַעְלָה.

סב. גְּדוֹלָה צְדָקָה יוֹתֵר מִכָּל הַקָּרְבָּנוֹת.

סג. גְּדוֹלָה גְּמִילוּת חֲסָדִים מִן הַצְּדָקָה.

סד. שֶׁמָּא תֹאמַר כָּל הַבָּא לִקְפֹּץ וְלִתֵּן צְדָקָה, מַסְפִּיקִין בְּיָדוֹ, וּמַמְצִיאִין לוֹ אֲנָשִׁים מְהֻגָּנִים, תַּלְמוּד לוֹמַר: "מַה יָּקָר", צָרִיךְ לִטְרֹחַ וְלִרְדֹּף אַחֲרֵיהֶם, לְפִי שֶׁאֵינָם מְצוּיִים לִזְכּוֹת עִם מְהֻגָּנִים.

סה. הַצְּדָקָה הִיא בִּשְׁנֵי פָּנִים: כְּמַתְּנַת יָדוֹ וּכְבִרְכַּת ה'.

סו. מִי שֶׁיֵּשׁ לוֹ וְאֵינוֹ רוֹצֶה לְהִתְפַּרְנֵס מִשֶּׁלּוֹ וּמְקַבֵּל מֵאֲחֵרִים, תֵּדַע שֶׁנִּפְרָעִין מִמֶּנּוּ לְאַחַר מוֹתוֹ, שֶׁנַּעֲשָׂה עֶבֶד לָזֶה שֶׁלָּקַח מִמֶּנּוּ.

סז. מִי שֶׁנּוֹתֵן צְדָקָה, אַף עַל פִּי כֵן יָכוֹל לִהְיוֹת שֶׁיֵּרֵד מִנְּכָסָיו.

סח. כָּל הַמַּעֲלִים עֵינָיו מִן הַצְּדָקָה, כְּאִלּוּ עוֹבֵד עֲבוֹדָה זָרָה.

סט. הַגּוֹזֵז נְכָסָיו, נִצּוֹל מִדִּינָהּ שֶׁל גֵּיהִנֹּם.

ע. אֲפִלּוּ עָנִי יִתֵּן צְדָקָה, וְאֵין מַרְאִין לוֹ סִימָנֵי עֲנִיּוּת.

<u>**חלק שני**</u>

א. עַל יְדֵי נֵאוּף נוֹפֵל לִתְפִיסָה אוֹ לָחֳלִי כְּאֵב רַגְלַיִם. גַּם תַּלְמִיד שֶׁלֹּא הִגִּיעַ לְהוֹרָאָה וּמוֹרֶה, נוֹפֵל לָזֶה,. גַּם מַזִּיקִין שׁוֹלְטִין עָלָיו. סְגֻלַּת הַצְּדָקָה לְבַטֵּל כָּל אֵלּוּ הָעֳנָשִׁים.

ב. הַתּוֹרָה וְהַמַּעֲשֵׂר וְהַשַּׁבָּת הֵם נוֹתְנִים חַיִּים גַּשְׁמִיִּים גַּם כֵּן.

ג. עַל יְדֵי צְדָקָה בְּסִבָּה קַלָּה הוּא מַכְנִיעַ אֶת אוֹיְבָיו, וְהַקָּדוֹשׁ בָּרוּךְ הוּא מַצִּילוֹ מִסִּבּוֹת גְּדוֹלוֹת שֶׁל אוֹיְבָיו.

ד. לְסַיֵּעַ לְתַלְמִידֵי חֲכָמִים, בָּזֶה מְבַטֵּל הוֹרָאַת הַכּוֹכָבִים וּמַזָּלוֹת.

ה. עַל יְדֵי מְפַרְנְסֵי עֲנִיִּים נִצּוֹלִין הָמוֹן עַם מִן הַמַּגֵּפָה בִּזְכוּתָם. גַּם בִּזְכוּתָם מֹחִין דְּגַדְלוּת קוֹדְמִין לְמֹחִין דְּקַטְנוּת.

ו. עַל יְדֵי צְדָקָה מַמְתִּיק הַדִּין שֶׁל לֶעָתִיד לָבֹא, הַיְנוּ יוֹם הַדִּין שֶׁלֶּעָתִיד לָבֹא.

ז. אֵלּוּ גּוֹמְלֵי חֲסָדִים הָעוֹשִׂים חֶסֶד, וְלִפְעָמִים גּוֹרְמִים עִם הַחֶסֶד לְרָעָה,

וְעוֹשִׂים עַצְמָן כְּאִלּוּ אֵינָם רוֹאִים הָרָעָה, הַצּוֹמַחַת מֵחַסְדָּם, וְזֶהוּ בְּחִינַת הָאַזְהָרָה שֶׁהִזְהִיר לַכֹּהֲנִים, בְּחִינַת חֶסֶד שֶׁלֹּא יַפְסִיעוּ פְּסִיעָה גַּסָּה, עַל יְדֵי זֶה גּוֹרְמִים, שֶׁהַדִּין שֶׁלְּמַעְלָה, חַס וְשָׁלוֹם, אֵינוֹ בְּמְתִינוּת. וְכֵן לְהֵפֶךְ כְּשֶׁמְּדַקְדְּקִים בְּחַסְדָּם, שֶׁלֹּא יִצְמַח רָעָה, עַל יְדֵי זֶה הַדִּין בִּמְתִינוּת.

ח. מְחַדְּשֵׁי אוֹרַיְתָא צְרִיכִין לִלְמֹד קֹדֶם הַחִדּוּשׁ פּוֹסְקִים וְגַם אַחַר כָּךְ, וְהַלִּמּוּד פּוֹסְקִים הוּא הַשְּׁמִירָה שֶׁל הַחִדּוּשִׁין, שֶׁלֹּא יִגַּע בָּהֶן זָר. גַּם כְּשֶׁרוֹצֶה לַעֲשׂוֹת צְדָקָה, צָרִיךְ. לַעֲשׂוֹת כֵּן כְּמוֹ בְּחִדּוּשִׁין.

ט. הַחִדּוּשִׁין דְּאוֹרַיְתָא וְהַצְּדָקָה, כָּל אֶחָד מְעוֹרֵר אֶת חֲבֵרוֹ.

י. גָּדוֹל כֹּחַ הַמַּעֲשֵׂר, שֶׁמְּהַפֵּךְ הַקְּלָלָה לִבְרָכָה.

יא. עַל יְדֵי מַעֲשֵׂר נִתְבַּטְּלִים הִרְהוּרֵי זְנוּת.

יב. הַגּוֹמֵל חֶסֶד, אֵין צָרִיךְ לִזְכוּת אָבוֹת.

יג. עַל יְדֵי גְּמִילוּת חֶסֶד בָּא לַאֲרִיכוּת יָמִים.

יד. יֵשׁ תְּפִלּוֹת שֶׁאֵינָם נִתְקַבְּלִים לְמַעְלָה אֶלָּא עַד שֶׁנּוֹתְנִים כָּל כָּךְ מָעוֹת לִצְדָקָה כְּפִי מִסְפַּר הָאוֹתִיּוֹת שֶׁל הַתְּפִלָּה הַשַּׁיָּךְ לָזֶה הַדָּבָר. לְמָשָׁל, כְּשֶׁמִּתְפַּלֵּל אֵלּוּ הַתֵּבוֹת: "תֶּן לִי בָנִים", צָרִיךְ לִתֵּן צְדָקָה כְּמִסְפַּר אוֹתִיּוֹת "תֶּן לִי בָנִים".

טו. עַל יְדֵי צְדָקָה זוֹכֶה לְבָנִים.

טז. מִי שֶׁהוּא מְפַרְנֵס אֶת הָרַבִּים, עַל יְדֵי זֶה מַמְשִׁיךְ הַבְּרָכָה מֵאֶרֶץ יִשְׂרָאֵל לְחוּץ לָאָרֶץ.

יז. עַל יְדֵי הַמָּמוֹן שֶׁנּוֹתֵן לַעֲנִיֵּי אֶרֶץ יִשְׂרָאֵל, עַל יְדֵי זֶה מָמוֹנוֹ נִתְקַיֵּם בְּיָדוֹ.

יח. כְּשֶׁאָדָם בָּא לְעִיר לָדוּר, יִשְׁלַח בָּשָׂר לַעֲנִיֵּי הָעִיר, וְעַל יְדֵי זֶה יִשָּׂא חֵן בְּעֵינֵי שָׂרֵי הָעִיר.

יט. עַל יְדֵי נְתִינַת שְׁקָלִים נִצּוֹל מִיֵּצֶר הָרָע.

קליפה

חלק ראשון

א. אוֹתִיּוֹת **א'ת'ה'** מַכְנִיעִים אֶת הַקְּלִיפּוֹת.

ב. שְׁמִירָה לְיוֹלֶדֶת, שֶׁתִּכְתֹּב עַל קְלָף פָּסוּק: "ה' רָמָה יָדְךָ בַּל יֶחֱזָיוּן".

ג. בְּחֳרָבוֹת קְלִיפּוֹת שְׁכִיחִים.

ד. הַנֵּר מַכְנִיעַ שְׁלִיטַת הַקְּלִיפּוֹת.

ה. מַזָּלוֹ. שֶׁל אָדָם שׁוֹמֵר אֶת הָאָדָם מִלִּהְיוֹת נִזּוֹק.

ו. הַשִּׁבְעָה קוֹלוֹת שֶׁאָמַר דָּוִד עַל הַמַּיִם, בְּדִבּוּרָן מַכְנִיעִין הָרוּחַ רָעָה.

ז. מַזִּיקִין מְצוּיִים בִּבּוֹרוֹת כְּמוֹ שֶׁמְּצוּיִין בַּשָּׂדוֹת.

ח. מָקוֹם שֶׁאֵין בְּנֵי אָדָם מְצוּיִין, שְׁכִיחִים שָׁם שֵׁדִים אֲפִילוּ בַּיּוֹם, אֲבָל בָּעִיר אֲפִילוּ בַּלַּיְלָה לֹא חַיְשִׁינַן.

ט. לְצַד צָפוֹן הַשֵּׁדִים נִגְלִים לִבְנֵי אָדָם מְאֹד.

י. סְגֻלָּה לְהַבְרִיחַ רוּחַ הַטּוּמְאָה, לִקְרוֹת פָּרָשַׁת נֹחַ.

יא. כְּשֶׁמְּדַבֵּר עִם רָשָׁע, עַל יְדֵי הֶבֶל פִּיו נִתְגַּשֵּׁם.

ספר המדות

חלק שני

א. יֵשׁ שֵׁדִים שֶׁמְּצוּיִים בְּבָתִּים, שֶׁהֵם מְקַלְקְלִין הַשְּׁלוֹם בַּיִת, וְעַל יְדֵי זֶה כַּעַס וּקְטָטוֹת בַּבַּיִת. וְעִקַּר הַבַּיִת הוּא הָאִשָּׁה כִּי בֵּיתוֹ זוֹ אִשְׁתּוֹ, וְעַל כֵּן עַל פִּי רֹב עִקַּר הַקְּטָטוֹת מִמֶּנָּה. וְלִפְעָמִים נֶאֱחָזִים בִּשְׁאָר בְּנֵי הַבַּיִת, וְעַל יְדֵי זֶה נַעֲשִׂים הַקְּטָטוֹת וְהַמְּרִיבוֹת כַּנַּ"ל, וְעַל יְדֵי זֶה בָּאִים יִסּוּרִים עַל בְּנֵי הַבַּיִת. וְזֶה מְפֹרָשׁ בַּפָּסוּק: "בָּתֵּיהֶם שָׁלוֹם מִפַּחַד", וְדָרְשׁוּ רַבּוֹתֵינוּ, זִכְרוֹנָם לִבְרָכָה: מִפַּחַד אֵלּוּ שֵׁדִים, וְזֶהוּ "שָׁלוֹם מִפַּחַד" כִּי הַשָּׁלוֹם הֶפֶךְ הַפַּחַד, שֶׁהֵם הַשֵּׁדִים הַמְקַלְקְלִים הַשָּׁלוֹם כַּנַּ"ל, וְזֶהוּ: "וְלֹא שֵׁבֶט אֱלוֹהַּ" וְכוּ', הַיְנוּ הַיִּסּוּרִים כַּנַּ"ל.

קללה

חלק ראשון

א. עַל יְדֵי הַקְּלָלוֹת בָּא אֲבֵלוּת, חַס וְשָׁלוֹם.

ב. אֵין אָדָם רַשַּׁאי לְקַלֵּל אֶלָּא אִם כֵּן יָכוֹל לִרְאוֹת הַדּוֹרוֹת שֶׁיֵּצְאוּ מִמֶּנּוּ.

ג. אַל תְּהִיֶה קִלְלַת הֶדְיוֹט קַלָּה. בְּעֵינֶיךָ.

ד. הַקְּלָלוֹת הוֹלְכִים אַחַר הַכַּוָּנָה.

ה. לִפְעָמִים נִתְקַיֵּם קִלְלַת הַצַּדִּיק כָּל יְמֵי חַיָּיו וְלֹא לְאַחַר מוֹתוֹ.

ו. סוֹף שֶׁקִּלְלַת חִנָּם יָשׁוּב עַל הַמְקַלֵּל.

ז. קִלְלַת חָכָם אֲפִילוּ בְּחִנָּם וַאֲפִילוּ עַל תְּנַאי בָּאָה.

ח. אֲפִילוּ נָכְרִי הַמְבָרֵךְ אֶת יִשְׂרָאֵל מִתְבָּרֵךְ.

חלק שני

א. אָדָם הָרָגִיל בִּקְלָלוֹת הוּא מֵעוֹלַם הַתֹּהוּ וְכֵן לְהֵפֶךְ, הָרָגִיל בִּבְרָכָה הוּא מֵעוֹלַם הַתִּקּוּן.

ב. עַל יְדֵי הַחֲקִירוֹת בְּעוֹלַם הַתֹּהוּ, הַיְנוּ מַה לְּמַעְלָה מַה לְּמַטָּה וכוּ', עַל יְדֵי זֶה גּוֹרֵם קְלָלָה, וְהַשּׁוֹמֵר אֶת עַצְמוֹ מֵחֲקִירוֹת הָאֵלּוּ גּוֹרֵם בְּרָכָה.

ג. הָרָגִיל בִּקְלָלָה, עַל יְדֵי זֶה לֹא יִהְיֶה לוֹ בְּגָדִים עַל שַׁבָּת.

ד. אֵין כֹּחַ הַקְּלָלָה חָל עַל מְיֻחָס.

ה. עַל יְדֵי שִׁמּוּשׁ הַצַּדִּיק בָּא חֵרוּת וְנִתְבַּטֵּל הַקְּלָלוֹת.

ו. עַל יְדֵי מַשָּׂא וּמַתָּן בֶּאֱמוּנָה נִתְבַּטְּלִים הַקְּלָלוֹת.

ז. כְּשֶׁאָדָם מְקַלֵּל לַחֲבֵרוֹ בִּשְׁעַת חֲרָדָה, מַזִּיק לוֹ הַקְּלָלָה מְאֹד.

קנאה

א. כְּשֶׁיִּתְבַּטֵּל הַקִּנְאָה, אֲזַי יִהְיֶה קִבּוּץ גָּלֻיּוֹת.

ב. עַל יְדֵי קִנְאָה בָּא שְׂרֵפָה.

ג. עַל יְדֵי קִנְאָה בָּא שְׁפִיכוּת דָּמִים.

ד. עַל יְדֵי קִנְאָה בְּמָמוֹן חֲבֵרוֹ נַעֲשָׂה שׁוֹטֶה.

ה. עַל יְדֵי בִּיאָתְךָ לְצַדִּיק יִתְבַּטֵּל מִמְּךָ הַקִּנְאָה.
ו. עַל יְדֵי קִנְאָה עַצְמוֹתָיו מַרְקִיבִין.
ז. הַשּׁוּם מוֹצִיא קִנְאָה.
ח. דְּפָרַע קִנְאָה מַחֲרִיב בֵּיתוֹ.
ט. עַל יְדֵי קִנְאָה בָּא תְּשִׁישׁוּת כֹּחַ.

<u>קֶרִי</u>

<u>חלק ראשון</u>

א. קֶרִי בָּא עַל יְדֵי דִּבּוּר מִזְּנוּת גַּם עַל יְדֵי שֶׁנָּפַל מֵאֱמוּנָתוֹ.
ב. מִי שֶׁמּוֹצִיא קֶרִי, לְסוֹף הוֹלֵךְ עָרוֹם.
ג. עַל יְדֵי עַצְבוּת רוֹאֶה קֶרִי.
ד. מִי שֶׁנִּזְהָר. לֶאֱכֹל מִשְּׁאֵלַת חָכָם, הוּא נִצּוֹל מִטֻּמְאַת קֶרִי.
ה. אֵין לוֹ לָאָדָם לֶאֱכֹל עַל שֻׁלְחַן הַצַּדִּיק, קֹדֶם שֶׁטָּבַל לְקִרְיוֹ.
ו. תִּשְׂמַח בַּטּוֹב שֶׁבָּא עַל הַצַּדִּיקִים, וְזֶה תִּקּוּן לְקֶרִי.
ז. עַל יְדֵי הַלֵּיצָנוּת בָּא לְטֻמְאַת קֶרִי.
ח. קֶרִי בָּא מִקַּלּוּת רֹאשׁ.
ט. קֶרִי בָּא עַל יְדֵי אֲכִילַת שׁוּם וּבֵיצִים.
י. גַּם עַל יְדֵי דְּבָרִים בְּטֵלִים וְנִבּוּל פֶּה.

<u>חלק שני</u>

א. הַשִּׁכְרוּת גּוֹרֵם גָּלוּת גַּם גּוֹרֵם הוֹצָאַת זֶרַע לְבַטָּלָה.
ב. הַבִּזְיוֹנוֹת בָּאִים עַל יְדֵי קֶרִי.
ג. הַדִּבּוּר שֶׁאָדָם מְדַבֵּר בַּחֲצִי דִּבּוּר, שֶׁאֵינוֹ מוֹצִיא אוֹתִיּוֹת הַדִּבּוּר יָפֶה יָפֶה, זֶה בְּחִינָה כְּמוֹ בְּחִינַת קֶרִי.
ד. הַבָּנִים מֵתִים, חַס וְשָׁלוֹם, עַל יְדֵי רְאִיַּת קֶרִי.
ה. תִּקּוּן גָּדוֹל לְמִקְרֶה, חַס וְשָׁלוֹם, לוֹמַר אֵלּוּ עֲשָׂרָה קַפִּיטְל תְּהִלִּים בְּאוֹתוֹ הַיּוֹם, שֶׁקָּרָה לוֹ, חַס וְשָׁלוֹם, וְאֵלּוּ הֵן: ט"ז "מִכְתָּם לְדָוִד", ל"ב "לְדָוִד מַשְׂכִּיל אַשְׁרֵי", מ"א "אַשְׁרֵי מַשְׂכִּיל אֶל דָּל", מ"ב "כְּאַיָּל תַּעֲרֹג", נ"ט "לַמְנַצֵּחַ אַל תַּשְׁחֵת", ע"ז "עַל יְדוּתוּן", צ' "תְּפִלָּה לְמשֶׁה", ק"ה "הוֹדוּ לַה' קִרְאוּ", קל"ז "עַל נַהֲרוֹת בָּבֶל", ק"נ "הַלְלוּ אֵל בְּקָדְשׁוֹ". וְתֵדַע נֶאֱמָנָה, שֶׁאֵלּוּ עֲשָׂרָה קַפִּיטְלִיךְ מְסֻגָּלִים מְאֹד מְאֹד. לְתִקּוּן עָוֹן זֶה, וְהַנִּזְהָר בָּזֶה לוֹמַר אוֹתָם כַּנַּ"ל, אֵין צָרִיךְ לְהִתְיָרֵא עוֹד כְּלָל, כִּי בְּוַדַּאי יְתֻקַּן בָּזֶה, כִּי הֵם תִּקּוּן גָּדוֹל מְאֹד.

<u>קשוי לילד</u>

א. אִשָּׁה שֶׁאוֹכֶלֶת צְנוֹן בְּעִבּוּרָהּ, תֵּלֵד בְּקשׁוּי.
ב. אִשָּׁה שֶׁהִיא מְקַשָּׁה לֵילֵד, סְגֻלָּה שֶׁתִּתֵּן לָהּ לִשְׁתּוֹת מַיִם מִשִּׁבְעָה בְּאֵרוֹת.

ספר המדות

ג. גַּם בָּנֶיהָ לֹא יִהְיוּ עִמָּהּ בַּבַּיִת.
ד. גַּם. תִּלְחַשׁ לָהּ בְּאָזְנָהּ אוֹתִיּוֹת שֶׁל שֵׁם ס"ג.
ה. גַּם מִטָּתָהּ לֹא תַּעֲמֹד בְּמַעֲרָב וּבְדָרוֹם.
ו. גַּם תִּתְלֶה עַל צַוָּארָהּ מִמָּרוֹר הַנִּשְׁאָר.
ז. גַּם תִּלְחַשׁ לָהּ בְּאָזְנָהּ אוֹתִיּוֹת: פֵּא וָיו עַיִן הֵא.

ראיה

א. אֵין הָעַיִן יָכוֹל לִרְאוֹת, אֶלָּא מַה שֶּׁנּוֹתְנִים לוֹ רְשׁוּת לִרְאוֹת, אֲפִילּוּ שֶׁיִּהְיֶה הַדָּבָר לְפָנָיו, אֵינוֹ יָכוֹל לִרְאוֹת עַד שֶׁנּוֹתְנִים לוֹ רְשׁוּת מִן הַשָּׁמַיִם לִרְאוֹת.
ב. חֶסְרוֹן הַלְּבָנָה וּלְקוּתָהּ מַזִּיק לַחֲלוּשֵׁי הָרְאוּת.
ג. קִדּוּשׁ הַחֹדֶשׁ מְסֻגָּל לְרַפְּאוֹת חֲלוּשֵׁי הָרְאוּת.
ד. תִּקּוּן חֲצוֹת מְסֻגָּל לַחֲלוּשֵׁי הָרְאוּת.
ה. עַל יְדֵי שְׁבוּעָה בָּא כְּאֵב עֵינַיִם.
ו. הַצְּבוּעִים גּוֹרְמִים כְּאֵב עֵינַיִם לֶהָמוֹן עַם, הַטּוֹעִים בָּם.
ז. כְּשֶׁאָדָם גָּדוֹל מַרְגִּישׁ אֵיזֶהוּ כְּאֵב בְּעֵינָיו, יֵדַע שֶׁבְּנוֹ אוֹ תַּלְמִידוֹ עָשׂוּ אֵיזֶהוּ עֲבֵרָה.
ח. מִי שֶׁעוֹצֵם עֵינָיו מֵרְאוֹת בְּרַע, עַל יְדֵי זֶה נִצּוֹל מִבִּזְיוֹנוֹת.
ט. כְּשֶׁאָדָם יוֹצֵא לַשּׁוּק וּמִתְיָרֵא, שֶׁלֹּא יָבוֹא לִידֵי הִרְהוּר עַל יְדֵי הָרְאִיָּה, שֶׁיִּרְאֶה נָשִׁים יָפוֹת, יֹאמַר הַפָּסוּק "הֵן אֶרְאֶלָּם צָעֲקוּ חוּצָה" וְכוּ', וְעַל יְדֵי זֶה יִנָּצֵל מֵרְאוֹת.
י. הִסְתַּכְּלוּת עַל אֶתְרוֹג הוּא רְפוּאָה לִכְאֵב עֵינַיִם.
יא. הַזַּכֵּי הָרְאוּת יְכוֹלִין לִרְאוֹת עַל הַחֲלָפִים שֶׁל הַשּׁוֹחֲטִים אֶת הַכְּלֵי בֵּית הַמִּקְדָּשׁ.
יב. זַכֵּי הָרְאוּת יְכוֹלִין לְהַכִּיר אֶת הָאָדָם מִי רַבּוֹ, שֶׁלִּמְּדוֹ תּוֹרָה. וְדַוְקָא כְּשֶׁמַּכִּירִין אֶת תֹּאַר פְּנֵי הָרַב, כִּי עַל יְדֵי הַהֲלָכוֹת שֶׁלָּמַד מֵרַבּוֹ, נַעֲשָׂה פְּנֵי הַתַּלְמִיד כְּתֹאַר פְּנֵי הָרַב, כִּי הַהֲלָכָה הִיא חָכְמָתוֹ, הַמֵּאִיר תֹּאַר פָּנָיו "חָכְמַת אָדָם תָּאִיר פָּנָיו". וּכְשֶׁקִּבֵּל הַהֲלָכָה, מְקַבֵּל חֵלֶק מִתֹּאַר פָּנָיו, וּלְפִי רִבּוּי הַהֲלָכוֹת כֵּן נִתְרַבֶּה חֶלְקֵי. תֹּאַר פָּנָיו.
יג. כְּאֵב עֵינַיִם מַזִּיק לְעִתִּים.
יד. הַגְּנֵבָה מַזִּיק לָעֵינַיִם.

רחמנות

חלק ראשון

א. מִי שֶׁמְּרַחֵם עַל עֲנִיִּים, זוֹכֶה לִרְאוֹת בְּנֶחָמוֹת הַשֵּׁם יִתְבָּרֵךְ.
ב. גַּם מְנַצֵּחַ תָּמִיד.
ג. כְּשֶׁאֵין רַחֲמָנוּת, אֲזַי רָעָב בָּא לָעוֹלָם.

ספר המדות

ד. גַּם גְּזֵלוֹת נִתְרַבֶּה.
ה. מִי שֶׁמִּתְפַּלֵּל בְּכֹחַ.. זוֹכֶה לְרַחֵם עַל עֲנִיִּים.
ו. מִי שֶׁאֵין לוֹ רַחֲמָנוּת נִשְׁתַּגֵּעַ.
ז. מִי שֶׁמְּשַׁלֵּם טוֹבָה תַּחַת רָעָה, מַאֲרִיךְ יָמִים וְשָׁנִים.
ח. עַל יְדֵי הָרַחֲמָנוּת יִתְבַּטֵּל מִמְּךָ תַּאֲווֹת.
ט. כְּשֶׁאַתָּה רוֹאֶה, שֶׁאָחִיךָ בְּצָרָה, וְאֵין אַתָּה עוֹזֵר לוֹ, כְּאִלּוּ אַתָּה עָשִׂיתָ לוֹ הָרָעָה.
י. הָרוֹאֶה חֲבֵירוֹ בְּצַעַר, צָרִיךְ שֶׁיְּבַקֵּשׁ עָלָיו רַחֲמִים.
יא. עַל יְדֵי בַּקָּשַׁת הָרַחֲמִים זוֹכֶה לַעֲשׂוֹת שִׁדּוּכִים טוֹבִים הֲגוּנִים.
יב. הַדָּן אֶת בְּנֵי אָדָם לְכַף זְכוּת, יִזְכֶּה לְקַבֵּל אֶת הַמּוֹעֲדִים כַּנָּכוֹן.

חלק שני

א. בִּשְׁבִיל שֶׁאֵין מְבַקְשִׁין רַחֲמִים עַל חֲבֵרוֹ, עַל יְדֵי זֶה נוֹפֵל לִתְפִיסָה. וְתִקּוּן לִתְפִיסָה שֶׁיְּפַרְנֵס אֵיזֶהוּ בַּעֲלֵי חַיִּים.
ב. כְּאֵב הַשִּׁנַּיִם בָּא עַל יְדֵי אַכְזָרִיּוּת עַל בַּעֲלֵי חַיִּים.
ג. סְגֻלָּה לְהָסִיר הָעַצְבוּת עַל יְדֵי הָרַחֲמָנוּת.
ד. צָרִיךְ לִשְׁמֹר אֶת עַצְמוֹ מִלְּצַעֵר אֶת בַּעֲלֵי חַיִּים, כִּי יַזִּיק לוֹ.

רפואה

א. דַּע, שֶׁיֵּשׁ לְכָל עֵשֶׂב וָעֵשֶׂב כֹּחַ מְיֻחָד לְרַפְּאוֹת אֵיזֶהוּ חוֹלַאַת מְיֻחֶדֶת, וְכָל זֶה אֵינוֹ לְמִי שֶׁלֹּא שָׁמַר אֱמוּנָתוֹ וּבְרִיתוֹ, וְלֹא שָׁמַר אֶת עַצְמוֹ מִלַּעֲבֹר. עַל "אַל תְּהִי בָז לְכָל אָדָם". אֲבָל מִי שֶׁיֵּשׁ לוֹ אֱמוּנָה בִּשְׁלֵמוּת, וְהוּא גַּם כֵּן שׁוֹמֵר הַבְּרִית וּמְקַיֵּם "אַל תְּהִי בָז לְכָל אָדָם", אֵין רְפוּאָתוֹ תּוֹלָה בְּחֶלְקֵי עֲשָׂבִים הַמְיֻחָדִים לְחוֹלַאתוֹ, אֶלָּא נִתְרַפֵּא בְּכָל מַאֲכָל וְכָל מַשְׁקֶה בִּבְחִינַת "וּבֵרַךְ אֶת לַחְמְךָ" וְכוּ', וְאֵין צָרִיךְ לְהַמְתִּין עַד שֶׁיִּתְרַמּוּ לוֹ עֲשָׂבִים הַמְיֻחָדִים לִרְפָאוֹתוֹ.
ב. עַל יְדֵי עִיּוּן עָמֹק בְּסוֹדוֹת הַתּוֹרָה יָכוֹל לִפְקֹד עֲקָרוֹת וּלְרַפְּאוֹת חוֹלַאַת חָזָק.
ג. לְצָרַעַת מַזִּיק דְּבָרִים מְלוּחִים וּרְפוּאָתוֹ מַיִם חַיִּים. וְסִימָן לַדָּבָר: "יְגָרַע נִטְפֵי מָיִם", הַיְנוּ צָרַעַת הַבָּא מֵהִתְגַּבְּרוּת הַדָּם עַל הַמַּיִם, שֶׁבּוֹ "יָזֹקּוּ מָטָר לְאֵדוֹ", [יָזֹקּוּ לְשׁוֹן הֶזֵּק].
ד. הִסְתַּכְּלוּת עַל אֶתְרוֹג הוּא רְפוּאָה לִכְאֵב עֵינַיִם.

שבועה

א. עִיר שֶׁיֵּשׁ בָּהּ שְׁבוּעוֹת תֶּחֱרַב וְתֵהָרֵס חַס וְשָׁלוֹם.
ב. עַל יְדֵי שְׁבוּעוֹת שֶׁקֶר נוֹפְלִים מֵאֱמוּנָה.
ג. לִמּוּד מַסֶּכֶת שְׁבוּעוֹת מְסֻגָּל לִירִידַת הַגֶּשֶׁם.
ד. עַל יְדֵי שְׁבוּעַת שֶׁקֶר. בָּאִין הִרְהוּרֵי נִיאוּף.

ה. מִי שֶׁהוּא רָגִיל בִּשְׁבוּעוֹת, מַחֲשָׁבוֹת רָעוֹת בָּאִים לוֹ תָּמִיד.
ו. עַל יְדֵי הַעֲבָרַת הַשְּׁבוּעָה אֵין תְּקוּמָה בְּמִלְחָמָה.
ז. מִי שֶׁעוֹבֵר עַל הַשְּׁבוּעָה, בְּיָדוּעַ שֶׁאֵינוֹ מְכַבֵּד יִרְאֵי הַשֵּׁם.
ח. עַל כָּל עֲבֵרוֹת שֶׁבַּתּוֹרָה נִפְרָעִין מִמֶּנּוּ, וְכָאן מִמֶּנּוּ וּמִמִּשְׁפַּחְתּוֹ וּמִכָּל הָעוֹלָם כֻּלּוֹ, וּמִמֶּנּוּ נִפְרָעִין לְאַלְתַּר.
ט. דְּבָרִים שֶׁאֵין אֵשׁ וּמַיִם מְכַלִּין אוֹתָם, שְׁבוּעוֹת שֶׁקֶר מְכַלִּין אוֹתָן.
י. מַלְאָךְ גַּבְרִיאֵל הוּא מְמֻנֶּה עַל הַשְּׂרֵפָה לִשְׂרֹף גַּם לְהַצִּיל.

שבת

א. הַתּוֹרָה וְהַמַּעֲשֵׂר וְהַשַּׁבָּת הֵם נוֹתְנִים חַיִּים גַּשְׁמִיִּים גַּם כֵּן.
ב. הָרָגִיל בִּקְלָלָה, עַל יְדֵי זֶה לֹא יִהְיֶה לוֹ בְּגָדִים עַל הַשַּׁבָּת.
ג. עִיר שֶׁשּׁוֹמְרִין אֶת עַצְמָם. מִלָּלֶכֶת חוּץ לִתְחוּם שַׁבָּת, עַל יְדֵי זֶה שָׁם הַבָּשָׂר בְּזוֹל.
ד. עַל יְדֵי שְׁמִירַת שַׁבָּת מַמְשִׁיךְ עַל עַצְמוֹ אוֹר שֶׁל מָשִׁיחַ גַּם עַל יְדֵי תְּשׁוּבָה.
ה. עַל יְדֵי שְׁמִירַת שַׁבָּת הוּא כְּבֵן הַמִּתְחַטֵּא לִפְנֵי אָבִיו וְהוּא מְמַלֵּא שְׁאֵלוֹתָיו, גַּם הוּא גּוֹזֵר וְהַקָּדוֹשׁ בָּרוּךְ הוּא מְקַיְּמָהּ, גַּם הַקֶּרֶן שֶׁל הַמַּעֲשִׂים טוֹבִים שֶׁלּוֹ קַיָּמִים לָעוֹלָם הַבָּא, וְאֵינוֹ אוֹכֵל אֶלָּא מִפֵּרוֹתֵיהֶם.

שוחד

א. עִיר שֶׁיֵּשׁ בָּהּ קַבָּלַת שֹׁחַד, חֲיָלוֹת בָּאִין עָלֶיהָ.
ב. עַל־יְדֵי שֹׁחַד גְּדֻלָּתוֹ מִסְתַּלֶּקֶת.
ג. עַל־יְדֵי שֹׁחַד בָּא שְׂרֵפָה.

שוחט

א. עַל יְדֵי שׁוֹחֲטִים הֲגוּנִים בְּנֵי אָדָם מְרַחֲמִים זֶה עַל זֶה, וְהוּא הַדִּין לְהֵפֶךְ.
ב. הַשּׁוֹחֵט שֶׁהוּא מְקַיֵּם כִּבּוּד אָב, הַקָּדוֹשׁ בָּרוּךְ הוּא מְשַׁמְּרוֹ, שֶׁלֹּא לְהַאֲכִיל. טְרֵפוֹת, וְהוּא הַדִּין לְהֵפֶךְ.
ג. עַל יְדֵי הַשּׁוֹחֲטִים, הָרְשָׁעִים הַמַּאֲכִילִין טְרֵפוֹת, הַגָּלֻיּוֹת נִתְרַבָּה בָּעוֹלָם.
ד. הַזַּכֵּי הָרְאוּיִם יְכוֹלִים לִרְאוֹת עַל הַחֲלָפִים שֶׁל הַשּׁוֹחֲטִים אֶת הַכְּלֵי בֵּית הַמִּקְדָּשׁ.
ה. מִי שֶׁנִּתְאַלֵּם בְּפֶתַע פִּתְאוֹם, יַעֲבִירוּ עַל פִּיו חַלָּף כָּשֵׁר.

שינה

א. מִי שֶׁהוּא מְקֻדָּשׁ יוֹתֵר, הוּא רָחוֹק מֵהַשֵּׁנָה יוֹתֵר.

ב. עַל יְדֵי רִבּוּי הַשֵּׁנָה וְהַתְּנוּמָה, עַל יְדֵי זֶה דּוֹחֲפִין אוֹתוֹ מִמֶּרְכָּבָה דִּקְדֻשָּׁה, וְנִשְׁתַּנֶּה פָּנָיו, וְנִתְקַלְקֵל צֶלֶם. אֱלֹהִים.
ג. חֲמִשָּׁה עָשָׂר "שִׁיר הַמַּעֲלוֹת" שֶׁבִּתְהִלִּים מְסֻגָּלִים לְבַטֵּל הַשֵּׁנָה.
ד. מִי שֶׁאֵינוֹ יָכוֹל לִישֹׁן, יַעֲלֶה עַל מַחֲשַׁבְתּוֹ אֱמוּנַת תְּחִיַּת הַמֵּתִים.

שכרות

חלק ראשון

א. עַל יְדֵי שִׁכְרוּת נוֹפֵל מִמַּדְרֵגָתוֹ.
ב. עַל יְדֵי שְׁתִיַּת יַיִן, לְסוֹף שֶׁמְּקַבֵּל שֹׁחַד.
ג. הַשִּׁכְרוּת מֵבִיא לִידֵי כְּפִירָה בָּאֱמֶת וּלְהוֹדוֹת לַשֶּׁקֶר.
ד. הַקָּדוֹשׁ בָּרוּךְ הוּא אוֹהֵב מִי. שֶׁאֵינוֹ מִשְׁתַּכֵּר.
ה. הַשֶּׁמֶן מְבַטֵּל הַשִּׁכְרוּת.
ו. הָרְאִיָּה מְשַׁכֶּרֶת בְּיוֹתֵר.
ז. עַל יְדֵי שִׁכְרוּת נוֹפֵל לְהִרְהוּרֵי נִיאוּף.
ח. הַשִּׁכּוֹר אֵין יְכֹלֶת בְּיָדוֹ לְהַמְתִּיק דִּינִים.
ט. הַשִּׁכּוֹר אֵין מְגַלִּין לוֹ רָזִין דְּאוֹרַיְתָא.
י. יַיִן עִם לְבוֹנָה מַטְרִיפִין דַּעְתּוֹ שֶׁל אָדָם.

חלק שני

א. מִי שֶׁלָּהוּט אַחַר עֲבוֹדַת אֲדָמָה, בָּא לִידֵי אֶחָד מִשְּׁלֹשָׁה, אוֹ לִידֵי שְׁפִיכוּת דָּמִים אוֹ לִידֵי צָרַעַת אוֹ לִידֵי שִׁכְרוּת.
ב. הַשִּׁכְרוּת גּוֹרֵם גָּלוּת גַּם גּוֹרֵם הוֹצָאַת זֶרַע לְבַטָּלָה.
ג. אִי אֶפְשָׁר לְשִׁכְרוּת שֶׁלֹּא יָבִיא לְאֵיזֶה תַּקָּלָה.
ד. עַל יְדֵי שִׁכְרוּת הוּא שׁוֹכֵחַ בְּאַזְהָרוֹת משֶׁה רַבֵּנוּ, כִּי משֶׁה מְלֻבָּשׁ בִּרְמַ"ח אֵיבָרָיו שֶׁל אָדָם, וּבְכָל אֵיבָר וְאֵיבָר מַזְהִיר אֶת הָאָדָם בְּמִצְווֹת הַתְּלוּיוֹת בּוֹ, וּבִשְׁבִיל זֶה נִקְרָא "מְחֹקֵק" גִּימַטְרִיָּא רְמַ"ח.
ה. עַל יְדֵי הַשִּׁכְרוּת מַפְשִׁיט אֶת הַדַּעַת מֵהַלְּבוּשׁ חֲסָדִים, וּמַלְבִּישׁוֹ בִּגְבוּרוֹת חֲזָקוֹת, חַס וְשָׁלוֹם.
ו. מִי שֶׁיֵּשׁ לוֹ שׂוֹנְאִים, יַזִּיר מִן הַיַּיִן, וְעַל יְדֵי זֶה נַעֲשֶׂה רֹאשׁ לָהֶם.

שלום

א. נֵרוֹת שֶׁל שַׁבָּת מַרְבִּין שָׁלוֹם.
ב. עַל יְדֵי רְדִיפַת שָׁלוֹם זוֹכִין לְכָבוֹד בָּעוֹלָם הַזֶּה וּלְחַיִּים בָּעוֹלָם הַבָּא.
ג. כָּל שֶׁהוּא מִפְּנֵי דַּרְכֵי שָׁלוֹם אֵין בּוֹ מִשּׁוּם. "מִדְּבַר שֶׁקֶר תִּרְחָק".
ד. בְּנֵי אָדָם הַכּוֹפִים לִצְדָקָה, עַל יָדָם שְׁלוֹם הַמַּלְכוּת נִתּוֹסָף.
ה. עַל יְדֵי רְדִיפַת שָׁלוֹם בָּא לְבִטָּחוֹן.

ספר המדות

ו. שָׁלוֹם בָּא עַל יְדֵי אֱמֶת.
ז. בִּנְיַן יְרוּשָׁלַיִם תָּלוּי בְּשָׁלוֹם.
ח. עַל יְדֵי שָׁלוֹם בָּאִים בְּשׂוֹרוֹת טוֹבוֹת.
ט. כְּשֶׁיֵּשׁ מוּסָר, יֵשׁ שָׁלוֹם.
י. עַל יְדֵי לִמּוּד תִּינוֹקוֹת בְּבֵית רַבָּן נִתְרַבֶּה שָׁלוֹם.
יא. עֲכִירַת הַמַּיִם הוּא סִימָן שֶׁאֵין שָׁלוֹם.
יב. כְּשֶׁאֵין שָׁלוֹם, הַתְּפִילּוֹת אֵינָם מִתְקַבְּלִים.
יג. עַל יְדֵי שָׁלוֹם זוֹכִין לְהִתְגַּלּוּת אֵלִיָּהוּ.
יד. כְּשֶׁאֵין שָׁלוֹם, אֵין הַנָּשִׁים יוֹלְדוֹת זְכָרִים.
טו. מִי שֶׁמַּשְׁאִיל לִבְנֵי אָדָם דְּבָרִים הַצְּרִיכִים לָהֶם, כְּשֶׁיֵּשׁ בְּרִיחָה בָּעוֹלָם, הוּא נִמְלָט.
טז. הַשָּׁלוֹם הוּא סִימָן לְחַיִּים.
יז. עַל יְדֵי רְדִיפַת שָׁלוֹם מַצִּיל לְבָנָיו מִמִּיתָה וּמִגָּלוּת.
יח. הַבְּרָכָה בָּא עַל יְדֵי שָׁלוֹם.
יט. כְּשֶׁיֵּשׁ שָׁלוֹם, אֵין פַּחַד.
כ. עַל יְדֵי שֶׁיֵּשׁ שָׁלוֹם בֵּין הָרְשָׁעִים, עַל יְדֵי זֶה יֵשׁ לָהֶם כָּל טוּב.
כא. לִפְעָמִים הַקָּדוֹשׁ בָּרוּךְ הוּא עוֹשֶׂה שָׁלוֹם בֵּין יִשְׂרָאֵל עַל יְדֵי רְשָׁעִים.
כב. הַשָּׁלוֹם סִימָן לְשֹׂבַע.
כג. כְּשֶׁהַשָּׂרִים שֶׁל מַעְלָה מִתְגָּרִים, תֵּכֶף הַאי תִּגְרָא נִתְהַוֶּה בֵּין הָאֻמּוֹת וּבֵין הַחֲכָמִים.

שמחה

חלק ראשון

א. כְּשֶׁאָדָם עוֹשֶׂה מִצְוָה בְּשִׂמְחָה, זֶה סִימָן שֶׁלִּבּוֹ שָׁלֵם לֵאלֹקָיו.
ב. מֵחֲמַת שִׂמְחָה נִפְתָּח הַלֵּב.
ג. בְּרִבּוּת הַשִּׂמְחָה נִתְחַזֵּק כֹּחַ הַשִּׂכְלִי, וְהַמַּאֲכָל וְהַמִּשְׁתֶּה הֵם סִבָּה גְּדוֹלָה לְשִׂמְחַת הַלֵּב וּלְהַרְחִיק הָעַצְבוּת וּדְאָגוֹת.
ד. עַל יְדֵי צְדָקָה בְּלֵב שָׁלֵם בָּא לִידֵי שִׂמְחָה.
ה. הַשִּׂמְחָה שֶׁל מִצְוָה הִיא מָעוֹז לָאָדָם.
ו. כְּשֶׁאַתָּה רוֹאֶה, שֶׁהָרָשָׁע בְּפֶתַע פִּתְאוֹם הוּא שׂוֹחֵק, בְּיָדוּעַ שֶׁנָּפַל לוֹ אֵיזֶה עֵצָה עַל עֲבֵרָה.
ז. עַל יְדֵי עֵצוֹת טוֹבוֹת שֶׁתִּתֵּן, תִּזְכֶּה לְשִׂמְחָה.
ח. עַל יְדֵי הָרִקּוּדִין וְהַתְּנוּעוֹת שֶׁאַתָּה עוֹשֶׂה בַּגּוּף, נִתְעוֹרֵר לְךָ שִׂמְחָה.
ט. כְּשֶׁנּוֹפֵל לְךָ שִׂמְחָה בְּלִבְּךָ בְּפֶתַע פִּתְאוֹם, זֶהוּ מֵחֲמַת שֶׁנּוֹלַד אֵיזֶהוּ צַדִּיק.
י. עַל יְדֵי יִרְאָה בָּא הִתְלַהֲבוּת.
יא. מִי שֶׁמְּבֻזֶּה בְּעֵינֵי עַצְמוֹ, עַל יְדֵי זֶה יָבוֹא לְהִתְלַהֲבוּת.
יב. עַל יְדֵי כַּוָּנוֹת הַלֵּב בָּא שִׂמְחָה.

יג. מִי שֶׁהוּא רָגִיל בִּשְׂחוֹק, בְּיָדוּעַ שֶׁהוּא רָחוֹק מִגְּדֻלַּת הַשֵּׁם יִתְבָּרֵךְ.
יד. עַל יְדֵי זֶמֶר תָּבוֹא לִידֵי שִׂמְחָה וְהִתְלַהֲבוּת.
טו. כְּשֶׁתְּשַׂמַּח אֶת הַצַּדִּיק, תּוּכַל לַעֲבֹד אֶת הַשֵּׁם יִתְבָּרֵךְ בְּשִׂמְחָה.
טז. מִי שֶׁמְּפַרְסֵם אֶת הַצַּדִּיק, זוֹכֶה לְשִׂמְחָה.
יז. עַל יְדֵי בִּטָּחוֹן בָּא שִׂמְחָה.
יח. עַל יְדֵי תְּנוּעוֹת הַגּוּף בָּא הִתְלַהֲבוּת הַלֵּב.
יט. עַל יְדֵי אֱמוּנָה שְׁלֵמָה תָּבוֹא לְמַדְרֵגָה שֶׁתִּתְאַוֶּה בְּגוּף וָנֶפֶשׁ לַעֲבוֹדַת הַשֵּׁם יִתְבָּרֵךְ.
כ. מִי שֶׁמְּשִׂים עַצְמוֹ כְּשִׁירַיִם, יִזְכֶּה לְהִתְלַהֲבוּת.
כא. עַל יְדֵי שִׂמְחָה תְּפִיסַת הַמֹּחַ נִתְגַּדֵּל.
כב. הַשִּׂמְחָה הִיא. סִימָן שֶׁהוּא זֶרַע בֵּרֵךְ ה'.
כג. הַגְּשָׁמִים יוֹרְדִין בִּזְכוּת שִׂמְחַת חָתָן וְכַלָּה.
כד. עַל יְדֵי שִׂמְחָה שֶׁל מִצְוָה הַקָּדוֹשׁ בָּרוּךְ הוּא מְסוֹכֵךְ עָלָיו.
כה. עַל יְדֵי שִׂמְחָה בְּשִׂמְחַת תּוֹרָה זוֹכֶה לַעֲבֹד אֶת הַשֵּׁם יִתְבָּרֵךְ בְּאַהֲבָה.
כו. כְּשֶׁהַשִּׂמְחָה בָּאָה לָאָדָם פִּתְאוֹם, בְּיָדוּעַ שֶׁיָּבוֹא לוֹ חֶסֶד וִישׁוּעָה.
כז. עַל יְדֵי שִׂמְחָה נִתְגַּלֶּה כְּבוֹדוֹ שֶׁל אָדָם, גַּם יִזְכֶּה לְדַעַת.

חלק שני

א. מִי שֶׁהוּא שָׂמֵחַ תָּמִיד, עַל יְדֵי זֶה הוּא מַצְלִיחַ.
ב. הַנְּדָרִים וְהַנְּדָבוֹת מְבִיאִין שִׂמְחָה.

שרים

א. מִי שֶׁסָּבְאוֹ מָהוּל בְּמַיִם, הַשָּׂרִים אֵינָם נוֹהֲגִים עִמּוֹ בְּיַשְׁרָנוּת.
ב. מִי שֶׁאֵין דָּן אֶת חֲבֵרוֹ לְכַף זְכוּת, כְּאִלּוּ הֲרָגוֹ, גַּם הַשָּׂרִים אֵינָם נוֹהֲגִים עִמּוֹ בְּיַשְׁרָנוּת.
ג. אֲמִירַת הַלֵּל וּצְדָקָה מְסֻגָּלִין לְחֵן בְּעֵינֵי הַשַּׂר.
ד. עַל יְדֵי אֲכִילַת פַּת עַכּו"ם מוֹנְעִין הַיַּעַר מִלַּחְטֹב עֵצִים.
ה. בִּשְׁבִיל אַרְבָּעָה דְּבָרִים נִכְסֵי בַּעֲלֵי בָּתִּים נִמְסָרִים לַמַּלְכוּת.

תוכחה

חלק ראשון

א. הַמּוֹכִיחַ צָרִיךְ לוֹמַר תּוֹכַחְתּוֹ עַל יְדֵי הִתְקַשְּׁרוּת הַדִּבּוּר לְשָׁרְשׁוֹ, וְאָז נִתְקַבֵּל תּוֹכַחְתּוֹ.
ב. מִי שֶׁנִּשְׁתַּמֵּד, אַל תּוֹכַח אוֹתוֹ כִּי לֹא תּוֹעִיל.
ג. עַל יְדֵי שֶׁאֵין מְקַבֵּל. תּוֹכָחוֹת, נֶחֱרַב מְעוֹנוֹ.

ספר המדות

ד. מִי שֶׁמּוֹכִיחַ אֶת הָעוֹלָם שֶׁלֹּא בְּחָכְמָה, עַל יְדֵי זֶה מְעוֹרֵר, חַס וְשָׁלוֹם, גָּלוּת גָּדוֹל וְהַכְבָּדָה מֵהָאֻמּוֹת.

ה. לְעוֹלָם אַל יוֹצִיא אָדָם אֶת עַצְמוֹ מִן הַכְּלָל.

ו. מִפְּנֵי עֹנֶשׁ תּוֹכָחָה חוֹזֵר בּוֹ הַקָּדוֹשׁ בָּרוּךְ הוּא עַל הַטּוֹב, שֶׁיָּצָא מִפִּיו.

ז. הֵיכָא דְּיָדַע דְּלָא מְקַבְּלֵי תּוֹכָחָה, הַנַּח לָהֶם.

ח. מִי שֶׁיָּרֵא מִבְּנֵי אָדָם לְהוֹכִיחַ אוֹתָם, לְסוֹף שֶׁהַקָּדוֹשׁ בָּרוּךְ הוּא שׁוֹבֵר אוֹתוֹ לִפְנֵיהֶם.

ט. מִי שֶׁיּוֹדֵעַ לְהַזְהִיר, וְאֵינוֹ מַזְהִיר, גַּם חֲבֵרוֹ מִיָּדוֹ נֶעֱנָשׁ [גַּם דַּם חֲבֵרוֹ מִיָּדוֹ נִדְרָשׁ].

י. עַל יְדֵי צְדָקָה תִּזְכֶּה לְקַבֵּל מוּסָר.

יא. מִי שֶׁאֵינוֹ מְקַבֵּל מוּסָר, נִדּוֹן בְּמִיתָה.

יב. עַל יְדֵי תּוֹכָחָה שֶׁתּוֹכִיחַ, תָּנוּחַ בַּקֶּבֶר בְּלֹא צַעַר גֵּיהִנּוֹם וְתִזְכֶּה לְגַן עֵדֶן.

יג. מֻתָּר לִדְחוֹת בִּשְׁתֵּי יָדַיִם אֶת זֶה, שֶׁלֹּא קִבֵּל מִמְּךָ תּוֹכָחָה.

יד. כָּל זְמַן שֶׁתּוֹכָחָה בָּעוֹלָם, נַחַת רוּחַ וְטוֹבָה וּבְרָכָה בָּאִין לָעוֹלָם.

טו. עַל יְדֵי תּוֹכָחָה נִמְתָּק הַדִּין וְנִמְשָׁךְ הַחֶסֶד.

<u>חלק שני</u>

א. מִי שֶׁאֵין בְּמַעֲלוֹת הַצִּדְקוּת, וְגַם אֵין לוֹ זְכוּת אָבוֹת וְרוֹצֶה לְקָרֵב אֶת בְּנֵי אָדָם לַעֲבוֹדַת הַשֵּׁם יִתְבָּרַךְ, יִשְׁמֹר אֶת עַצְמוֹ מִנִּסְיוֹנוֹת, וּבִפְרָט שֶׁלֹּא יִתְקַנְּאוּ בּוֹ. הָרְשָׁעִים.

ב. מִי שֶׁמְּקָרֵב אֶת הָרְחוֹקִים לַעֲבוֹדַת הַשֵּׁם יִתְבָּרַךְ, הַבְּרָכוֹת מְסוּרִים בְּיָדוֹ.

ג. מִי שֶׁשּׁוֹמֵעַ תּוֹכָחָה וְאֵינוֹ נִתְקַבֵּל אֶצְלוֹ, יֵדַע שֶׁיִּצְטָרֵךְ לִלְווֹת אֵצֶל אֲחֵרִים, וְסִימָן לַדָּבָר: "בִּדְבָרִים לֹא יִוָּסֶר עָבֶד", "לֹוֶה לְאִישׁ מַלְוֶה".

ד. אֵין מִי שֶׁיָּכוֹל לִזְרֹק דִּבּוּרִים לְתוֹךְ פִּיו שֶׁל חֲבֵרוֹ מֵרָחוֹק, אֶלָּא עַד שֶׁיַּכְנִיס אֶת חֲבֵרוֹ לִבְחִינַת עִבּוּר תְּחִלָּה.

ה. בָּזֶה שֶׁיּוֹצְאִין לִקְרַאת אָדָם חָשׁוּב, נִתְעוֹרְרִין עֲשָׂרָה מַאֲמָרוֹת, שֶׁבָּהֶם נִבְרָא הָעוֹלָם, גַּם עַל יְדֵי קִרְבַת הָרְחוֹקִים גַּם כֵּן.

<u>תפילה</u>

<u>חלק ראשון</u>

א. צָרִיךְ אָדָם לִהְיוֹת נִכְסָף וּמִשְׁתּוֹקֵק לַטּוֹב הַכְּלָלִי, אַף עַל פִּי שֶׁיִּמָּשֵׁךְ לוֹ לְבַד הֶפְסֵד.

ב. הַמִּתְפַּלֵּל בְּבֵית הַכְּנֶסֶת, כְּאִלּוּ הֵבִיא מִנְחָה טְהוֹרָה.

ג. הַקָּדוֹשׁ בָּרוּךְ הוּא. מָצוּי בְּבֵית הַכְּנֶסֶת.

ד. עַל יְדֵי חֲנֻפָּה אֵין תְּפִלָּתוֹ נִשְׁמַעַת.

ה. עַל יְדֵי עֵסֶק הַתּוֹרָה מִתּוֹךְ דֹּחַק תְּפִלָּתוֹ נִשְׁמַעַת.

ו. הַמִּתְפַּלֵּל עַל חֲבֵרוֹ, וְהוּא צָרִיךְ לְאוֹתוֹ דָּבָר, הוּא נַעֲנֶה תְּחִלָּה.

ז. מִי שֶׁדַּעְתּוֹ שְׁפָלָה עָלָיו, אֵין תְּפִלָּתוֹ נִמְאֶסֶת.

ח. לְעוֹלָם יַקְדִּים אָדָם תְּפִלָּה לְצָרָה.

ט. כָּל הַמְאַמֵּץ עַצְמוֹ בִּתְפִלָּה לְמַטָּה, אֵין צָרִים יְכוֹלִים לְהַסְטִינוֹ מִלְמַעְלָה.

י. לְעוֹלָם יְבַקֵּשׁ אָדָם רַחֲמִים, שֶׁיִּהְיוּ הַכֹּל מְאַמְּצִין אֶת כֹּחוֹ, וְשֶׁיְּסַיְּעוּהוּ מַלְאֲכֵי הַשָּׁרֵת לְבַקֵּשׁ רַחֲמִים, וְשֶׁלֹּא יִהְיוּ לוֹ מַסְטִינִים מִלְמַעְלָה.

יא. תְּפִלַּת אַחֵר מוֹעִיל יוֹתֵר מִתְּפִלַּת עַצְמוֹ, וַאֲפִילוּ צַדִּיק צָרִיךְ לִתְפִלַּת אֲחֵרִים.

יב. מֻתָּר לְהִתְפַּלֵּל עַל בַּעַל לָשׁוֹן הָרַע, שֶׁיָּמוּת וְשֶׁיִּשְׁתַּכַּח תּוֹרָתוֹ וְשֶׁלֹּא יִהְיֶה לוֹ חֵלֶק לָעוֹלָם הַבָּא וְשֶׁלֹּא יִהְיוּ לוֹ בָּנִים חֲכָמִים.

יג. כָּל הָעוֹסֵק בַּתּוֹרָה, הַקָּדוֹשׁ בָּרוּךְ הוּא עוֹשֶׂה לוֹ חֲפָצָיו.

יד. יָפָה צְעָקָה לְאָדָם בֵּין קֹדֶם גְּזַר דִּין בֵּין לְאַחַר גְּזַר דִּין.

טו. אַל יְבַקֵּשׁ אָדָם עַל שׁוּם דָּבָר יוֹתֵר מִדַּאי.

טז. בְּיוֹם הַגְּשָׁמִים יְשׁוּעָה פָּרָה וְרָבָה בָּעוֹלָם, וּמְלִיצֵי זְכוּת נִכְנָסִין לְפָנָיו.

יז. תְּפִלַּת יָחִיד אֵינָהּ נִשְׁמַעַת אֶלָּא אִם כֵּן לִבּוֹ מְכֻוָּן, וּתְפִלַּת צִבּוּר נִשְׁמַעַת, אַף. עַל פִּי שֶׁאֵין לֵב כֻּלָּם שָׁלֵם.

יח. לֹא מַצְלִינַן אַתַּרְתֵּי.

יט. אָסוּר לְהַטְרִיחַ אֶת הַשֵּׁם לְשַׁנּוֹת אֶת הַטֶּבַע.

כ. מִי שֶׁמַּעֲבִיר עַל מִדּוֹתָיו, תְּפִלָּתוֹ נִשְׁמַעַת.

כא. הַמְסַפֵּר בְּשִׁבְחוֹ שֶׁל מָקוֹם יוֹתֵר מִדַּאי, נֶעֱקָר מִן הָעוֹלָם.

כב. בֵּית הַכְּנֶסֶת שֶׁמְּחַשְּׁבִין בּוֹ חֶשְׁבּוֹנוֹת, לְסוֹף שֶׁיָּלִינוּ בּוֹ מֵת מִצְוָה.

כג. לְכָל דָּבָר שֶׁבִּקְדֻשָּׁה צָרִיךְ הֲכָנָה וְהַזְמָנָה.

כד. בִּשְׁאֵלַת צְרָכָיו אַל יָרִים רֹאשׁוֹ לִשְׁאֹל שְׁאֵלָה גְּדוֹלָה, אֲבָל בַּתּוֹרָה וְיִרְאַת שָׁמַיִם יִשְׁאַל כָּל תַּאֲוָתוֹ.

כה. מִצְוָה לִהְיוֹת לוֹ בְּגָדִים מְכֻבָּדִים בִּשְׁעַת הַתְּפִלָּה.

כו. הַנְהִיגוּ בִּרְכוֹתָיו בָּעוֹלָם הַזֶּה, כְּדֵי לִהְיוֹת רְגִילִין לָעוֹלָם הַבָּא.

כז. יְבַקֵּשׁ אָדָם רַחֲמִים, שֶׁלֹּא יָבוֹא לִידֵי עֲנִיּוּת.

כח. עַל יְדֵי הַתְּפִלָּה יָכוֹל לְשַׁנּוֹת אֶת הַמַּזָּל.

כט. הַדִּבּוּר בְּקוֹל רָם מֵבִיא הַרְגָּשָׁה וּתְנוּעָה בְּכָל הָאֵיבָרִים.

ל. מִי שֶׁעוֹלֶה עַל רוּחוֹ לְהִתְחַנֵּן לִפְנֵי הַשֵּׁם יִתְבָּרַךְ, עַל יְדֵי זֶה נוֹשֵׂא חֵן בְּעֵינֵי הַשֵּׁם יִתְבָּרַךְ.

לא. עַל יְדֵי בִּטָּחוֹן הַקָּדוֹשׁ בָּרוּךְ הוּא שׁוֹמֵעַ תְּפִלָּתוֹ.

לב. אַל תִּתְפַּלֵּל בְּבַיִת, שֶׁבָּנָה בַּעַל מַחֲלֹקֶת.

לג. קֹדֶם הַתְּפִלָּה תִּתֵּן צְדָקָה, וּתְקַשֵּׁר אֶת עַצְמְךָ לְצַדִּיקֵי הַדּוֹר.

לד. אָדָם מְקַבֵּל שֶׁפַע וְכֹחַ אֱלֹקִי כְּפִי אוֹתוֹ הַמָּקוֹם שֶׁמִּתְפַּלֵּל בּוֹ.

לה. כְּשֶׁהַצִּבּוּר. מִתְפַּלְּלִים, הוּא עֵת רָצוֹן.

לו. מִי שֶׁיֵּשׁ לוֹ בֵּית הַכְּנֶסֶת, וְאֵינוֹ נִכְנָס לְשָׁם לְהִתְפַּלֵּל, גּוֹרֵם גָּלוּת לְבָנָיו.

לז. עַל כָּל הַדְּבָרִים, הֵן עַל דָּבָר גָּדוֹל הֵן עַל דָּבָר קָטָן, תִּתְפַּלֵּל.

לח. אַקְדִּימוּ וְאַחְשִׁיכוּ לְבֵי כְנִישְׁתָּא כִּי הֵיכֵי דְּתַאֲרִיכוּ חַיֵּי.

לט. מִי שֶׁאֶפְשָׁר לוֹ לְבַקֵּשׁ רַחֲמִים עַל חֲבֵרוֹ וְאֵינוֹ מְבַקֵּשׁ, נִקְרָא חוֹטֵא.
מ. הַנִּפְנֶה וְנוֹטֵל יָדָיו וּמַנִּיחַ תְּפִילִּין וְקוֹרֵא קְרִיאַת שְׁמַע וּמִתְפַּלֵּל, כְּאִלּוּ בָּנָה מִזְבֵּחַ וְהִקְרִיב עָלָיו קָרְבָּן וּכְאִלּוּ טָבַל.
מא. מִי שֶׁנִּזְהָר לוֹמַר דִּבּוּר קָדוֹשׁ בְּבֵית הַטִּנֹּפֶת, יִזְכֶּה לַאֲרִיכוּת יָמִים.
מב. גְּדוֹלָה תְּפִילָּה מִמַּעֲשִׂים טוֹבִים וּמִן הַקָּרְבָּנוֹת.
מג. תּוֹרָה וּמַעֲשִׂים טוֹבִים וּתְפִילָּה וְדֶרֶךְ אֶרֶץ צְרִיכִין חִזּוּק.
מד. אַל תִּתְפַּלֵּל אֶלָּא בְּבַיִת שֶׁיֵּשׁ בּוֹ חַלּוֹנוֹת.
מה. עַל יְדֵי צְדָקָה בִּשְׁתֵּי יָדַיִם תְּפִילָּתוֹ נִשְׁמַעַת.
מו. בִּשְׁעַת תְּפִילָּה יִפְרֹשׂ כַּפָּיו, כְּאִלּוּ מְקַבֵּל אֵיזֶה דָּבָר.
מז. עַל יְדֵי גֶּזֶל אוֹ מְבַיֵּשׁ פְּנֵי חֲבֵרוֹ, אֵין תְּפִילָּתוֹ נִשְׁמַעַת.
מח. שַׁבָּת וְרֹאשׁ חֹדֶשׁ יוֹתֵר מְסֻגָּל לְהַעֲלוֹת הַתְּפִילָּה.
מט. כְּשֶׁאָדָם נֶעֱצָר, זֶה סִימָן שֶׁאֵין תְּפִילָּתוֹ נִתְקַבֶּלֶת.
נ. עַל יְדֵי הַהִשְׁתּוֹקְקוּת שֶׁאָדָם מִשְׁתּוֹקֵק בַּלַּיְלָה לַשֵּׁם יִתְבָּרַךְ, עַל יְדֵי זֶה בְּנָקֵל לוֹ לְהִתְפַּלֵּל בַּבֹּקֶר.
נא. תְּפִילָּה. שֶׁהִיא בִּדְמָעוֹת הִיא נִתְקַבֶּלֶת.
נב. כְּשֶׁאַתָּה מְבַקֵּשׁ אֵיזֶה דָּבָר, תַּזְכִּיר זְכוּת אָבוֹת.
נג. כְּשֶׁהַקָּדוֹשׁ בָּרוּךְ הוּא מַעֲנִישׁ אֵיזֶה רָשָׁע שֶׁיּוֹדֵעַ בּוֹ, שֶׁלֹּא יַעֲשֶׂה עוֹד תְּשׁוּבָה, וְהַצַּדִּיק מִתְפַּלֵּל עָלָיו יוֹתֵר מִדַּאי, עַל יְדֵי זֶה נֶעֱנָשׁ הַצַּדִּיק.
נד. כְּשֶׁהַמִּתְפַּלֵּל נוֹפֵל לְקַטְנוּת, זֶה סִימָן שֶׁלֹּא יִתְבַּלְבֵּל [יִתְקַבֵּל] תְּפִילָּתוֹ.
נה. כְּשֶׁאֵין לְךָ שָׁלוֹם עִם הָעוֹלָם, אֵין נִתְקַבֵּל תְּפִילָּתְךָ.
נו. צָרִיךְ לְהִתְפַּלֵּל בִּשְׁלוֹם הָעִיר, אֲשֶׁר אַתָּה דָּר בָּהּ.
נז. מִי שֶׁמִּתְפַּלֵּל בְּשִׂמְחָה, הַקָּדוֹשׁ בָּרוּךְ הוּא מְכַבֵּד אוֹתוֹ וּפוֹקֵד אֶת לוֹחֲצָיו.
נח. עַל יְדֵי תִּקּוּן חֲצוֹת מַזְכִּירִין אֶת [לִפְנֵי] הַקָּדוֹשׁ בָּרוּךְ הוּא אֶת הַטּוֹבוֹת, שֶׁהִבְטִיחַ לְיִשְׂרָאֵל.
נט. מִי שֶׁמְּלַמֵּד זְכוּת עַל יִשְׂרָאֵל, עַל יְדֵי זֶה מְעוֹרֵר תְּשׁוּעָה, וְהַתְּשׁוּעָה בָּאָה עַל יָדוֹ.
ס. מִי שֶׁאֵין מִתְפַּלֵּל עַל צָרַת יִשְׂרָאֵל, נִקְרָא חוֹטֵא.
סא. צָרִיךְ אָדָם לְהִתְפַּלֵּל עַל זַרְעוֹ וְעַל כָּל הַבָּאִים אַחֲרָיו.
סב. אָסוּר לְאָדָם שֶׁיִּהְיֶה כְּפוּי טוֹבָה בֵּין לְיִשְׂרָאֵל בֵּין לְגוֹי.
סג. מִי שֶׁמִּתְפַּלֵּל עַל יִשְׂרָאֵל, הַקָּדוֹשׁ בָּרוּךְ הוּא מְכַפֵּר לוֹ עַל כָּל עֲווֹנוֹתָיו.
סד. הַחוֹלֶה שֶׁמִּתְפַּלֵּל עַל עַצְמוֹ בִּדְמָעוֹת, בְּוַדַּאי הַקָּדוֹשׁ בָּרוּךְ הוּא יְרַפֵּא אוֹתוֹ וִיקַבֵּל תְּפִילָּתוֹ.
סה. כְּשֶׁאַתָּה רוֹצֶה. לְשֵׂא תְּפִילָּתְךָ, תִּתְפַּלֵּל בְּעַד יִשְׂרָאֵל.
סו. הַקָּדוֹשׁ בָּרוּךְ הוּא מְבַקֵּשׁ אֶת הָאָדָם שֶׁיִּתְפַּלֵּל לְפָנָיו.
סז. מִי שֶׁמַּצִּיל אֶת הֶעָנִי מֵחָזָק מִמֶּנּוּ, הַכֹּחַ הוּא בְּנָקֵל בְּאוֹתִיּוֹת הַתְּפִילָּה.
סח. עַל יְדֵי בִּטָּחוֹן תְּפִילָּתוֹ שֶׁל אָדָם נִשְׁמַעַת.
סט. מִי שֶׁהוּא עָנָו, יָכוֹל לִצְעֹק בִּתְפִילָּתוֹ מִן הַלֵּב.
ע. עַל יְדֵי שִׂמְחָה תָּבוֹא תְּפִילָּתְךָ בְּהֵיכַל מֶלֶךְ.

עא. מִי שֶׁאֵין לוֹ הֲנָאָה מִתְּפִילָּתוֹ, יִתְפַּלֵּל בְּרִנָּה.
עב. מִי שֶׁמִּתְפַּלֵּל בְּכֹחַ, הַקָּדוֹשׁ בָּרוּךְ הוּא שׁוֹמֵעַ תְּפִילָּתוֹ.
עג. מִי שֶׁנָּדַר אֵיזֶהוּ נֶדֶר, אֵין מְקַבְּלִין תְּפִילָּתוֹ עַד שֶׁיְּשַׁלֵּם אֶת נִדְרוֹ.
עד. מִי שֶׁאֵין בּוֹ אֱמוּנָה, אֵין תְּפִילָּתוֹ נִשְׁמַעַת.
עה. מִי שֶׁמְּשַׂמֵּחַ אֶת הַצַּדִּיק, תְּפִילָּתוֹ נִשְׁמַעַת.
עו. צָרִיךְ קֹדֶם הַתְּפִילָּה לְדַבֵּק אֶת רוּחוֹ בַּבּוֹרֵא, וּמֵחֲמַת הַדְּבֵקוּת יֵצְאוּ הַדִּבּוּרִים מֵעַצְמָן מִפִּיו.
עז. כְּשֶׁתִּשְׁמַע חֶרְפָּתְךָ וְתִשְׁתֹּק, תִּזְכֶּה שֶׁיַּעֲנֶה הַקָּדוֹשׁ בָּרוּךְ הוּא בְּקַשָּׁתְךָ.
עח. מִי שֶׁמִּתְפַּלֵּל עַל חֲבֵרוֹ, עַל יְדֵי זֶה הַקָּדוֹשׁ בָּרוּךְ הוּא כּוֹפֵל לוֹ אֶת טוֹבָתוֹ.
עט. תְּפִילָּה שֶׁאֵינָהּ נִתְקַבֶּלֶת לְמַעְלָה נִשְׂרֶפֶת.
פ. מִי שֶׁמִּתְפַּלֵּל עַל הַחֻרְבָּן, עַל יְדֵי זֶה יִזְכֶּה לְהִתְפַּלֵּל בְּלֵב וְגוּף.
פא. תְּפִילָּה שֶׁהִיא בְּשִׂמְחָה הִיא עֲרֵבָה וּמְתוּקָה לַשֵּׁם יִתְבָּרֵךְ.
פב. מִי שֶׁיֵּשׁ לוֹ עֲנָוָה, אֲפִילּוּ. כְּשֶׁמִּתְפַּלֵּל בְּמַחֲשָׁבָה, הַקָּדוֹשׁ בָּרוּךְ הוּא עוֹשֶׂה מַחֲשַׁבְתּוֹ.
פג. לִפְעָמִים הַקָּדוֹשׁ בָּרוּךְ הוּא אֵין מְקַבֵּל תְּפִילַּת הַצַּדִּיק, כְּשֶׁמִּתְפַּלֵּל עַל אֵיזֶה אָדָם, כִּי הַקָּדוֹשׁ בָּרוּךְ הוּא יוֹדֵעַ, שֶׁיַּמְשִׁיךְ זֶה הָאָדָם לְאַחַר זְמַן אֶת הַצַּדִּיק בַּחֲטָאִים מֵחֲטָאָיו.
פד. אֵין הַמַּחֲשָׁבָה הוֹלֶכֶת אֶלָּא אַחַר הָעוֹבֵד. [פֵּרוּשׁ מִי שֶׁעוֹבֵד הַשֵּׁם, אַחֲרָיו הוֹלְכִים וְנִמְשָׁכִים הַמַּחֲשָׁבוֹת לְבַלְבֵּל יוֹתֵר מִשְּׁאָר בְּנֵי אָדָם, וְזֶהוּ אֵין הַמַּחֲשָׁבָה הוֹלֶכֶת אֶלָּא אַחַר הָעוֹבֵד].

<u>חלק שני</u>

א. בִּשְׁבִיל שֶׁאֵין מְבַקְשִׁין רַחֲמִים עַל חֲבֵרוֹ, עַל יְדֵי זֶה נוֹפֵל לִתְפִיסָה, וְתִקּוּן לִתְפִיסָה שֶׁיְּפַרְנֵס אֵיזֶהוּ בַּעֲלֵי חַיִּים.
ב. הַתְּפִילָּה מְעַלָּה [מוֹעִילָה], כְּשֶׁפָּנָיו כְּלַפֵּי מַעְלָה.
ג. מִי שֶׁמְּבַקֵּשׁ רַחֲמִים עַל בְּנֵי דוֹרוֹ, זוֹכֶה לְגִלּוּי שְׁכִינָה.
ד. עַל יְדֵי שִׁירוֹת וְתִשְׁבָּחוֹת מַמְשִׁיכִין שְׁכִינָתוֹ לְמַטָּה.
ה. תְּפִילַּת שְׁלִיחַ צִבּוּר יֵשׁ בָּהּ בְּחִינַת מִלְחָמָה.
ו. מִי שֶׁמְּקַיֵּם "יְהִי מָמוֹן חֲבֵרְךָ חָבִיב עָלֶיךָ כְּשֶׁלָּךְ", עַל יְדֵי זֶה זוֹכֶה לְהִתְפַּלֵּל בְּכַוָּנַת הַלֵּב.
ז. אֲמִירַת תְּהִלִּים סְגֻלָּה לְהוֹרִיד גְּשָׁמִים. "**תְּהִלִּים**" **ל'**מְטַר **ה'**שָּׁמַיִם **ת'**שְׁתֶּה **מַ'**יִם.
ח. כָּל הַמֵּצֵר בְּצָרוֹת יִשְׂרָאֵל וּמִתְפַּלֵּל עֲלֵיהֶם, אַף עַל פִּי שֶׁמֵּטִיחַ דְּבָרִים כְּלַפֵּי מַעְלָה אֵינוֹ נֶעֱנָשׁ.
ט. יֵשׁ תְּפִילּוֹת שֶׁאֵינָם נִתְקַבְּלִים לְמַעְלָה. אֶלָּא עַד שֶׁנּוֹתְנִים כָּל כָּךְ מָעוֹת לִצְדָקָה כְּפִי מִסְפַּר הָאוֹתִיּוֹת שֶׁל הַתְּפִילָּה הַשַּׁיָּךְ לְזֶה הַדָּבָר. לְמָשָׁל, כְּשֶׁמִּתְפַּלֵּל אֵלּוּ הַתֵּבוֹת: "תֵּן לִי בָנִים", צָרִיךְ לִתֵּן צְדָקָה כְּמִסְפַּר אוֹתִיּוֹת "תֵּן לִי בָּנִים".
י. עַל יְדֵי תְּפִילָּה יָכוֹל לְשַׁנּוֹת זִוּוּגוֹ הַנִּכְרָז בַּשָּׁמַיִם.

יא. הַתְּפִילָּה שֶׁל רַבִּים נִשְׁמַעַת יוֹתֵר כְּשֶׁהֵם בִּכְנוּפְיָא מִמַּה שֶּׁהֵם מְפֹרָדִים.
יב. לִפְעָמִים אֵינָהּ בָּאָה הַיְשׁוּעָה אֶלָּא עַד שֶׁיִּתְפַּלְּלוּ כַּמָּה בְּנֵי אָדָם, וְלֹא דַּי בִּתְפִילַּת יָחִיד.
יג. מִי שֶׁיֵּשׁ לוֹ שׂוֹנְאִים, קָשֶׁה לוֹ לְכַוֵּן דַּעְתֵּהּ בִּתְפִילָּה.
יד. צָרִיךְ אָדָם לְהִזָּהֵר, בְּשָׁעָה שֶׁמַּזְכִּיר אֶת הַשֵּׁם, שֶׁיִּהְיֶה בִּקְדֻשָּׁה וּבְטָהֳרָה, הַיְנוּ שֶׁיְּקַדֵּשׁ רוּחַ פִּיו כָּל כָּךְ שֶׁיְּהֵא בִּבְחִינַת רוּחַ נְבוּאָה, וְאָז הָרוּחַ הַזֶּה הוֹלֵךְ וּמַפִּיל אוֹתָם, הַבּוֹטְחִים בְּשָׁוְא וּבְהֶבֶל, וְזֶהוּ: בְּ'שֵׁם יְ'הוָה אֱ'לֹקֵינוּ נַ'זְכִּיר הֵמָּה כָּרְעוּ וְנָפָלוּ.

תשובה

חלק ראשון

א. הַתַּעֲנִית מוֹעִיל לְכָל דָּבָר.
ב. מִי שֶׁהוּא עָרוֹם מִמַּעֲשִׂים טוֹבִים, אֵינוֹ יָכוֹל לְהַפְרִישׁ אֲחֵרִים מֵרִשְׁעָתָם.
ג. הַתַּעֲנִית קָשָׁה מֵחֶרֶב.
ד. הַתְּשׁוּבָה רָאוּי, שֶׁתִּהְיֶה בְּאוֹתוֹ דָּבָר עַצְמוֹ.
ה. כְּשֶׁאָדָם. חוֹשֵׁב: כָּךְ וְכָךְ אֶעֱשֶׂה, כָּךְ וְכָךְ תַּעֲלֶה בְּיָדִי, עַל יְדֵי זֶה אֵין מַחֲשַׁבְתּוֹ נִתְקַיֵּם.
ו. גָּלוּת מְכַפֶּרֶת עַל הַכֹּל.
ז. מִי שֶׁדַּעְתּוֹ שְׁפֵלָה, כְּאִלּוּ הִקְרִיב כָּל הַקָּרְבָּנוֹת.
ח. כָּל הַמִּתְוַדֶּה, יֵשׁ לוֹ חֵלֶק לָעוֹלָם הַבָּא.
ט. הַמְלַמֵּד אֶת בֶּן חֲבֵרוֹ תּוֹרָה, כְּאִלּוּ עֲשָׂאוֹ וּכְאִלּוּ עֲשָׂאוֹ לְדִבְרֵי תוֹרָה וּכְאִלּוּ עֲשָׂאוֹ לְעַצְמוֹ.
י. רַב פָּפָּא יָתִיב בְּתַעֲנִיתָא, עַל שֶׁקָּרָא לְתַלְמִיד חָכָם בִּלְשׁוֹן גְּנַאי.
יא. יִשְׁמֹר אָדָם אֶת פִּיו מִלּוֹמַר: אֶעֱשֶׂה הָעֲבֵרָה הַזֹּאת אֲפִילּוּ בְּדֶרֶךְ לֵיצָנוּת, כִּי דִּבּוּרוֹ מַכְרִיחַ אוֹתוֹ לְמַעֲשֶׂה.
יב. כָּל הַבּוֹכֶה בַּלַּיְלָה, קוֹלוֹ נִשְׁמָע, וְכוֹכָבִים וּמַזָּלוֹת בּוֹכִין עִמּוֹ.
יג. חַיָּבֵי כְּרֵיתוּת שֶׁלָּקוּ, נִפְטְרוּ מִידֵי כְּרִיתָתָן.
יד. כְּשֶׁבָּא צַעַר לָעוֹלָם, יַחְשֹׁב שֶׁבִּשְׁבִיל חֶטְאוֹ בָּא זֹאת הַצָּרָה.
טו. הַמַּלְבּוּשִׁין שֶׁעוֹשִׂין לַצַּדִּיק, כָּל מַלְבּוּשׁ יֵשׁ לוֹ סְגֻלָּה בִּפְנֵי עַצְמוֹ לְכַפֵּר.
טז. כֵּיוָן שֶׁנָּשָׂא אָדָם אִשָּׁה, עֲווֹנוֹתָיו מִתְפַּקְקִין.
יז. כְּשֶׁרוֹאֶה אוֹ שֶׁשָּׁמַע אֵיזֶה יִסּוּרִים, שֶׁבָּא עַל גּוֹי, יְהַרְהֵר בִּתְשׁוּבָה.
יח. הַדָּר בְּאֶרֶץ יִשְׂרָאֵל, שָׁרוּי בְּלֹא עָוֹן.
יט. יֵשׁ לְהָקֵל אֹפֶן הַתְּשׁוּבָה עַל הַחוֹטְאִים.
כ. הֶעָוֹן מַכְחִישׁ כֹּחוֹ שֶׁל אָדָם.
כא. כְּשֶׁבָּאִין שְׁנֵי מִצְווֹת לְיָדְךָ, תַּעֲשֶׂה זֹאת הַמִּצְוָה שֶׁיֵּשׁ בָּהּ כְּפִיַּת. הַיֵּצֶר יוֹתֵר.
כב. צְרִיכִין לְהִתְעַנּוֹת, כְּשֶׁמְּצַעֲרִין אֶת הַצַּדִּיק.

כג. צַעַר הַלֵּב הוּא קָרוֹב לְהוֹרִיד דְּמָעוֹת.

כד. הַמַּחֲזִיר בְּנֵי אָדָם, בִּתְשׁוּבָה זוֹכֶה וְיוֹשֵׁב בִּישִׁיבָה שֶׁל מַעְלָה, וְהַקָּדוֹשׁ בָּרוּךְ הוּא מְבַטֵּל הַגְּזֵרָה בִּשְׁבִילוֹ.

כה. חֲלִישׁוּת דַּעְתּוֹ שֶׁל הָאָדָם הוּא גְדוֹלָה מִתַּעֲנִית.

כו. הָעוֹשֶׂה דְּבַר עֲבֵרָה וּמִתְחָרֵט בָּהּ, מוֹחֲלִין לוֹ עַל כָּל עֲווֹנוֹתָיו.

כז. הַנּוֹשֵׂא וְנוֹתֵן בֶּאֱמוּנָה, מוֹחֲלִין לוֹ עַל כָּל עֲווֹנוֹתָיו.

כח. תְּחִלַּת הַמַּחֲשָׁבָה עוֹזֶרֶת לָאָדָם לְאֶמְצַע וְסוֹף הַמַּעֲשֶׂה, שֶׁיִּמְשֹׁךְ בִּקְדֻשָּׁה, וְאִם לֹא חָשַׁב בִּקְדֻשָּׁה בִּתְחִלָּה, אָז יֶאֱרַע תַּקָּלָה בְּאֶמְצַע וּבַסּוֹף.

כט. שֻׁלְחָן בְּהַכְנָסַת אוֹרְחִים מְכַפֶּרֶת.

ל. הַגְּדֻלָּה מְכַפֶּרֶת.

לא. לִפְעָמִים כְּשֶׁמַּתְחִיל לַעֲשׂוֹת תְּשׁוּבָה, בָּאִין לוֹ יִסּוּרִים, זֶה מִפְּנֵי שֶׁשָּׁהָה מִלַּעֲשׂוֹת תְּשׁוּבָה.

לב. עַל יְדֵי אֲנָחָה שֶׁנֶּאֱנַח, נַעֲשָׂה בְּרִיָּה חֲדָשָׁה.

לג. עַל יְדֵי אַהֲבַת צַדִּיקִים יְכוֹלִין הַצַּדִּיקִים לְהַחֲזִיר אֶת הָעָם בִּתְשׁוּבָה.

לד. מִי שֶׁמַּחֲזִיר אֶת הָעָם בִּתְשׁוּבָה, בִּזְכוּתוֹ אֵין פַּחַד וּמַחֲלֹקֶת בָּעוֹלָם.

לה. מִי שֶׁעוֹזֵר לִיתוֹמִים, עַל יְדֵי זֶה מְשַׁבֵּר כֹּחָם שֶׁל הָאֻמּוֹת וְעַל יְדֵי שְׁבִירָתָן, רִשְׁעֵי יִשְׂרָאֵל חוֹזְרִין בִּתְשׁוּבָה.

לו. מִי שֶׁמַּחֲזִיר בְּנֵי אָדָם בִּתְשׁוּבָה, נִצּוֹל מִבֵּית הָאֲסוּרִים.

לז. גַּם הוּא מְכֻבָּד בְּעֵינֵי הַשֵּׁם.

לח. גַּם זוֹכֶה לִהְיוֹת. מְפֻרְסָם בֵּין הָאֻמּוֹת.

לט. מִי שֶׁדַּרְכּוֹ תָּמִיד לְהַחֲזִיר בְּנֵי אָדָם בִּתְשׁוּבָה, בִּזְכוּתוֹ מְבַטֵּל מַחֲשָׁבוֹת זָרוֹת מִגְּדוֹלֵי הַדּוֹר.

מ. מִי שֶׁמַּחֲזִיר רְשָׁעִים בִּתְשׁוּבָה, יִזְכֶּה לִשְׁמִירַת שַׁבָּת.

מא. גַּם אֵינוֹ נִזּוֹק מִנָּחָשׁ.

מב. כְּשֶׁתְּלַמֵּד אֶת בֶּן רָשָׁע דֶּרֶךְ טוֹב, עַל יְדֵי זֶה תּוּכַל לְבַטֵּל גְּזֵרוֹת.

מג. עַל יְדֵי שֶׁקֶר מַחֲזִיק יְדֵי רְשָׁעִים.

מד. מִי שֶׁעוֹשֶׂה תְּשׁוּבָה בְּכָל לֵב, הַקָּדוֹשׁ בָּרוּךְ הוּא נוֹתֵן לוֹ לֵב לָדַעַת אוֹתוֹ.

מה. עַל יְדֵי שְׁמִיעַת קוֹל שׁוֹפָר מֵאָדָם כָּשֵׁר הַיֵּצֶר הָרָע נִשְׁבָּר, וְנִתְעוֹרֵר תְּשׁוּבָה בָּעוֹלָם.

מו. מִי שֶׁרוֹצֶה לָשׁוּב, יִזָּהֵר מִלִּהְיוֹת בַּעַל חוֹב.

מז. מִי שֶׁאוֹהֵב אֶת הַצַּדִּיקִים, יָכוֹל לְהַחֲזִיר אֶת בְּנֵי אָדָם בִּתְשׁוּבָה.

מח. מִי שֶׁמִּתְוַדֶּה, הַקָּדוֹשׁ בָּרוּךְ הוּא אוֹהֵב אוֹתוֹ אַהֲבַת נְדָבָה וּמֵשִׁיב מִמֶּנּוּ חֲרוֹן אַפּוֹ.

מט. הָאֻמּוֹת הֵם קְרוֹבֵי תְּשׁוּבָה.

נ. לִמּוּד הַתּוֹרָה הִיא מְכַפֶּרֶת.

נא. מִי שֶׁהוּא בְּמַדְרֵגָה גְּדוֹלָה, יָכוֹל לְהַשִּׂיג שְׁלֵמוּתוֹ בִּמְעוּט פְּעֻלּוֹת.

נב. כְּשֶׁאֵיזֶה צַעַר בָּא עָלֶיךָ, תְּפַשְׁפֵּשׁ בְּמַעֲשֶׂיךָ.

נג. מִי שֶׁרוֹצֶה לַעֲשׂוֹת מַעֲשִׂים טוֹבִים וְיֵשׁ לוֹ מְנִיעוֹת, הַקָּדוֹשׁ בָּרוּךְ הוּא מְשַׁלֵּם לוֹ שָׂכָר כְּאִלּוּ עָשָׂה, וּמִי שֶׁאֵינוֹ עוֹשֶׂה לְפִי יְכָלְתּוֹ, אֲזַי מְקַבֵּל עֹנֶשׁ עַל זֶה.

נד. מִי שֶׁמְּזַכֶּה אֶת הָרַבִּים, נַעֲשֶׂה שֻׁתָּף לַקָּדוֹשׁ בָּרוּךְ הוּא בְּמַעֲשֵׂה בְרֵאשִׁית.

נה. אֵין עֵרֶךְ לְמִצְוָה שֶׁעוֹשֶׂה אָדָם לְעַצְמוֹ לְבַד, אֲפִילּוּ שֶׁתִּהְיֶה רַבָּה, לְמִצְוָה שֶׁתִּמָּשֵׁךְ מִמֶּנָּה זְכוּת לָרַבִּים, אֲפִילּוּ שֶׁתִּהְיֶה קְטַנָּה.

נו. הַפַּרְנָסָה וְהַשּׂוֹנְאִים וְהַחוֹלַאַת וְרִבּוּי הָעֹשֶׁר הֵן הַמּוֹנְעִין לָאָדָם מֵהַגִּיעַ אֶל הַשְּׁלֵמוּת וְהַתַּכְלִית.

נז. כְּשֶׁאַתָּה עוֹשֶׂה אֵיזֶה הֶזֵּק, זֶה הַסִּימָן שֶׁיֵּצֶר הָרָע שׁוֹלֵט עָלֶיךָ.

נח. מִי שֶׁמֵּסִית אֶת חֲבֵרוֹ מִדֶּרֶךְ הַטּוֹב, שְׂרֵפָה בָּא עָלָיו.

נט. מִי שֶׁאֵינוֹ יָכוֹל לִבְכּוֹת, הַסְּגֻלָּה שֶׁיֵּשֵׁב בְּמָקוֹם, שֶׁשּׁוֹפְכִים שָׁם שְׁנֵי נְהָרוֹת בְּיַחַד.

ס. מִי שֶׁמַּחֲזִיר אֶת בְּנֵי אָדָם בִּתְשׁוּבָה, זוֹכֶה לְחָכְמָה.

סא. עַל יְדֵי הָעַצְלוּת נִדְמֶה לְאָדָם, שֶׁנִּסְתַּר מִמֶּנּוּ דֶּרֶךְ הַתְּשׁוּבָה.

סב. מִי שֶׁמְּגַלֶּה סוֹדוֹתָיו, אֲזַי קָשֶׁה לַדָּבָר הַזֶּה לְהִתְקַיֵּם.

סג. מִי שֶׁבּוֹשׁ עַל עֲווֹנוֹתָיו, הַקָּדוֹשׁ בָּרוּךְ הוּא עוֹשֶׂה עִמּוֹ צְדָקָה.

סד. הַתַּעֲנִית שֶׁהוּא בְּלֹא דַּעַת אֵינוֹ תַּעֲנִית.

סה. מִשָּׁעָה שֶׁאָדָם חוֹשֵׁב לַעֲשׂוֹת תְּשׁוּבָה, אֲזַי מְקַבְּלִין תְּפִילָּתוֹ, אַף עַל פִּי שֶׁלֹּא עָשָׂה עֲדַיִן.

סו. כְּשֶׁתִּרְצֶה לַעֲשׂוֹת תְּשׁוּבָה, תְּבַקֵּשׁ מֵהַצַּדִּיק, שֶׁהוּא יַכְנִיס אוֹתְךָ לִפְנֵי הַשֵּׁם יִתְבָּרַךְ.

סז. עַל יְדֵי חֶסֶד וֶאֱמֶת יְכֻפַּר עָוֹן.

סח. עַל יְדֵי שֶׁתְּבַקֵּשׁ מֵהַשֵּׁם יִתְבָּרַךְ, שֶׁיִּתֵּן. לְךָ אַהֲבָה, עַל יְדֵי זֶה יְכַסֶּה הַקָּדוֹשׁ בָּרוּךְ הוּא פְּשָׁעֶיךָ.

סט. מִי שֶׁמִּתְוַדֶּה עַל עֲווֹנוֹתָיו, יִזְכֶּה שֶׁלֹּא יִצְטָרֵךְ לִמְכֹּר מִנַּחֲלַת אֲבוֹתָיו.

ע. כְּשֶׁאַתָּה מוֹכִיחַ אוֹתָם, שֶׁלֹּא תִּקְנוּ חַטַּאת נְעוּרִים, תִּכְלֹל אֶת עַצְמְךָ עִמָּהֶם, וְעַל יְדֵי זֶה יְקַבְּלוּ מִמְּךָ.

עא. עִקַּר תִּקּוּן פְּגַם עֲווֹנוֹתָיו עַל יְדֵי הַכְנָעָה.

עב. צָרִיךְ אָדָם לְהוֹכִיחַ אֶת עַצְמוֹ בְּכָל בֹּקֶר.

עג. הָעֲבֹדוֹת שֶׁאָדָם עוֹבֵד אֶת הַשֵּׁם בְּבַחֲרוּתוֹ כָּל יוֹם, עֶרְכּוֹ יָקָר מִשָּׁנִים רַבּוֹת שֶׁל עֲבוֹדָה לְעֵת זִקְנָתוֹ.

עד. אִי אֶפְשָׁר שֶׁיֵּדַע אָדָם בְּחַיָּיו, אִם נִתְקַבֵּל תְּשׁוּבָתוֹ.

עה. מַה שֶּׁאָנוּ רוֹאִים, שֶׁמִּי שֶׁמַּתְחִיל לַעֲבֹד אֶת ה', יִסּוּרִים בָּאִין עָלָיו, זֶה מֵחֲמַת שֶׁהִתְחִיל מִתּוֹךְ יִרְאָה שֶׁל צֶדֶק.

עו. הַמַּתְחִיל לַעֲבֹד אֶת ה', הַקָּדוֹשׁ בָּרוּךְ הוּא אוֹמֵר לוֹ: יוֹדֵעַ אֲנִי, שֶׁחֶפְצְךָ וּרְצוֹנְךָ לַעֲבֹד אוֹתִי, אֲבָל מַה הוּא הַבְּטוּחוֹת שֶׁמָּא לְמָחָר תַּעֲזֹב אוֹתִי, אִם כֵּן אֵיךְ אֲקָרֵב אוֹתְךָ בִּשְׁבִיל הָרָצוֹן שֶׁרָצִיתָ, וְאֵיךְ אֲגַלֶּה לְךָ תֵּכֶף דְּבָרִים נִסְתָּרִים, אֶלָּא כֵּן תַּעֲשֶׂה: בִּתְחִלָּה אֱהַב אוֹתִי כָּךְ וְתַעֲשֶׂה מִצְווֹתַי, אַף עַל פִּי שֶׁאֵין אַתָּה

יוֹדֵעַ הַשֵּׂכֶל שֶׁל הַמִּצְוָה, וַעֲבֹד אוֹתִי פָּשׁוּט. בְּלֹא חָכְמוֹת, וּכְשֶׁתַּעֲבֹד אוֹתִי כַּמָּה זְמַנִּים, אֲזַי אַאֲמִין לְךָ וַאֲגַלֶּה לְךָ טַעַם וְשֵׂכֶל שֶׁל כָּל דָּבָר וְדָבָר וַאֲקָרֵב אוֹתְךָ בְּכָל מִינֵי הִתְקָרְבוּת, כִּי הַזְּמַן הָרַב שֶׁעֲבַדְתָּ אוֹתִי מִקֹּדֶם הוּא בְּטוּחוֹת, שֶׁלֹּא תַּעֲזֹב אוֹתִי [הֵן אֱמֶת].

עז. בְּזֶה יוֹדֵעַ הָאָדָם, שֶׁבֶּאֱמֶת הוּא רוֹצֶה לַעֲבֹד, כְּשֶׁאֵינוֹ רוֹצֶה בְּפִרְסוּמוֹ.

עח. מִי שֶׁאֵינוֹ יוֹדֵעַ דֶּרֶךְ הַשֵּׁם, יַקְטִין אֶת עַצְמוֹ.

עט. עַל יְדֵי תְּפִלָּה שֶׁהִיא בְּשַׁוְעָה יִמְחֹל לְךָ הַקָּדוֹשׁ בָּרוּךְ הוּא.

פ. עַל יְדֵי שְׁקָרִים אֵין אָדָם יָכוֹל לְהֵיטִיב מַעֲשָׂיו.

פא. מִי שֶׁאֵינוֹ יָכוֹל לְבַטֵּל אֶת הַיֵּצֶר הָרָע עַל יְדֵי הַמְשָׁכַת אוֹתוֹ לְבֵית הַמִּדְרָשׁ, יֵדַע שֶׁעֲדַיִן בְּרִשְׁעָתוֹ קַיָּם.

פב. הַקָּדוֹשׁ בָּרוּךְ הוּא חָפֵץ בְּמִצְווֹת, שֶׁעוֹשֶׂה בָּהֶם גַּם רְצוֹן הַבְּרִיּוֹת, יוֹתֵר מִבְּמִצְווֹת שֶׁבֵּין אָדָם לְקוֹנוֹ.

פג. מוּטָב לְאָדָם לְקַיֵּם הַמִּצְוָה כְּפִי הָאֶפְשָׁר, מִלְּהַנִּיחַ לְגַמְרֵי.

פד. תִּקּוּן הַגּוּף קֹדֶם תִּקּוּן הַנֶּפֶשׁ.

פה. הַבּוֹכֶה וּמִתְאַבֵּל עַל אָדָם כָּשֵׁר, מוֹחֲלִין לוֹ עַל כָּל עֲווֹנוֹתָיו.

פו. מִצְוָה לְהַחֲזִיר [לְהַזְהִיר] אֶת בְּנֵי אָדָם עַל כָּל דְּבַר פֶּשַׁע, וְאִם אַתָּה יָרֵא, שֶׁלֹּא יִשְׁמַע לְךָ תֹּאמַר דְּבָרֶיךָ בְּשֵׁם צַדִּיק אַחֵר, כְּדֵי שֶׁיִּשְׁמְעוּ אוֹתְךָ.

פז. כָּל הָאוֹמֵר "וַיְכֻלּוּ" בְּכַוָּנָה וּמִתְפַּלֵּל בְּכַוָּנָה, מַלְאֲכֵי הַשָּׁרֵת מְבַקְשִׁין מֵהַשֵּׁם יִתְבָּרַךְ שֶׁיְּכַפֵּר לוֹ.

פח. הָעוֹנֶה "אָמֵן יְהֵא שְׁמֵהּ רַבָּא" בְּכָל כֹּחוֹ, אֲפִילּוּ יֵשׁ בּוֹ שֶׁמֶץ שֶׁל עֲבוֹדָה זָרָה, מוֹחֲלִין לוֹ.

פט. אֵלּוּ אֵין רוֹאִין פְּנֵי גֵּיהִנּוֹם: דִּקְדּוּקֵי עֲנִיּוּת וְחוֹלֵי מֵעַיִם וּמִי שֶׁיֵּשׁ לוֹ נוֹשִׁים וְעַל מַלְכוּת.

צ. הִתְחַזֵּק בְּמִצְווֹת יוֹתֵר מִמַּה שֶּׁהַיְכֹלֶת בְּיָדְךָ.

צא. הֶפְסֵד מָמוֹן מְכַפֵּר עַל גּוּפוֹ.

צב. הַצִּמָּאוֹן הוּא תִּקּוּן דְּבָרִים בְּטֵלִים.

צג. הַתְּשׁוּבָה מְבִיאָה רְפוּאָה לָעוֹלָם.

צד. תְּשׁוּבָה מִיִּרְאָה זְדוֹנוֹת נַעֲשִׂין כִּשְׁגָגוֹת, וּמֵאַהֲבָה נַעֲשִׂין כִּזְכֻיּוֹת.

צה. תְּשׁוּבָה מְקָרֶבֶת אֶת הַגְּאֻלָּה וּמַאֲרֶכֶת יָמָיו וּשְׁנוֹתָיו שֶׁל אָדָם.

צו. עַל יְדֵי תְּשׁוּבַת יָחִיד מוֹחֲלִין לוֹ וּלְכָל הָעוֹלָם כֻּלּוֹ.

צז. הַקָּדוֹשׁ בָּרוּךְ הוּא נִתְפַּיֵּס עַל יְדֵי וִדּוּי, וְדוֹמֶה כְּאִלּוּ בָּנָה מִזְבֵּחַ וְהִקְרִיב קָרְבָּן.

צח. מִי שֶׁמַּעֲבִיר עַל מִדּוֹתָיו, מַעֲבִירִין לוֹ עַל כָּל פְּשָׁעָיו.

צט. הַתּוֹרָה וּגְמִילוּת חֲסָדִים מְכַפְּרִין.

ק. צְעָקָה וּבְכִיָּה בַּלַּיְלָה יוֹתֵר נִשְׁמַעַת לְרַחֵם.

קא. בַּעַל תְּשׁוּבָה יִתְפַּלֵּל עַל הַגֶּשֶׁם, וְעַל יְדֵי זֶה מְכַפְּרִין לוֹ עַל עֲווֹנוֹתָיו.

קב. כְּשֶׁיִּשְׂרָאֵל מִתְעַנִּין, אֵין נַעֲנִין, עַד שֶׁיִּהְיוּ עִם רְשָׁעִים בַּאֲגֻדָּה.

קג. הַדֶּרֶךְ שֶׁיָּבוֹר לוֹ הָאָדָם, שֶׁיֶּאֱהַב אֶת הַתּוֹכָחוֹת. וַיַּחֲזִיק בֶּאֱמוּנָה יְתֵרָה.

חלק שני

א. יוֹם שֶׁהָאָדָם עוֹשֶׂה תְּשׁוּבָה הוּא לְמַעְלָה מֵהַזְּמַן וּמַעֲלֶה כָּל הַיָּמִים לְמַעְלָה מֵהַזְּמַן, וְכֵן יוֹם הַכִּפּוּרִים הוּא לְמַעְלָה מֵהַזְּמַן.

ב. גַּם עַל יְדֵי תְּשׁוּבָה הָרוּחַ שֶׁל מָשִׁיחַ מְנַשֶּׁבֶת עַל גְּזֵרוֹת הַמַּלְכֻיּוֹת וּמְבַטְּלָן.

ג. גַּם עַל יְדֵי תְּשׁוּבָה נִתְבַּטֵּל הַחֲמִימוּת הַגְּדוֹלָה.

ד. הַנְּעָרִים הוּא בְּקַל לַהֲשִׁיב אוֹתָם לְהַשֵּׁם יִתְבָּרַךְ מִזְּקֵנִים.

ה. צָרִיךְ לִכְפּוֹת אֶת הָרְשָׁעִים בִּכְפִיַּת מָמוֹן, שֶׁיַּחְזְרוּ בִּתְשׁוּבָה.

ו. עַל יְדֵי תְּשׁוּבָה הַפַּרְנָסָה בְּנָקֵל.

ז. עַל יְדֵי מֻפְלְגֵי וַחֲרִיפֵי הַדּוֹר מְאִירִין אֶת הַיִּרְאָה, וְעַל יְדֵי הַיִּרְאָה מִתְנוֹצֵץ זְכוּת אָבוֹת, וְעַל יְדֵי הִתְנוֹצְצוּת הָאָבוֹת נִתְעוֹרֵר תְּשׁוּבָה בָּעוֹלָם.

ח. הַקָּדוֹשׁ בָּרוּךְ הוּא עוֹשֶׂה שֶׁבִילִין בַּיָּם, כְּדֵי לִכְבֹּשׁ עֲווֹנוֹתֵינוּ וּלְהוֹצִיא צִדְקוֹתֵינוּ.

ט. כְּשֶׁהַצַּדִּיק נִתְעַשֵּׁר, עַל יְדֵי זֶה הָרְשָׁעִים חוֹזְרִים בִּתְשׁוּבָה.

י. עַל יְדֵי שְׁמִירַת שַׁבָּת מַמְשִׁיךְ עַל עַצְמוֹ אוֹר שֶׁל מָשִׁיחַ גַּם עַל יְדֵי תְּשׁוּבָה.